From Cotton to Culture – auf dem
    Gelände der Baumwollspinnerei   222
Heines Gleisnetz in Plagwitz   228
Augusts vereitelte Schlosspläne im
    Stadtpark Rosental   244
Im ›Dschungel‹ des südlichen Auwaldes   264

Karten und Pläne

Innenstadt   108
Durchs Grafische Viertel bis Connewitz   148
Musikviertel   168
Südvorstadt   188
Plagwitz & Lindenau   206
Zoo, Rosental und Gohlis   236
Der Auwald   256

▶ Dieses Symbol im Buch verweist auf die
Koordinaten der Extra-Reisekarte Leipzig

Das Klima im Blick

Reisen bereichert und verbindet Menschen und Kulturen. Wer reist, erzeugt auch
CO_2. Der Flugverkehr trägt mit einem Anteil von bis zu 10 % zur globalen Er-
wärmung bei. Wer das Klima schützen will, sollte sich für eine schonendere Rei-
seform (z. B. die Bahn) entscheiden – oder die Projekte von *atmosfair* unterstützen. *Atmosfair* ist eine gemeinnützige Klimaschutzorganisation. Die Idee: Flug-
passagiere spenden einen kilometerabhängigen Beitrag für die von ihnen
verursachten Emissionen und finanzieren damit Projekte in Entwicklungslän-
dern, die dort den Ausstoß von Klimagasen verringern helfen. Dazu berechnet
man mit dem Emissionsrechner auf *www.atmosfair.de,* wie viel CO_2 der Flug produziert und was es kostet, eine vergleichbare Menge Klimagase einzusparen
(z. B. Berlin – London – Berlin 13 €). *Atmosfair* garantiert die sorgfältige Verwendung Ihres Beitrags. Klar – auch der DuMont Reiseverlag fliegt mit *atmosfair!*

Schnellüberblick

Der Auwald
Die grüne Lunge der Stadt verläuft über eine Länge von fast 40 km in nord-süd-licher Ausrichtung einmal quer durch das Stadtgebiet. Wer möglichst viele seiner Schönheiten und Geheim-nisse entdecken will, erkun-det ihn am besten mit dem Rad. S. 252

Plagwitz und Lindenau
Nach der Wende ging es mit dem Industrieviertel Plagwitz zunächst rasant bergab, aber schon ab Mitte der 1990er-Jahre sie-delten sich hier Künstler an, der Stadtteil wurde hip. Auch das direkt nebenan gelegene Lindenau ist eines der traditionellen Arbeiter-viertel Leipzigs. Es beher-bergt eines der angesagtes-ten Zentren für zeitgenössi-sche Kunst: das Gelände der früheren Baumwoll-spinnerei. S. 202

Ausflüge in die Umgebung
Der Weg in den Süden führt vor allem zur Ent-spannung: ob beim Surfen, Segeln oder Schwimmen an den neuen Seen oder bei einem Besuch im Freizeit-park Belantis – für jeden Geschmack ist was dabei. S. 272

Gohlis, Rosental und Wald-straßenviertel
»Wem nicht wohl ist, der geh' nach Gohlis!« sagte man in früheren Zeiten, um den Ort – die Sommerfrische der Leipziger – zu beschreiben. Ob Sie über den Zoo oder das Rosental dahin gelangen, bleibt dabei ganz Ihnen überlassen. S. 232

Innenstadt
Der historische Stadtkern Leipzigs misst nicht einmal einen Quadratkilometer. So lassen sich die kleinen Gässchen mit ihren Geschäften, Messepalästen, Passagen sowie die beschaulichen Plätze mit ihren einladenden Cafés und Restaurants bequem zu Fuß erkunden. S. 104

Vom Grafischen Viertel bis Connewitz
Hier standen einst die Wiegen der großen Verlagshäuser Deutschlands, lag das Zentrum der ruhmreichen Buchstadt Leipzig. Eine weitläufigere Tour, die man am besten mit dem Fahrrad oder der Straßenbahn unternimmt. S. 142

Musikviertel
Hochschulen, Universität und Albertina sorgen dafür, dass dieses Viertel trotz aller Altehrwürdigkeit vor Leben und Kreativität nur so strotzt. S. 164

Südvorstadt
Das Szeneviertel der Stadt. Hier gibt es viele Kneipen der etwas anderen Art und eine geballte Ladung an alternativem Kulturangebot. S. 184

7

Susann Buhl

Die Autoren
Nach einigen Lehr- und Wanderjahren
durch Europa kam Susann Buhl 1992 in ihre
Heimatstadt zurück, um die aufregenden
Veränderungen der Nachwendezeit mitzu-
erleben. Die Kreativität und Gemütlichkeit
von Stadt und Einwohnern begeistern sie
dabei immer wieder aufs Neue. Als Kunst-
historikerin ist sie genauso fasziniert von
der außergewöhnlich gut erhaltenen Architektur der verschiedenen Epochen im historischen Stadtkern und den angrenzenden
Stadtvierteln wie von der quirligen Kunstszene Leipzigs. Dieser Reiseführer beruht
zu Teilen auf dem älteren Reise-Taschen-
buch von Tobias Gohlis.

Aus Merkurs Fittichen in Apolls Arme

Woran denkt man, wenn man den Namen Leipzig hört? An die Bedeutung
Leipzigs als Messestadt? An die beeindruckenden Bilder von der friedlichen
Revolution im Herbst 1989? An die Völkerschlacht im Jahr 1813, als Napoleons
Armeen zum ersten Mal empfindlich geschlagen wurden? An Johann Sebastian
Bach, Felix Mendelssohn-Bartholdy, Robert und Clara Schumann?

Es gibt viele Möglichkeiten, auf
Leipzig aufmerksam zu werden, nicht
nur in der historischen Auseinandersetzung, sondern auch in unserer heutigen Zeit. Ein Auftritt des Gewandhausorchesters oder des Thomaner-
chores, die Ausstellung eines Künstlers
der Neuen Leipziger Schule wie Neo
Rauch, vielleicht auch eine Fernsehse-
rie wie etwa »In aller Freundschaft«
oder »Elefant, Tiger & Co«, die in Leipzig produziert werden und durch das
wunderbare Stadtambiente nebenbei
auch gleich Werbung für unsere Stadt

machen. Vielleicht auch durch Heidi –
das (im Zoo lebende) schielende Opos-
sum mit Weltruhm.

Blühende Stadt-Landschaften
Für viele (Erst-)Besucher ist Leipzig
vorab allerdings mit einem ganz anderen Bild verbunden, das zwar einst tatsächlich existierte, inzwischen jedoch
fast vollkommen der Vergangenheit
angehört. Es ist das Bild einer alten
Industriemetropole mit verfallenden,
grauen Häuserzeilen, verschmutzter
Luft, hohen Arbeitslosenzahlen und
bestenfalls dem morbiden Charme
langsam abbröckelnder Geschichts-
trächtigkeit.

Doch Leipzig hat die Zeit nach der
Wiedervereinigung genutzt, um an
den Glanz vergangener Zeiten anzuknüpfen. Zwar ist das nicht in allen Bereichen so gelungen, wie es ursprünglich angeträumt worden war, doch
hat Leipzig inzwischen einen beein-

druckend hohen Sanierungsgrad im Wohnhausbereich vorzuweisen, durch die Ansiedlung von Porsche und BMW konnte sich die Stadt als Automobilstandort etablieren und auch die Leipziger Messe schreibt wieder Erfolgsgeschichte. Seit ungefähr zehn Jahren steigen – übrigens entgegen dem gesamtdeutschen Trend – die Einwohnerzahlen der Stadt und bereits 2006 konnte endlich die 500 000-Marke geknackt werden, was uns in echte Großstädter zurückverwandelte.

Nicht dass wir uns zwischenzeitlich anders gefühlt hätten! Der Leipziger empfindet sich und die Seinen als gemütlich-friedliche Weltbürger. Das haben wir wohl zum einen vor allem unseren sächsischen Genen zu verdanken, die uns ja weit über die regionalen Grenzen hinaus als besonders kommod und freundlich präsentieren. Zum anderen hat die lange und ursprungsverwandte Tradition des Handels und der Messe für jahrhundertelangen Austausch der Leipziger mit den verschiedenen Nationalitäten der Kaufleute aus aller Herren Länder gesorgt und dadurch zu einer ausgesprochen weltoffenen Grundhaltung vor allem unseren Gästen gegenüber geführt.

Kunst und Handel – eine glückliche Allianz

Der Handel hat uns nebenbei nämlich auch noch reich, wenn nicht gar glücklich gemacht. Nicht von ungefähr ist Merkur – der Gott der Händler – unser Stadtpatron. Dank Handel und Wandel ging es den Leipzigern die Jahrhunderte hindurch gut und schon immer wollten sie es alle Welt sehen lassen: durch das Tragen besonders modischer Kleidung, durch die Errichtung außergewöhnlich dekorativer Architektur, durch das Mäzenatentum ausgewählter Kunstsinnigkeit.

Apolls Einfluss als Gott der Musen und der Schönen Künste wurde immer stärker: So entstand durch die Kaufleute eines der ältesten und renommiertesten Bürgerkonzertorchester der Welt, so entstand ein einzigartiges, wunderbar erhaltenes Ensemble an gründerzeitlicher Architektur und so entstand eine der bedeutendsten bürgerlichen Kunstsammlungen in Deutschland.

9

Connewitzer Verlagsbuchhandlung, ein
Buchladen zum Schmökern, S. 114

Virtueller Amazonasdschungel im
Panometer, S. 162

Lieblingsorte!

Fabrik goes Lifestyle – Restaurant im
Stelzenhaus, S. 214

Café »Versorgungsanstalt«, Künstlertreff
in der alten Spinnerei, S. 224

Pferdesport und Sommertheater auf der
Galopprennbahn Scheibenholz, S. 172

Köstlichkeiten im Art-déco-Kaffeehaus
Café Grundmann, S. 194

Um in der Innenstadt mal etwas Ruhe zu finden, gehe ich gern in die Connewitzer Verlagsbuchhandlung. Das Art-déco-Café Grundmann lockt mit fantastischen Frühstücksangeboten und nur ein paar hundert Meter weiter die Pferderennbahn zu sonntäglich-sommerlichen Galoppveranstaltungen – natürlich nur mit Hut! In den Künstlerquartieren Plagwitz und Lindenau entspanne ich bei hauseigenem Kuchen auf dem Spinnereigelände im Garten der »Versorgunsanstalt«. Ambitionierte Küchenkunst mit Blick auf den Karl-Heine-Kanal gibt's im Stelzenhaus. Wenn es mal exotisch sein soll, dann entweder im südamerikanischen Urwald im Panometer oder afrikanisch in der Kiwara Lodge des Zoos, wo dazu die passende Küche geboten wird. Das Kleingärtnermuseum bietet das schönste Gartenlokal der Stadt.

Kiwara Lodge, Restaurant im Zoo mit
Blick auf afrikanische Savanne, S. 238

Gartenlokal Schreber's beim Deutschen
Kleingärtnermuseum, S. 260

Reiseinfos, Adressen, Websites

Leipzigs Altstadt, gesehen vom City-Hochhaus

Informationsquellen

Infos im Internet

www.leipzig.de
Offizielle Seite der Stadt Leipzig, allgemeine Hinweise, touristische Höhepunkte, Veranstaltungen, Behörden, Einrichtungen, Wirtschaft, Politik etc.

www.ltm-leipzig.de
Website der Leipzig Tourismus und Marketing GmbH mit vielen nützlichen Informationen und Buchungsmöglichkeiten zu Übernachtungen, Reise-Spezialangeboten usw. Mit einem Kalender der Veranstaltungen in Leipzig.

www.lvb.de
Website der Leipziger Verkehrsbetriebe, Infos rund um das öffentliche Nahverkehrssystem der Stadt.

www.kreuzer-leipzig.de
Themen, die Stadt und Einwohner jeweils gerade aktuell bewegen, in der Online-Ausgabe des Stadtmagazins Kreuzer.

www.leipzigtagundnacht.de
Webversion des Gastroguides »Tag und Nacht«, den der Kreuzer herausgibt.

www.leipzig-erleben.com
Spezielle Stadtgänge und Stadtrundfahrten der Leipzig Erleben GmbH, offizieller Partner der Städtischen Marketing GmbH.

www.leipzigdetails.de
www.treffpunkt-leipzig.com
Bei beiden handelt es sich um kleinere Anbieter für Touren zu speziellen Themen und Nischen. Leipzig Details ist auch offizieller Partner der alternativen Organisation StattReisen.

Tourismusämter

… in Leipzig
Leipzig Tourist Service: Katharinenstr. 8, Tel. 0341 71 04-260, www.ltm-leipzig.de und www.leipzig-erleben.com, Mo–Fr 9.30–18 (Nov. bis Feb. 10–18), Sa 9.30–16, So, Fei 9.30–15 Uhr.

… außerhalb Leipzigs
Mühlenregion Nordsachsen e. V.: Leipziger Str. 4, 04509 Schönwölkau OT Badrina, Tel. 034208 787 30; www.muehlen-nordsachsen.de.
Tourismusverein Leipziger Neuseenland e. V.: Markt 2, 04552 Borna, Tel. 03433 87 31 95, www.leipzigerneuseenland.de, Mo–Fr 9–17 Uhr.
Altenburger Tourismus GmbH: Friedrich-Ebert-Str. 14, 04600 Altenburg, Tel. 03447 55 18 38; www.altenburg-tourismus.de.

Online-Stadtmagazine
Infos zu Veranstaltungen, Hotels, Sehenswürdigkeiten und Servicedaten zu den Museen über:
www.leipzig-online.de
www.leipzig-service.de
www.leipzig-plus.de
www.leipzig-net.de
www.leipziginfo.de

Lesetipps

Renate Feyl: Idylle mit Professor, Verlag Neues Leben, Berlin 1986. Das barocke Leipzig aus der Perspektive der ›Gottschedin‹, der Frau des Literaturpapstes des 18. Jh., Johann Christoph Gottsched.

Fritz Rudolf Fries: Septembersong. Rospo Verlag, Hamburg 1997. Das intellektuelle Leben der 1950er-Jahre in Leipzig.

Niels Gormsen/Armin Kühne: Leipzig. Den Wandel zeigen. Zur Entwicklung des Stadtbildes von 1990 bis 2000, Edition Leipzig 2000.

Vera Hauschild (Hrsg.): Die großen Leipziger, Insel Verlag, Frankfurt/Main, Leipzig 1996.

Andreas Herzog (Hrsg.): Das literarische Leipzig, Edition Leipzig, Leipzig 1995.

Wolfgang Hocquél: Architektur – Von der Romanik bis zur Gegenwart, Passage-Verlag 2001. Standardwerk zur Baugeschichte der Stadt.

Wolfgang Hocquél (Hrsg.): Die Leipziger Passagen, Sax-Verlag, Beucha 1999. Architektur, Geschichte und Kultur der Leipziger Messehöfe.

Hanskarl Hoernig/Harald Pfeifer: Dürfen die denn das? 75 Jahre Kabarett in Leipzig. Forum Verlag, Leipzig 1996.

Barbara Kowalzik: Wir waren Eure Nachbarn. Die Juden im Leipziger Waldstraßenviertel. Pro Leipzig, Leipzig 1997. Die Geschichte der jüdischen Gemeinde im 19. und 20. Jh.

Konrad Krause: Alma mater Lipsiensis, Geschichte der Universität Leipzig von 1409 bis zur Gegenwart, Leipziger Universitätsverlag 2003.

Bernd-Lutz Lange: Gebrauchsanweisung für Leipzig, Piper Verlag 2008. Weitere Bücher von Bernd Lutz-Lange mit Leipzig-Bezug sind: Ratloser Übergang; Mauer, Jeans und Prager Frühling; Ansichtssache; Nischd erreichd un drodsdähm frehlich!; Dämmerschoppen, Geschichten von drinnen und draußen.

Erich Loest: Nikolaikirche, Linden Verlag, Leipzig 1995. Roman der friedlichen Revolution von 1989. Weitere Romane und biografische Werke Erich Loests mit Bezug zu Leipzig: Völker-

schlachtdenkmal, Durch die Erde ein Riß, Es geht seinen Gang oder die Mühen in unserer Ebene, Zorn des Schafes, Die Stasi war mein Eckermann oder Mein Leben mit der Wanze, Reichsgericht.

Engelbert Lütke-Daldrup: Leipzig, Bauten 1989–1999, Birkhäuser Verlag, 1999. Die Wiederauferstehung Leipzigs nach der Wende.

Astrid Pawassar: HB Bildatlas Leipzig, Halle Magdeburg, MAIRDUMONT, Ostfildern 2007.

Hans Reimann: Was nicht im Baedeker steht: Leipzig. Reprint der Ausgabe von 1929 durch Connewitzer Verlagsbuchhandlung, Leipzig 1995.

Wolfgang Schneider: Leipzig – Streifzüge durch die Kulturgeschichte. Gustav Kiepenheuer Verlag, Leipzig 1995.

Hartmut Zwahr: Ende einer Selbstzerstörung. Leipzig und die Revolution in der DDR. Vandenhoeck & Ruprecht, Göttingen 1993.

Spezialführer zu Leipzig
Gunter Böhnke et al.: Quer durch Leipzig mit dem Rad. Pro Leipzig, 2001. Radwander- und Freizeitführer.

Peter Friedrich: Mit einem Boot auf den Leipziger Gewässern – Wirklichkeit und Seemannsgarn, Engelsdorfer Verlag 2006.

Güldemann, Künnemann, Ulmer: Leipziger Straßengeschichten, Wartberg Verlag 2006.

Gerlinde Kämmerer und Annett Pilz (Hrsg.): Leipziger Frauengeschichten – Ein historischer Stadtrundgang, KuKuk e.V. Leipzig 1995.

Ameli Möbius: Leipzig – gestern, heute und morgen. Quadrat Verlag, Leipzig 1997. Architektur der Innenstadt.

Doris Mundus und Ulla Heise: Leipziger Landpartien. Edition Neureuther, Leipzig 2002. Das Umland für alle, die genug Zeit dafür haben.

Wetter und Reisezeit

Das Wetter

Leipzig liegt in der Übergangszone zwischen dem Kontinentalklima des Ostens und dem ozeanischen Klima Westeuropas. So gestalten sich die Sommer mitunter heißer und die Winter auch deutlich kälter als am Rhein oder im Breisgau. Die niederschlagsärmsten Monate sind Februar und der Winter allgemein, besonders regenreich sind Juni, Juli und August. Da der Norden des Stadtgebietes noch im Regenschatten des Harzes liegt, fällt dort im Jahresmittel übrigens merklich weniger Regen als im Süden.

Der **Frühling** überrascht mitunter schon relativ früh mit recht mildem Sonnenwetter – sofort werden überall in der Stadt Tische und Stühle rausgestellt und die Freisitzsaison der Gastronomie eröffnet.

Der **Sommer** ist die Jahreszeit, in der die ›grüne Stadt‹ in den Vordergrund tritt. Nicht nur viele Kulturveranstaltungen werden kurzerhand ins Freie verlegt – etwa die Classic open, das Sommertheater oder der MDR-Musiksommer –, das ganze Leben der Stadt scheint sich nach draußen in die zahlreichen Grünanlagen, Parks und Gärten der Stadt zu verlagern.

Der **Herbst** ist bestimmt durch die Wiedereröffnung der Saison in den großen Kulturhäusern der Stadt.

Im **Winter** gefällt sich Leipzig vor allem im stimmungsvollen Lichterglanz des Weihnachtsmarktes. Viele ›Rundumveranstaltungen‹, z. B. in den Promenaden am Hauptbahnhof, oder der größte Adventskalender der Welt unterstreichen dann noch die festliche Aura der Stadt. Diese Zeit ist auch die absolute Hochzeit der Musikschaffenden in der Oper, im Gewandhaus und überall sonst auch.

Was ist los

… im Frühling

Neben wichtigen Messen wie **Buchmesse** und **Automobil International** wird mit dem **Leipziger Ostermesse-Spektakel** auch der stadtgeschichtlichen Messetradition gehuldigt.

Im April findet meist die **Museumsnacht** statt, bei der die ganze Stadt bis nachts in den Museen und Sammlungen volksfestartig mit auf den Beinen ist.

Anfang Mai wird die **Galopp-Saison im Scheibenholz** eröffnet und der **Frühjahrsrundgang in der Spinnerei** zelebriert die Leipziger Kunstszene. Die **Wagnerfesttage** feiern den Geburtstag dieses großen Sohns der Stadt und mit der **Caricartoon** und **acapella** finden zwei kulturelle Festivals von internationaler Bedeutung statt. Am

Klimadiagramm Leipzig

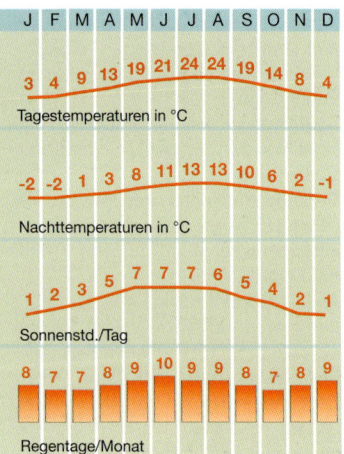

	J	F	M	A	M	J	J	A	S	O	N	D
Tagestemperaturen in °C	3	4	9	13	19	21	24	24	19	14	8	4
Nachttemperaturen in °C	-2	-2	1	3	8	11	13	13	10	6	2	-1
Sonnenstd./Tag	1	2	3	5	7	7	7	6	5	4	2	1
Regentage/Monat	8	7	7	8	9	10	9	9	8	7	8	9

Gut zu wissen

Wettervorhersagen finden Sie bei www.wetteronline.de oder ähnlichen Wetterportalen, aber auch über den Internetauftritt der Leipziger Tageszeitung LVZ: www.lvz-online.de/wetter.

Hinweise zu **aktuellen Veranstaltungen** finden sich im Netz auf www.ltm-leipzig.de oder www.leipzig-online.de; in den kostenlos in Museen und Infostellen ausliegenden Heften Fritz, Spizz oder Leipzig im ... (+ jeweiliger Monat), sowie im Stadtmagazin Kreuzer (www.kreuzer-leipzig.de).

Zu bestimmten Messezeiten kann es mitunter Engpässe bei der **Zimmerauswahl** geben. Bei der Buchung hilft die Hotline der städtischen Tourismus GmbH: Tel. 0341 710 42 55 oder www.lts-leipzig.de.

Fockeberg wird der **Prix de Tacot**, das Seifenkistenrennen der naTo, ausgekämpft.

... im Sommer

Das Highlight des frühen Sommers ist sicher das **Wave-Gotik-Treffen** um Pfingsten herum, zu dem Fans aus aller Welt anreisen und die Stadt mit ihren bizarren Outfits prägen (S. 198).

Es gibt jede Menge Spiel-, Sport- und Spaß-Veranstaltungen wie etwa die Neuseen-Classics (Radsport), das **Stadtfest**, die **Réquates de Baquet**, das Badewannenrennen vor dem Völkerschlachtdenkmal, das **Weinfest**, die **Ballon Fiesta**, das **Leipziger Wasserfest** und **Abendveranstaltungen im Zoo**.

Aber auch die Musik kommt beim **Bachfest** im Juni, **Rock gegen Rechts**, **Orgelsommer** und den **Konzerten am Bachdenkmal** im Juli und August sowie den oben genannten Veranstaltungen nicht zu kurz.

... im Herbst

Die kulturellen Highlights des Herbstes sind zweifelsohne das **Dokfilmfestival** Ende Oktober und die **euro-scene** Anfang November. Besondere Veranstaltungen wie **Mendelssohntage**, der **Opernball** und die **Jazztage** bringen zusätzliches Leben in Opernhaus und Gewandhaus.

Natürlich spielt auch immer die sog. friedliche Revolution vom Herbst '89 eine wichtige Rolle, was durch **Markttage**, **Interkulturelle Wochen** und die **Völkerschlachtnachstellungen** (S. 84) flankiert wird. Drei lustig-schöne Messen: **Lachmesse**, **Grassimesse** und **Kleinmesse** machen den Herbst in der Stadt noch bunter.

... im Winter

Motetten und **Weihnachtsoratorium** haben Hochsaison in fast allen Kirchen dieser Stadt, von zahllosen Chören interpretiert. Allen voran natürlich der **Thomanerchor**, begleitet vom Universitätschor, Gewandhauschor und diversen Kirchenchören. Aber auch in der **Oper** und im Gewandhaus prunkt man mit zauberhaften Gastspielen und festlichen Eigenproduktionen. Einer der Klassiker im Jahreswendezeitprogramm ist die Aufführung von **Beethovens 9. Sinfonie** im Gewandhaus an Silvester. Im Dezember findet die **José Carreras Gala** auf der Neuen Messe statt.

Das neue Jahr beginnt man mit klassischem Messegeschäft wie **Partner Pferd, Haus Garten Freizeit, Terratec und enertec**. Für viele sicher unbekannt ist die jecke Seele der Leipziger, die sich im klassischen **Karnevalsumzug** in der Stadt offenbart.

Tipps für Kurztrips und längere Aufenthalte

Leipzig auf die Schnelle

Ein entscheidender Vorteil, den Leipzig einem Besucher mit wenig Zeit bietet, ist die Kompaktheit der Innenstadt. Bequem und ›gemiedlich‹ – wie der Sachse sagen würde – lässt sich der historische Kern innerhalb des sog. Rings mit seinen Kirchen, Messepalästen und Passagen an einem Tag erkunden. Lassen Sie sich Zeit beim Bummel durch die Gässchen, Höfe und Plätze der nicht einmal einen Quadratkilometer großen Altstadt. Verweilen Sie nicht nur vor berühmten Sehenswürdigkeiten wie Oper, Gewandhaus und Altem Rathaus, sondern betrachten Sie das bunte Treiben der City vom Platz des Genießers in einem der vielen Cafés.

Mit so einem Stadtbummeltag haben Sie alle wichtigen Größen der Innenstadt wie Nikolaikirche, Marktplatz, Auerbachs Keller, Thomaskirche und Kaffeebaum zumindest einmal ge-

sehen. Wenn dann noch Zeit übrig ist, sollten Sie in die Straßenbahnlinie 15 steigen und vorbei an Grassimuseum und Russischer Kirche zum Völkerschlachtdenkmal durchstarten. Ein monumentaler Eindruck der besonderen Art erwartet Sie hier, und wenn Sie den Aufstieg nicht scheuen, werden Sie mit einem wunderbaren Blick auf Stadt und Umland belohnt.

Aber auch zu Fuß ist man binnen weniger Gehminuten im stadtnahen Johannapark oder im Zoologischen Garten, die mit gastronomischer Abwechslung und – letzterer – mit tierischen Highlights aufwarten können.

Leipzig mit Muße

Wer mehrere Tage in Leipzig verbringt, sollte unbedingt einige der empfohlenen Rundgänge mit ins Programm nehmen. Auf jeden Fall müsste auch

Mein Tipp

Unterwegs in die Zukunft – das Leipziger Neuseenland
Wer etwas mehr Zeit in Leipzig hat und etwas mehr als die herkömmliche Stadtrundfahrt erleben möchte, dem sei die PHÖNIX-Tour in die ehemalige Tagebau- und zukünftige Seenlandschaft empfohlen. Die Tour ermöglicht auf sehr bequeme Art einen Blick hinter die Kulissen dieses spannenden Renaturierungsprojektes. Kompetentes Wissen, unterhaltsame Begleitung und leibliches Wohl werden hier mit wirklich einzigartigen Einblicken und Eindrücken in bzw. aus der Südraumregion Leipzigs verbunden.
RUNDUM LEIPZIG – Mai-RegioTour: Samstags 9–13.15 Uhr (April–Nov.), Start ab Goethestr., unbedingt telefonische Voranmeldung unter 0341 860 59 01, www.rundum-leipzig.de, 24,50 € pro Person.

der Besuch in einigen der hochkarätig bestückten Museen der Stadt und bei verschiedenen Kulturveranstaltungen am Abend eingeplant werden. Diese Auswahl können Sie natürlich ganz nach jeweiliger Interessenlage und Laune treffen. Wenn etwa die Bildende Kunst das besondere Steckenpferd ist, geht man eben nicht nur ins Museum der bildenden Künste, sondern auch in die Kunsthalle der Sparkasse Leipzig, die Galerie für Zeitgenössische Kunst, in die Galerie der Hochschule für Grafik und Buchkunst und in die Spinnerei.

Vergessen Sie bei aller Hochkultur nicht, dass Leipzig auch eine Hochburg des Kabaretts ist! Ob Sie sich für die academixer, die Pfeffermühle oder die Funzel (alle S. 141), für Sanftwut (www.kabarett-theater-sanftwut.de), oder für Gohglmohsch (www.gohgl mohsch.de) entscheiden, bleibt ganz Ihnen überlassen.

Die Rundgänge dieses Führers haben inhaltliche Schwerpunkte, wonach Sie schnell entscheiden können, welche Touren gut zu Ihnen passen. So sind Tour 2, 6 und 7 aufgrund der Mitmachangebote, des Zoos und der Spielplätze auch sehr schön mit Kindern zu unternehmen.

Erholsames Leipzig

Besonders angenehm bemerkbar machen sich bei längeren Aufenthalten in der Stadt die zahlreichen Grünanlagen, Parks und Freizeitangebote. Da Leipzig in einer flachen Tieflandbucht liegt, ist es per se zur Fahrradmetropole prädestiniert. Hinzu kommen die relativ kurzen Wege und die vielen Strecken, die man fern aller Straßen zurücklegen kann. Wer Spaß daran hat, leihe sich einfach ein Fahrrad (S. 21) oder bringe gleich sein eigenes mit.

LEIPZIG CARD

Bei der Leipzig-Information, in vielen Hotels, den Verkaufsstellen der Leipziger Verkehrsbetriebe und Zeitungsgeschäften bekommt man die LEIPZIG CARD. Sie ermöglicht freie Fahrt in allen Straßenbahnen und Bussen der LVB innerhalb der Stadtgrenzen sowie freien bzw. ermäßigten Eintritt in verschiedenen Museen, bei Stadtrundfahrten und Stadtrundgängen Preisvorteile in Restaurants und Einzelhandelsgeschäften, im Zoo, bei Konzerten, Festivals und im Theater. Die LEIPZIG CARD gibt es für 1 (8,90 €) oder 3 Tage (18,50 €) und als Gruppenkarte für 3 Tage (2 Erwachsene und bis zu 3 Kindern bis 14 Jahre für 34,00 €).

Vor allem bei schönem Wetter sehr zu empfehlen! (Infos: www.radfahren-in-leipzig.de).

Stadtrundfahrten

Die Leipzig Erleben GmbH (S. 14) bietet mehrmals am Tag öffentliche Stadtrundfahrten und Rundgänge an, wobei neben den Klassiker-Touren auch viele thematische Angebote im Programm sind. Die Tickets sind in der Tourist-Information erhältlich, wo die meisten Touren starten (Katharinenstr. 8, Tel. 0341 710 42 30, www.leipzig-erleben. com, 10–18 € je nach Tour).

Die LVB bietet Rundfahrten je nach Wetterlage im **Offenen oder Gläsernen Leipziger** – einer Straßenbahn mit Dachverglasung bzw. offenem Verdeck (Sa 11 und 14 Uhr, Mai–Sept. So 11 Uhr; ab Hbf. Westseite am Sonderhaltepunkt Kurt-Schumacher-Str., Tickets im Mobilitätszentrum der LVB am Hbf, Tel. 0341 194 49, www.lvb.de, Preis 15 bzw. 13 €).

Anreise und Verkehrsmittel

Anreise

... mit dem Flugzeug

Der **Flughafen Leipzig/Halle** in Schkeuditz, Tel. 0341 224 11 55, www.leipzig-halle-airport.de, ist einer der ältesten Verkehrsflughäfen Deutschlands. Er liegt nordwestlich außerhalb der Stadt und wurde umfassend modernisiert. Direktverbindungen – teils zu günstigen Konditionen – werden von vielen Städten Deutschlands angeboten.

Zwischen Hauptbahnhof Leipzig und dem Flughafen verkehrt von 6–22 Uhr alle 30 Min., ab 23 Uhr ca. stdl., der **FlughafenExpress** mit Zwischenhalt an der Neuen Messe. Die Fahrt dauert ca. 15 Min. und kostet 3,60 € (Achtung: Das Ticket vor Fahrtantritt entwerten!). Der 2003 fertiggestellte Flughafenbahnhof wird von einer wachsenden Zahl von IC-Zügen angefahren (mit IC 6 € bis Hbf Leipzig).

Für **Pkw** stehen ausreichend Parkplätze zur Verfügung. Die Fahrt mit dem **Taxi** ins Zentrum (ca. 30 Min.) kostet um 30 €.

... mit der Bahn

Zu allen deutschen Großstädten bestehen gute IC oder ICE-Zugverbindungen. So kommen Sie bequem und umweltfreundlich in Leipzig an (DB Reise-Zentren, Zugauskunft 0800 150 70 90, www.bahn.de). Wer Zeit sparen will, fährt über Nacht (CityNightLine, Hotline 01805 21 34 21, DB Reise-Zentren oder www.citynightline.ch).

Der Hauptbahnhof liegt am nord-östlichen Eck der Innenstadt. Von hier haben Sie kurze Wege zu den innerstädtischen Hotels und günstige Verbindungen mit Straßenbahn und Taxi in alle Stadtteile sowie zur Messe.

... mit der Kutsche

Drei Tage dauert die außergewöhnliche Anreise per Postkutsche: Startpunkt ist Berlin, die Fahrt folgt einer alten Poststrecke. Kommt die Mindestzahl von sechs Reisenden zusammen, zahlt jeder 90 € pro Tag plus Verpflegung und Übernachtung (Bernd Kohlschmidt, Reit- und Fahrtouristik, Schlüterstr. 1, 14558 Bergholz-Rehbrücke, Tel. 033200 860 63, Fax 033200 861 42, www.postkutschenfahrt.de).

... mit dem eigenen Pkw

Das inzwischen schon gut ausgebaute Autobahnnetz ermöglicht eine angenehme Anreise aus allen Teilen Deutschlands. Der Verkehr ist nur zu den Stoßzeiten manchmal etwas nervenaufreibend, da es immer noch einige Baustellen an den Hauptverkehrsadern der Stadt gibt. In Leipzig empfiehlt sich allerdings die Benutzung von öffentlichen Verkehrsmitteln oder Fahrrädern.

Öffentliche Verkehrsmittel

Straßenbahnen und Busse

Ziele und Sehenswürdigkeiten, die sich außerhalb des innerstädtischen Rings befinden, können mit Bussen oder

---

Bequem zu Fuß
Die meisten der in diesem Buch empfohlenen Adressen befinden sich in der Innenstadt. Sie können ausnahmslos bequem und in Kürze zu Fuß erreicht werden, zumal das Zentrum größtenteils aus Fußgängerzonen besteht. Der einzige Bus (Nr. 89) im Innenstadtbereich fährt nur alle 15 Min., sodass das Warten oft anstrengender ist als der Fußmarsch.

Bahnhof am Flughafen Leipzig-Halle

Straßenbahnen der LVB gut erreicht werden. Hervorragende und umfangreiche Informationen zu Streckennetz, Tarifsystem und Verbindungen erhält man im Mobilitätszentrum der Leipziger Verkehrsbetriebe gegenüber der Westhalle des Hauptbahnhofes. Hier kann man auch Einzelfahrscheine, Sonderfahrkarten und die LEIPZIG CARD (S. 19) erwerben. Tickets gibt es aber auch an Kiosken, in den Supermärkten, an fast allen Haltestellen am Ticketautomaten oder am Automaten in der Straßenbahn (mit Cash-Card).

S-Bahnen
Vom Hauptbahnhof gelangt man mit der S-Bahn schnell in die Stadtteile bzw. in die Vororte und umliegenden Gemeinden. So sind auch Ausflugsziele wie etwa Wurzen, Grimma und Machern mit der S-Bahn zu erreichen. Info bei der DB im Bahnhof und im Mobilitätszentrum der LVB gegenüber.

Der MDV
Der Mitteldeutsche Verkehrsverbund umfasst das Gebiet rund um Leipzig. Im Norden reicht er bis Delitzsch und Torgau, im Osten bis Oschatz und Dö-

beln, im Süden bis Altenburg und Zeitz, im Osten bis Bad Kösen und Querfurt. Der MDV und die LVB arbeiten zusammen. Bequem lässt sich so ein Ausflug in die Umgebung unternehmen und das dafür erforderliche Ticket einfach an den Verkaufsstellen der LVB oder deren Ticketautomaten erwerben. In allen Nahverkehrszügen des MDV ist die Fahrradmitnahme kostenlos. Info: www.mdv-info.de.

Taxi

Funktaxi: Tel. 48 84, www.taxi4884.de
Leipziger Funktaxizentrale: Tel. 0341 600 500 oder 0800 710 77 77, www.funktaxi-leipzig.de.

Leihräder

Zweirad Eckhardt: Kurt-Schumacher-Str. 4, 0341 961 72 74, www.bikeandsport.de, ab 8 €/Tag.
nextbike: Werbefahrräder, die man an vielen Standorten telefonisch anmieten kann 1 Std. 1 €, 24 Std. 8 €, Tel. 030 69 20 50 46, www.nextbike.de.

21

Übernachten

Leipzig verfügt über ein breites Angebot an Hotels, Pensionen und Gästezimmern; letztere bieten sich vor allem zu Messezeiten als Übernachtungsalternative an. Die Hotels wurden nach 1990 renoviert oder neu gebaut, sodass die Qualität allen Ansprüchen genügt. Die meisten sind behindertengerecht eingerichtet, verfügen über Nichtraucherzimmer und gestatten Haustiere, einige verleihen auch Fahrräder. Geschäftsreisende finden in der Regel auch einen Business-Service auf gutem Niveau.

Der Leipzig Tourist Service (S. 14) gibt einen Übernachtungsführer heraus, den man sich auch zuschicken lassen kann. Da die Hotels trotz steigender Gästezahlen selten ausgelastet sind, gibt's oft Sonderangebote: Erkundigen Sie sich nach Familien-, Wochenend- oder Langzeittarifen.

Hotels online buchen

Buchungen sind online über www.leipzig.de oder über die Hotline Tel. 7104-255 möglich. Unter www.hrs.de findet man auch kurzfristig die passende Unterkunft zum passenden Preis.

Edel und teuer

Die unbestrittene Nr. 1 – **Hotel Fürstenhof 1**: ▶ J 7, Tröndlinring 8, 04105 Leipzig, Tel. 0341 140-0, www.hotelfuerstenhofleipzig.com, LVB 1, 3, 4, 7, 9, 12, 14, 15, 72, 73 Goerdelerring, DZ ab 125 €, Suiten bis 420 €. Das 1996 in einem umgebauten Patrizierpalais aus dem 18. Jh. eingerichtete Hotel ist als 5-Sterne-Hotel der Superklasse die unbestrittene Nummer eins in Leipzig. Berühmt

ist der Serpentinsaal für festliche Bankette.

Das Höchste – **The Westin Leipzig 2**: ▶ J 7, Gerberstr. 15, 04105 Leipzig, Tel. 0341 988-0, www.westinleipzig.com, LVB 9, 14 Hauptbahnhof Westseite, DZ ab 119 €, Suiten bis 214 € im Internet. Das für etliche Millionen frisch sanierte Hotel wurde ursprünglich 1981 durch japanische Architekten gebaut. In der 27. Etage lockt eines der besten Gourmet-Restaurants Deutschlands mit Top-Küche, Top-Service und Top-Aussicht auf die Stadt. Wellnessbereich, Tagungsräume Bars und Restaurants sind wirklich außergewöhnlich.

Das Zentralste – **Steigenberger Grandhotel Leipzig 3**: ▶ Karte 3, J 8, Salzgässchen 6, 04109 Leipzig, 069 66 56 47 00, www.leipzig.steigenberger.de, LVB 89 Reichsstraße, DZ ab 129 €. Das Grandhotel ist nicht nur das zentralste, sondern auch das vorerst neueste Hotel der City. Im ersten Quartal 2011 eröffnet, bietet es hinter aufwendig restaurierter historischer Fassade bequeme und großzügige Zimmer, einen modernen Tagungsbereich, Super-Wellness und exzellente Gastronomie in zwei Restaurants.

Komfortabel und stilvoll

Exquisit – **Leipzig Marriott Hotel 4**: ▶ Karte 3, J 8, Am Hallischen Tor 1, 04109 Leipzig, Tel. 0341 965 30, www.leipzigmarriotthotel.de, LVB 1, 3, 4, 7, 9–16, 72, 73, 89, 142 Hauptbahnhof, DZ ab 109 €. Das gemütlichste Komforthotel der Stadt, direkt gegenüber dem Bahnhof, ist gediegen und elegant eingerichtet; fünf behinderten-gerechte Zimmer.

Neuer Chic – **Radisson Blu Hotel** 5:
▶ J8, Augustusplatz 5–6, 04109 Leip-zig, Tel. 0341 21 46-0, www.radisson-leipzig.com, LVB 4, 7, 8, 9–16 Augus-tusplatz, DZ ab 99 €. Das Hotel wurde erst kürzlich generalüberholt und be-kam dabei seine aparte Design-Note.

Tolles Spa – **pentahotel Leipzig** 6: ▶ K 8, Großer Brockhaus 3, 04103 Leip-zig, Tel. 0341 12 92-0, www.pentahot els.com/de/leipzig, LVB 4, 7, 12, 15 Jo-hannisplatz, DZ ab 76 €. Eines der größten Hotels der Stadt, ruhig und zentrumsnah im Grafischen Viertel auf dem Gelände des ehemaligen Brock-haus-Verlags gelegen, Tagungsräume, Pool und Fitness-Center.

Art decó – **Seaside Park Hotel** 7: ▶ Karte 3, J8, Richard-Wagner-Str. 7, 04109 Leipzig, Tel. 0341 98 52-0, www. park-hotel-leipzig.de, LVB 1, 3, 4, 7, 9–16, 72, 73, 89, 142 Hauptbahnhof, DZ

ab 90 €. Elegantes Geschäftshotel di-rekt gegenüber dem Hauptbahnhof. Innenausstattung im Art déco, reizvoll das Restaurant Orient-Express mit Lu-xus-Zug-Atmosphäre.

Am Wald – **Lindner Hotel Leipzig** 8: ▶ E 7, Hans-Driesch-Str. 27, 04179 Leip-zig, Tel. 0341 44 78-0, www.lindner.de, LVB 7, 89 Rathaus Leutzsch, DZ 109–165 €. Das am Rande des westlichen Stadtteils Leutzsch gelegene Hotel ist wegen seiner ruhigen Lage beliebt. Be-kannt ist das Hotel auch für sein Res-taurant Am Wasserschloss.

Gestylt – **art'otel Leipzig** 9: ▶ J7, Eu-tritzscher Straße 15, 0341 98 80, www. artotel-leipzig.com, LVB 10,11, 16 Wil-helm-Liebknecht-Platz, DZ ab 115 €. Das komplett umgebaute und modern ausgestattete Haus ist – entsprechend seines kunstsinnigen Namens – durch-gängig mit Originalgemälden ge-schmückt. Sie stammen durch die Bank aus dem Pinsel der gefeierten Leipzi-ger HGB-Absolventin Anna Tessenow.

Alles frisch im Hotel Fürstenhof

Mein Tipp

NH Hotel an der Messe

Direkt gegenüber dem Gelände der Leipziger Messe gelegen, bietet das NH Hotel nicht nur typischen 4-Sterne-Komfort in 308 Zimmern mit Tagungs-räumen, Hotelbar und kleinem Wellness-Bereich. Das Besondere ist die Lage! In wenigen Schritten ist man auf der Messe, die Straßenbahn braucht nur 15 Min. bis zum Hauptbahnhof in der Innenstadt – die S-Bahn sogar nur 7 Min. An der A 14 und der B 2 gelegen und in der Nähe des Flughafens Leipzig-Halle sowie des Autobahnkreuzes mit der A 9 ist dieses Hotel wirklich gut zu erreichen. Vor allem aber bietet es einen entspannten Aufenthalt zur Messe. **NH Hotel,** Fuggerstr. 2, 04158 Leipzig, Tel. 0341 525 10, www.nh-hotels.de, DZ 53–90 €.

Mittelklassehotels

Kleines Privathotel – **Hotel Adagio Leipzig** 10: ▶ K 9, Seeburgstr. 96, 04103 Leipzig, Tel. 0341 21 66 99, www.hotel-adagio.de, LVB 4, 7, 12, 15 Johannis-platz, DZ ab 87 €, Apartment ab 140 €. Kleines, ruhiges, innenstadtnah gelegenes Privathotel in einem schicken Gründerzeithaus am Rande des Grafischen Viertels mit musikalischer Note.

Großes Standardhotel – **Mercure am Johannisplatz** 11: ▶ K 9, Stephanstr. 6, 04103 Leipzig, Tel. 0341 977 90, www.mercure.com, LVB 4, 7, 12, 15 Johannisplatz, DZ 69–169 €. Modernes Hotel mit Tagungsmöglichkeiten in der Nähe zu den Unikliniken.

Ausgefallen – **Gästehaus Leipzig** 12: ▶ H9, Wächterstr. 32, 04107 Leipzig, Tel. 0341 14 06 31 31, www.gaestehaus-leipzig.de, LVB 2, 8, 9, 89 Neues Rathaus, DZ ab 110 €. Das frühere Gästehaus der Stadt Leipzig bietet direkt gegenüber dem Bundesverwaltungsgericht schöne Zimmer an historischem Ort. Leider nur 18 Betten!

Mit echter Kunst – **Galerie Hotel Leipziger Hof** 13: ▶ L 7, Hedwigstr. 1–3, 04315 Leipzig, Tel. 0341 697 40, www.leipziger-hof.de, LVB 1, 3, 8, 70 H.-Liebmann/Eisenbahnstr., DZ 76–199 €. »Schlafen Sie mit einem Original!« – der Slogan gilt: Gemälde und Grafiken aus dem Besitz des Hoteleigentümers (Galerie im Nebengebäude) hängen auf den Fluren und in den Zimmern, freundliche Atmosphäre.

Familienfreundlich – **Leonardo Hotel und Residenz** 14: ▶ H 12, Windscheidstr. 21–23, 04277 Leipzig, Tel. 0341 303 30, www.leonardo-lpz.de, LVB 9, 10, 11, 70, 100, 107 Connewitzer Kreuz, DZ 78–125 €. Das 3-Sterne-Hotel im Süden von Leipzig ist besonders für Familien oder einen längeren Aufenthalt geeignet. Gutes Restaurant Mona Lisa.

Gepflegt – **Hotel Michaelis** 15: ▶ J 9, Paul-Gruner-Str. 44, 04107 Leipzig, Tel. 0341 267 80, www.hotel-michaelis.de, LVB 10, 11 Hohe Str., DZ 99–179 €. Kleineres, gepflegtes (Tagungs-)Hotel südlich des Zentrums, mehrfach ausgezeichnet, gelobte Küche.

Preiswerte Hotels

Quadratisch – **Motel One Leipzig** 16:
▶ Karte 3, J8, Nikolaistraße 23, 0341
337 43 70, www.motel-one.com, LVB 89
Reichsstraße, EZ/DZ ab 59 € (exkl. Frühstück). Preisgünstiges, durchgestyltes
Design-Hotel direkt am Nikolaikirchhof
mit Blick auf die weltberühmte Nikolaikirche. Hier geht es sehr minimalistisch,
aber durchaus stilbewusst zu – sowohl
bei der Einrichtung als auch beim Konzept.

Praktisch – **Hotel Ibis Leipzig Zentrum**
17: ▶ Karte 3, J8, Brühl 69, 04109 Leipzig, Tel. 0341 218 60, www.ibishotel.
com, LVB 89 Goethestr., EZ/DZ ab 55 €.
Preisgünstiges, einfaches Hotel, sehr
nah an Oper und Gewandhaus.

Gut – **Novotel Leipzig City** 18: ▶ Karte
3, J8, Goethestr. 11, 04109 Leipzig, Tel.
0341 995 80, www.accorhotels.com,
LVB 89 Goethestr., DZ 74–110 €. Zentral
gelegenes Hotel mit allem, was ein rei-
sende Geschäftsmenschen und Besucher brauchen. Bunt und fröhlich,
Fahrradverleih, Fitnessraum, Sauna.

Jugendherbergen und Hostels

Für Weltenbummler – **Hostel Sleepy
Lion** 19: ▶ H8, Käthe-Kollwitz-Str. 3,
04109 Leipzig, Tel. 0341 993 94 80,
www.hostel-leipzig.de, LVB 1, 14, 72,
73 Gottschedstraße, 14–24 €. Zentrumsnah, helle und freundliche 1- bis
8-Bettzimmer, abschließbare Schränke,
Fahrradverleih.

Und Globetrotter – **Central Globetrotter** 20: ▶ J7, Kurt-Schumacher-Str. 41,
04105 Leipzig, Tel. 0341 149 89 60,
www.globetrotter-leipzig.de, LVB 3, 14,
9, 1 Hauptbahnhof Westseite, 80 Bet-

ten, 13–28 €. Unabhängiges Jugendho-
tel, Schlafsaal bis Einzelzimmer.

Hotel & Hostel – **A&O Hotel und Hostel**
21: ▶ K 7, Brandenburger Str. 2, 04103
Leipzig, Tel. 0341 24 57 00, www.aohos
tels.com, LVB 8, 10, 11, 16, 72, 73,
89 Hbf./Wintergartenstraße, DZ ab 39 €.
Hotel (blau) und Hostel (orange) in einem gemeinsamen Gebäude. Vis-a-vis
vom Bahnhof, zentrumsnah und überraschend großzügig.

Camping

Morgens in den See – **Camping am Kulkwitzer See** 22: ▶ A 11, Seestr. 1, 04207
Leipzig, Tel. 0341 941 15-14/15, über:
www.leipzigseen.de, LVB 1, 2, 66 Lau-
sen, S-Bahn S 1 Miltizer Allee, Bunga-
lows ab 34 €. Etwa 12 km westlich vom
Zentrum an ehemaligem Tagebausee,
ruhig, im Sommer viele Ausflügler.

In Zelt oder Bungalow – **Campingplatz
und Motel Am Auensee** 23: ▶ D 4, Gustav-Esche-Str. 5, 04159 Leipzig, Tel. 0341
465 16 00, www.camping-auensee.de,
LVB 80 Auensee, Finn- und Blockhütten
20–35 €. Im nordwestlichen Stadtteil
Wahren, ca. 5 km ins Zentrum.

Mitwohnzentralen
Die bekannteste Mitwohnzentrale in
Leipzig befindet sich nur wenige Meter
vom Hauptbahnhof entfernt in der
Goethestr. 7–10 (www.mitwohnzentra
le-leipzig.de, Tel. 0341 194 30, Büro-
adresse: Brühl 79, 04103 Leipzig).
Weitere Vermittlungsstellen:
www.zimmer-in-leipzig.de
www.mwz.hvs-leipzig.com
www.businessapartments.de
www.mitwohnzentrale.de
www.zwischenmiete.de

Essen und Trinken

Leipzigs Kneipenmeilen

Leipzig hat drei und eine halbe Kneipenmeile, auf denen Sie sicher auf das eine oder andere tolle Restaurant, Café oder Lokal stoßen, das aus Platzgründen nicht ins Buch hineinfand.

Der **Drallewatsch** ist die Kneipenmeile der Innenstadt und erstreckt sich über die Große und Kleine Fleischergasse, durch das Barfußgässchen bis zum Marktplatz, die Klostergasse bis zum Thomaskirchhof und die Burgstraße entlang bis zum Ratskeller unter dem Neuen Rathaus. Vor einigen Jahren haben sich hier die Wirte von 34 Gaststätten im Drallewatsch e.V. organisiert und inzwischen sind noch einige mehr dazugekommen. Hier haben Sie die freie Wahl zwischen gutbürgerlich-sächsischer, klassisch japanischer, mediterraner und neuzeitlicher Küche. Hauptsache, Sie können sich entscheiden.

Gleich nebenan beginnt die **Schauspielmeile**, die sich vorwiegend in der Gottschedstraße befindet. Hier finden sich zwischen den Restaurants im herkömmlichen Sinne deutlich mehr Bistros, Cafés und Kneipen mit kleiner Küche. Auch einige Clubs und Diskotheken sind hier zu Hause. Während der Drallewatsch mehr die Kneipenmeile für die Gäste der Stadt ist, tummeln sich auf der Schauspielmeile vorwiegend die Leipziger selbst.

In der **Münzgasse** finden sich auf einem ganz kurzen Straßenstück von lediglich etwa 100 Metern fast zehn Lokale mit teils sehr guter Küche (Palermo und Piagor) und ausgefallenem Interieur (Kleine Träumerei und Beirut Nights). Die wilde Mischung macht's, denn hier ist für fast jeden Geschmack und auch Geldbeutel etwas dabei.

Weniger fürs Essen und mehr fürs Trinken empfiehlt sich selbst die **Südmeile** entlang der Karl-Liebknecht-Straße. Obwohl man auch hier mancherorts ausgezeichnet bekocht wird, sind die Kneipen, Bars, Clubs und Pubs doch deutlich in der Überzahl.

In Leipzig gibt es **keine Sperrstunde**. Deshalb ist bei vielen Restaurants und vor allem bei den Kneipen auch nur die Angabe der Öffnungszeiten nötig, da sich die Schließzeit nach den Gästen richtet. In den meisten Lokalen ist allerdings gegen 2 oder 3 Uhr morgens dann doch auch Schluss. Ausnahmen bestätigen auch hier die Regel.

Das Wort **Kneipe** ist übrigens obersächsischen Ursprungs und bezeichnet einen Ort, wo man gekneipt wird: Es wird einem (zu viel) abgeknöpft. Lessing und andere Dichter und Trinker verbreiteten den Begriff, sodass er ab 1800 allgemein verwendet wurde.

Internet und Magazine
Bei einem längeren Aufenthalt ist der halbjährlich aktualisierte Führer »Leipzig Tag und Nacht« des Stadtmagazins Kreuzer mit Adressen und Wertungen zu empfehlen. Dort werden auch regelmäßig die besten Lokale der Stadt aufgeführt (Online: www.leipzigtagundnacht.de). Immerhin haben es einige zu internationalen Auszeichnungen mit Mützen, Gabeln, Löffeln und Sternen gebracht.

Leipziger Spezialitäten

Wer Leipzig besucht, um das sprichwörtliche **Leipziger Allerlei** zu kosten, hat keine freie Wahl der Reisezeit. Nur wenn Ende Mai der Spargel reif ist, kann das Gericht mit Flusskrebsen,

Morcheln und frischem Saisongemüse originalgetreu bereitet werden.

Fast ebenso berühmt, aber um einiges süßer sind heute die **Leipziger Lerchen.** Bis 1876 offenbarte sich in dieser Lieblingsspeise der Leipziger ein sonst eher seltener Hang zur Grausamkeit: Wie manche Südländer heute noch ernährten sich die Leipziger von Millionen Singvögeln, gebraten, gekocht und gedünstet. Auch der Geschäftssinn kam nicht zu kurz. Lerchen wurden gerupft und gefüllt in Packungen zu 12 und 24 Stück bis Moskau und Madrid verschickt. Als ein Hagelschlag die Vogelbrut vernichtete, schufen schlaue Konditoren Ersatz aus Mürbeteig und Marzipan. Besonders gute Lerchen offeriert das Teehaus am Thomaskirchhof und das Café Corso in der Brüderstraße.

Da sich auf Dauer mit Lerchen allein kein (Stadt-)Staat machen lässt, setzt man auf die Übernahme erfolgreicher konditorischer Modelle. So entwickelte der Salzburger Zuckerbäcker Fürst, En-

kel des Erfinders der einschlägig bekannten Mozartkugel, im Auftrag der dortigen Bachgesellschaft zur Feier des Bachjahres 2000 einen **Bachwürfel.** Der Kubus aus Kaffee- und Nuss-Trüffel, Marzipan und dunkler Schokolade muss 48 Stunden nach dem Guss verzehrt werden. Hinzugekommen sind inzwischen die **Bach-Pfeiffen,** die von einem Dresdner Konditor hauptsächlich aus Kaffeecreme hergestellt werden. Bach-Kaffee, Bach-Torte und Bach-Taler stellt das Café Kandler direkt an Bachs Wirkungsstätte her.

Bei den Getränken steht natürlich der **Kaffee** ganz oben auf der Lieblingsliste der Leipziger. Aber es gibt auch zwei Spezialitäten der Stadt: zum einen die **Gose,** ein obergäriges Bier, das in etwa mit der Berliner Weißen vergleichbar ist, und der **Allasch,** ein Kümmellikör. 1830 erstmals durch baltische Handelsleute zur Leipziger Messe eingeführt und danach verfeinert von Wilhelm Horns Destillateuren, ist er ein echtes Leipziger Original. Bekömmlich nach dem Plün-

Die Gastronomie in Leipzig

Innenstadt
– Stadtviertelkarte S. 108
– Restaurantbeschreibungen S. 138

Vom Grafischen Viertel bis Connewitz
– Stadtviertelkarte S. 148
– Restaurantbeschreibungen S. 157

Musikviertel
– Stadtviertelkarte S. 168
– Restaurantbeschreibungen S. 181

Südvorstadt
– Stadtviertelkarte S. 188
– Restaurantbeschreibungen S. 199

Plagwitz und Lindenau
– Stadtviertelkarte S. 206
– Restaurantbeschreibungen S. 221

Zoologischer Garten, Rosental und Gohlis
– Stadtviertelkarte S. 236
– Restaurantbeschreibungen S. 250

Der Auwald
– Stadtviertelkarte S. 256
– Restaurantbeschreibungen S. 269

dern eines Party-Buffets, in Mix-Drinks ungewöhnlich gut, allein süß-herzhaft und am besten eisgekühlt getrunken.

Spitzengastronomie

Michelin-gepriesen – **Stadtpfeiffer:** ▶ Karte 3, J8, Restaurant im Gewandhaus, Augustusplatz 8, Tel. 0341 217 89 20, www.stadtpfeiffer.de, Di–Sa ab 18 Uhr, Hauptgerichte 35–56 €, Menü 75–110 €. Speisen, die einem Maestro nach dem Konzert behagen. Eines der anerkannt besten Restaurants der Stadt –

Spartipp
Eine hervorragende Idee für alle, die – vor allem zu zweit – in Leipzig für ein paar Tage unterwegs sind und Gastronomie und Freizeitangebote weidlich austesten möchten, ist die Anschaffung eines Gutscheinbuchs von Luups. In etwa 30 Etablissements haben Sie mit den attraktiv gestalteten Gutscheinen Anspruch auf die unterschiedlichsten Vergünstigungen und Preisnachlässe verschiedener Art – oft leider zwei zum Preis für eins, deshalb hauptsächlich für Paare geeignet (in fast allen Buchhandlungen oder übers Internet, www.luups.net, für nur 16,80 €).

wofür Detlef und Petra Schlegel auch einen Michelin-Stern bekamen.

Überirdisch gut – **FALCO:** ▶ J7, Restaurant in der 27. Etage im The Westin Leipzig, Gerberstr. 15, Tel. 0341 988 27 27, www.falco-leipzig.de, Di–Sa ab 19 Uhr, Hauptgerichte 40–150 €, Menü 144–179 €. Hier verwöhnen Peter Maria Schnurr und Oliver Kraft nicht nur Ihren Gaumen mit außergewöhnlicher Kochkunst, sondern mit Ambiente, Service

und Ausblick auf die Stadt all Ihre Sinne. Das einzige Restaurant in den neuen Ländern mit 2 Michelin-Sternen.

Gourmet-Oase – **Heine:** ▶ G9, Karl-Heine-Str. 20, Tel. 0341 870 99 66, www.restaurant-heine.de, LVB 1, 2 Klingerweg oder 14 Nonnenstraße, Di–Sa 18–24 Uhr, Hauptgerichte 15–30 €, Menü 55–96 €. Genuss in seiner schönsten Form. Einfach durch den Garten gehen, und Sie sind da.

Gutbürgerlich, sächsisch

Wo der Kaffeebaum blühte – **Apels Garten:** ▶ H8, Kolonnadenstr. 2, Tel. 0341 960 77 77, www.apels-garten.de, LVB 9 Thomaskirche, Mo–Sa 11–23, So 11–15.30 Uhr, Menüs um 20 €. Wo früher einst ein wunderschöner Bürgergarten lockte, wird heute sächsische Küche angeboten. Auf dem Dorotheenplatz stehen Repliken der Rokoko-Garten-Skulpturen, im Restaurant hängen Bilder von Goethe, Apel und der Pianistin Clara Wieck.

Alter Messehof – **Barthels Hof:** ▶ Karte 3, J8, Hainstr. 1, Tel. 0341 14 13 10, www.barthels-hof.de, tgl. 7–24 Uhr, Hauptgerichte um 16 €. Im barocken Durchhof des letzten erhaltenen Warenmessehauses befindet sich das Restaurant mit sächsisch-frischer Küche: leichte Gerichte mit flotten Titeln wie »Gottgelobte Rindsviecherei«.

Am Fluss – **Mückenschlösschen:** ▶ G7, Waldstr. 86, Tel. 0341 983 20 51, www.mueckenschloesschen.de, LVB 4 Am Mückenschlösschen, tgl. 10–24 Uhr, Hauptgerichte um 10 €, preiswerter Mittagstisch. Trotz der lärmenden

Restaurant Auerbachs Keller

Straße einer der schönsten Biergärten in Leipzig. Innen solide und detailgetreu restauriert, mit Sonderküche für Kinder: eine sehr angenehme und gelungene Mischung sächsischer und bayerischer Gastlichkeit.

Urig, sächsisch – **Zill's Tunnel:** ▶ Karte 3, J8, Barfußgässchen 9, Tel. 0341 960 20 78, www.zillstunnel.de, tgl. 11.30–24 Uhr, Hauptgerichte um 16 €. Beste Adresse für die Erkundung sächsischer Kochkunst. Mit der Speisekarte können Sie Ihre sächsischen Sprachfertigkeiten verbessern. Aber keine Angst, es gibt auch eine hochdeutsche Karte.

Überraschend – **Michaelis:** ▶ J9, Paul-Gruner-Str. 44, Tel. 0341 267 80, www.michaelis-leizig.de, LVB 10,11 Hohe Straße, Mo–Fr 12–14, 18–22, Sa 18–22 Uhr, Hauptgerichte 12–25 €. Eines der Spitzenrestaurants in Leipzig, im Sommer mit Terrasse, regionale und saisonale Spezialitäten.

Besonderes Speisen

Fausts Spuren – **Auerbachs Keller:** ▶ Karte 3, J8, in der Mädler-Passage, Grimmaische Str. 2–4, Tel. 0341 216 10-0, www.auerbachs-keller-leipzig.de, tgl. 11.30–24, historische Weinstuben Mo–Sa ab 18 Uhr, Hauptgerichte 15–25 € bzw. um 30 €. Kein Leipzig-Besucher kommt hieran vorbei. Abends empfiehlt sich auch ein Besuch in der darüber gelegenen Bar Mephisto. Die historischen Weinstuben sind nur abends geöffnet und bieten die luxuriöse Variante zum touristischen Kellergetümmel, schlichtweg ausgezeichnet.

Über allen – **Panorama Tower:** ▶ Karte 3, J8, im City-Hochhaus, Augustusplatz 9, Tel. 0341 710 05 90, www.panorama-leipzig.de, tgl. 11.30–24 Uhr, Hauptgerichte 15–27 €, Menü 32–45 €. Im 29. Stock des ehemaligen Uni-Hochhauses 135 m hoch gelegen, bietet das Panorama, was der Name verspricht: vor allem bei Sonne einzigartige Aussicht.

Historisch – **Sonnen-Hof:** ▶ F9, Weißenfelser Str. 15, Tel. 0341 480 67 52, LVB 3 Felsenkeller oder Elsterpassage, Mo–Fr 11.30–14.30, 17.30–24, Sa 17.30–24, So 11.30–14.30 Uhr, Hauptgerichte um 25 €. Ochsenbäckchen mit Rahmsauerkraut sind Spezialität des Hauses nahe der Heilandskirche, wer Schnitzel bestellt, wird nicht abgewiesen. Manchen soll der 100 Jahre alte Sonnen-Hof allein eine Reise wert sein, die Quarkkeulchen sind es bestimmt.

Schiffchenbar – **Mr. Moto Sushi-Bar:** ▶ Karte 3, J8, Große Fleischergasse 21, Tel. 0341 212 78 98, www.mistermoto.de, Mo–Sa 12–1, So 12–23 Uhr, Sushis pro Portion 1,90–4,50 €. Klassische Sushi-Bar, mit herumfahrenden Schiffchen, die den Blick auf Zubereitung (innerhalb der Bar) sowie Angebot (auf den Schiffchen) erlauben.

Rustikal und leger

Schulspeisung – **Alte Nikolaischule:** ▶ Karte 3, J8, Nikolaikirchhof 2, Tel. 0341 211 85 11, www.alte-nikolaischule.de, tgl. ab 10 Uhr, Hauptgerichte 10–20 €. Preiswert, moderne Küche, sehr angenehme, studentisch-legere Atmosphäre unter den Resten von Renaissancefresken und Inschriften. Im Sommer großer Freisitz.

Frisch Gebrautes – **Gosenbrauerei Bayerischer Bahnhof:** ▶ J9, Bayrischer Platz 1, Tel. 0341 124 57 60, www.bayerischer-bahnhof.de, LVB 2, 9, 16, Bayrischer Platz, tgl. ab 11 Uhr, Hauptgerichte 8–17 €. Einzige Brauerei des Leipziger Regionalgebräus in Sachsen, im restaurierten Bayerischen Bahnhof. Großer Freisitz für laue Sommerabende.

Gute Stube – **Schaarschmidts:** ▶ J5, Coppistr. 32, Tel. 0341 912 05 17, www.schaarschmidts.de, LVB 12 Virchow/Coppistraße, Mo–Sa 17–24, So 12–24 Uhr, Hauptgerichte um 15–25 €. Sehr feine regionale Küche, eines der besten Restaurants der Stadt. Privat geführt, Reservierung empfohlen, sehr gute Weinkarte.

Unter Lempicka – **Schiller:** ▶ Karte 3, J8, Schillerstr. 3, Tel. 0341 225 28 28, www.schiller-cafe.de, tgl. 10–1 Uhr, Hauptgerichte um 15–20 €. Moderne Küche in kühl-puristischem Ambiente, im Sommer mit großem Freisitz (Südlage). Bemerkenswert sind die Innenausstattung im Art decó und die Wandbilder im Stil der polnischen Malerin Tamara Lempicka.

Weltweit

Afrikanisch – **Basamo:** ▶ K8, Nürnberger Str. 11, Tel. 0341 960 76 54, www.basamo.de, LVB 4, 7, 15 Johannisplatz, tgl. ab 18 Uhr, So 18–22 Uhr African Buffet, Hauptgerichte um 8 €. Afrikanische Rhythmen, afrikanisches Essen und afrikanisches Bier; geleitet wird die Kneipe von Jerry Fulau aus Mosambik, bekannt aus der Band Semba Two.

Spanisch – **Cafe Madrid:** ▶ Karte 3, J8, Klostergasse 3–5, Tel. 0341 993 88 13, www.cafe-madrid.de, Mo–Sa ab 11.30, So ab 10 Uhr, Hauptgerichte 8–30 €. Restaurant, Tapas-Bar und auch Café in einem, wartet das Madrid mit spanischen Spezialitäten in schönem barocken Ensemble und einem wunderbaren Freisitz im Hof auf.

Französisch – **Le Cochon:** ▶ K8, Rosa-Luxemburg-Str. 4, Tel. 0341 961 77 25, www.le-cochon-leipzig.de, LVB 3/8, Hofmeisterstraße, Mo–Fr ab 11, Sa ab 18 Uhr, Hauptgerichte 9–25 €. Feine französische Küche zwischen Foie gras und Châteaubriand. Und Leipzigs einzige Indoorgolfanlage!

Osteria – **Don Camillo & Peppone:** ▶ Karte 3, J8, Barfußgässchen 11, Tel. 0341 960 39 10, www.doncamillo-leipzig.de, Mo–Sa 11.30–23.30, So 17–23.30 Uhr, Hauptgerichte 7–18 €, Pizza ab 5,50 €. Italienischer geht's kaum – und das in lockerem Jugendstilambiente.

Steak – **Escados:** ▶ Karte 3, J8, Martin-Luther-Ring 2, Tel. 0341 960 71 27, www.escados.de, So–Do 11.30–0.30, Fr, Sa 11.30–0.30 Uhr, Hauptgerichte 11–20 €. Gegrilltes vom Feinsten zwischen Palmwedeln unter der Deutschen Bank.

Mein Tipp

SoupBAR summarum

Wer kein Suppenkasper ist und nach etwas Leichtem für zwischendurch sucht, dem sei diese Suppenbar ans Herz gelegt. Es gibt immer auch ein vegetarisches und ein süßes Angebot im Suppenplan und wer sich zwischen den verlockenden Angeboten nur schwer entscheiden kann, der sollte das Lokal am Mittwoch besuchen, wenn die Aktion All you can eat zum Probieren beim Festpreis von 10,50 € einlädt. **SoupBAR summarum:** ▶ J9, Münzgasse 16, 04107 Leipzig, Tel. 0341 149 49 74, www.soup-bar-summarum.de, Mo–Fr ab 11, Sa ab 17 Uhr, Suppe ab 3,20 €.

Japanisch – **Goldene Kugel:** ▶ Karte 3, J8, Richard-Wagner-Straße 10, Tel. 0341 350 55 97-4, www.goldene-kug el-restaurant.de, Hauptgerichte 10–25 €, Menü 22–50 €. Die beste japanische Küche der Stadt vom erfahrenen Maître Chiên Lê.

Indisch – **India Gate:** ▶ Karte 3, J8, Nikolaistr. 10, Tel. 0341 960 60-65/66, Mo–Fr 11.30–14.30, 17.30–23.30, Sa, So 11.30–23.30 Uhr, preiswerter Mittagstisch, Hauptgerichte um 10 €. Für jede der drei Richtungen seiner Küche (nordindisch, Tandoori, Mogulenküche) beschäftigt Inhaber Jasinder Singh Dhillon einen eigenen Koch.

Italienisch – **La Grotta Palazzese:** ▶ Karte 3, J8, Ratsfreischulstr. 6, Tel. 0341 962 99 74, www.grottapalazze se.de, tgl. ab 11 Uhr, Hauptgerichte 8–25 €, Pizza 5–12 €. Neben dem Restaurant bieten die dazugehörige Eisbar und die Pizzeria (100! hauseigene Pizzen) alles was das Herz *all'italiana* begehrt.

Thailändisch – **Mai Tai:** ▶ G 10, Könneritzstr. 38, Tel. 0341 479 22 91, LVB 1, 2, Holbein- oder Stieglitzstraße, tgl. 11.30–14.30, 17.30–23.30 Uhr, Hauptgerichte 10–17 €. Thailändisch pur: von den Bambusstühlen über die Kokossauce bis zu den scharfen Fleischgerichten … lohnt einen Abstecher.

Kubanisch – **Varadero:** ▶ Karte 3, H8, Gottschedstr. 4, Tel. 0341 960 09 26, www.varadero-leipzig.de, tgl. 11.30–24 Uhr, Hauptgerichte 8–15 €. Neben dem Havana Club Leipzigs letzter Gedenkort deutsch-kubanischer Freundschaft: vom Mojito bis zu Guama, dem kubanischen Bier, gibt es hier alles Karibische, an dem sich schon seit 1977 der Leipziger erfreut.

Mein Tipp

Veganes Essen
Wenn sich vegetarische Küche etwas anspruchsvoller gestalten soll als nur mit einem Nudelgericht ohne Fleisch, dann ist man hier – weit im Süden – genau an der richtigen Adresse. **Zest:** ▶ J 12, Bornaische Str. 54, Tel. 0341 231 91 26, www.zest-leipzig.de, LVB 10, 11 Pfeffinger Straße, tgl. 11–23 Uhr.

Traditionscafés

Traditionell – **Café Corso:** ▶ J9, Brüderstr. 6, Tel. 0341 960 31 11, www.cor soela.de, Mo–Fr 8–18, Sa 10–1 Uhr. Urgemütliches Café der seit 1912 für ihre Baumkuchen, Stollen und Leipziger Lerchen berühmten Konditorei Corso.

Wiener Kaffeehaus – **Café Grundmann:** ▶ H 10, August-Bebel-Str. 2, www.cafe-grundmann.de, LVB 10, 11 Südplatz, Mo–Fr 9–1, Sa 10–1, So 10–22 Uhr. Absolutes Muss im Leipziger Süden – schon allein der Art-deco-Ausstattung wegen. Das Frühstücken ist hier ein Genuss. S. 194

Auch Tee – **Café Kandler:** ▶ Karte 3, J8, Thomaskirchhof 11, Tel. 0341 213 21 81, www.cafekandler.de, tgl. 10–20 Uhr. Das einzige Teehaus (60 Sorten im Angebot) der City bietet auch Kaffee-Spezialitäten und selbst gemachtes Eis. Ganz aus eigener Produktion sind diverse Bach-Patisserien, die auch versandt werden.

Jugendstilig – **Kaffeehaus Riquet:** ▶ Karte 3, J8, Schuhmachergässchen 1, Tel. 0341 961 00 00, tgl. 9–24 Uhr. In einem Jugendstilhaus, dessen Ecke fast jeder kennt: Sie schmücken zwei Elefantenköpfe – als früheres, adäquatasiatisches Firmenlogo der Riquets.

Café Kunst – **Café Neubau/Paris Syndrom:** ▶ H 9, in der Galerie für Zeitgenössische Kunst, S. 170, 181.

Der Klassiker – **Zum Arabischen Coffe Baum:** ▶ Karte 3, J 8, Kleine Fleischergasse 4, Tel. 0341 961 00 60/61, www.coffe-baum.de, tgl. ab 11 Uhr. In einem der ältesten deutschen Kaffeehäuser hat man die Wahl zwischen französischem, arabischem und Wiener Café, jeder erdenklichen Spielart des schwarzen Getränks und himmlischen Kuchen aus der hauseigenen Konditorei.

Bistros und Kneipen

Halb dem Erbe der ›klassenlosen Gesellschaft‹, halb dem sächsischen Drang nach Gemütlichkeit verdankt Leipzig eine große Zahl von charmanten gastronomischen Einrichtungen, die keiner gängigen Klassifizierung gehorchen. Es gibt dort Essen und Trinken zu moderaten Preisen, oft Unterhaltung und immer nette Leute. Jede dieser Einrichtungen ist auf dem Weg zur Institution, alle sind ein guter Platz zum Landen. Wenn man genauer wüsste, was in Leipzig ›die Szene‹ ist, könnte man einige von ihnen sicher Szenekneipen nennen.

Tapas – **Barcelona:** ▶ Karte 3, H 8, Gottschedstr. 12, Tel. 0341 212 61 28, Mo–Fr ab 18, Sa, So ab 10 Uhr, Hauptgerichte um 8 €. Tapas und Cocktails, nicht zu vergessen das große, sehr kreative Sonntagsbrunch: im schmalen Schlauch innen drin und auf dem Freisitz im Hof spürt man, was das Besondere an der Gottschedstraße ist.

Mittelalterlich – **Barbakane, Fuchsbau, Schwalbennest und Terrasse in der Moritzbastei:** ▶ Karte 3, J 8, Universitätsstr. 9, Tel. 0341 702 59 30, www.moritzbastei.de, Mo–Fr ab 10, Sa ab 12, So ab 9 Uhr, Hauptgerichte ab 6 €. Studentencafé und Kneipe oben an frischer Luft oder unten im Keller.

Mosaiziert – **100 Wasser:** ▶ Karte 3, J 8, Barfußgässchen 15, Tel. 0341 215 79 27, www.100-wasser.de, tgl. ab 11 Uhr, Hauptgerichte um 10 €. Im Stil des großartigen Friedensreich gestaltet. Immer lustig, immer nett und entsprechend fast immer voll.

Fusionküche mit Bücherwand – **Kowalski:** ▶ Karte 3, J 8, Ferdinand-Rhode-Str. 10, Tel. 0341 212 60 20, www.das-kowalski.de, LVB 89 Mozartstraße, So–Do 9–1, Fr, Sa 9–2 Uhr, Hauptgerichte bis 12 €. Die Küche – das Beste von Italien bis Asien – ist überraschend gut, der Kuchen selbst gebacken und genial, und überhaupt stimmt hier eigentlich alles.

Geschmackvoll – **Telegraph:** ▶ Karte 3, J 8, Dittrichring 18–20, Tel. 0341 149 49 90, www.cafe-telegraph.de, Mo–Fr ab 8 Uhr, Sa, So ab 9 Uhr, Hauptgerichte um 10 €. Hauptraum und Empore präsentieren sich stilbewusst – etwas rustikaler geht es im darunter liegenden Clubraum bei Veranstaltungen zu.

Freundlich – **Koslik:** ▶ Karte 3, J 8, Zentralstr. 1, Tel. 0341 998 59 93, www.koslik.de, tgl. 9–3 Uhr, Hauptgerichte um 10 €. In entspannter Atmosphäre zurücklehnen und genießen.

Mein wunderbarer Waschsalon – **Maga Pon:** ▶ Karte 3, H 8, Gottschedstr. 11, Tel. 0341 962 76 11, tgl. ab 10 Uhr, Hauptgerichte um 10 €. Hier lässt sich der Kneipenbesuch mit einer Wäsche in den Waschautomaten verbinden.

Einkaufen

In Leipzig gibt es – sieht man einmal von den kulinarischen Leckereien wie Lerchen, Bachpfeiffen, Allasch etc. ab – keine wirklich lokal gefertigte Spezialität, für die die Stadt in aller Welt berühmt ist. Von regionaler Bedeutung sind Thüringer Glas und vor allem Holzarbeiten sowie Plauener Spitzen. Darüber hinaus kann man sich mit Leipziger Musik von Gewandhaus und Thomanerchor sowie mit Leipziger Kunst eindecken.

Letztere ist in den zahlreichen Galerien der Stadt auch für den normalen – wenn auch nicht ganz kleinen – Geldbeutel zu erwerben. Vor allem Druckgrafiken können zu recht moderaten Preisen neben den Galerien auch in den städtischen Museen wie beispielsweise im Museum der bildenden Künste (S. 129) oder im Museum für Druckkunst (S. 212) erstanden werden.

Wo gibt es was?

In der Innenstadt finden sich viele Antiquitätengeschäfte, Mode-Boutiquen und Schmuckateliers des etwas höheren Preissegments. Hier finden sich die großen Ladengalerien und Einkaufspassagen mit großen Label-Namen und alt eingesessenen Geschäften. Nichtsdestotrotz entspricht das hiesige Preisniveau immer noch nicht ganz dem einer westdeutschen Großstadt, weshalb auch hier durchaus Schnäppchen zu machen sind.

Geht man hingegen in den Leipziger Süden, findet man beim Bummeln und Stöbern in An- und Verkaufläden auch schon mal das eine oder andere Schmuckstück zum kleinen Preis. Die Mode- und Schmuckstudios sind jung und kreativ, die Preise angemessen.

Im Westen der Stadt regiert die Kunst. Hier kann man in kleinen und großen Galerien oder in den Ateliers der Künstler ganz seiner Sammlerleidenschaft frönen.

Antiquitäten

Alt und neu – **Porzellan Roth:** ▶ Karte 3, J8, Nikolaistr. 38, Tel. 0341 960 60 29, www.porzellan-roth.de. Historisches Porzellan, Kristall und Glas aus Sachsen und Thüringen.

Zum Trödeln – **Sammler- und Antikmarkt (Trödelmarkt)** ▶ J 12, Bornaische Str. 210, LVB 10, 11 Agra-Gelände. Am letzten Wochenende im Monat (8–15 Uhr) findet auf dem ehemaligen AGRA-Messegelände ein Trödelmarkt statt. Wer wirklich etwas Besonderes ergattern möchte, sollte früh aufstehen.

Antikes & Trödel – **Galerie Sehenswert:** ▶ Karte 3, J8, Katharinenstr. 19, Tel. 0341 961 33 26. Hier finden Sie Edles neben Brauchbarem, Schmuck neben Möbeln, Exklusives neben Erschwinglichem.

Bücher und CDs

Alles über Leipzig – **Bachmann:** ▶ Karte 3, J8, im Alten Rathaus, Markt 1, Tel. 0341 960 19 22, www.bachmann-buch-leipzig.de. Seit der Wende auf Lipsiana spezialisiert; eine unverzichtbare Adresse für Leipzig-Liebhaber und solche, die es werden wollen.

Leipziger Urgestein – **Connewitzer Verlagsbuchhandlung:** ▶ Karte 3, J8, in Speck's Hof, Schuhmachergässchen 4, Tel. 0341 960 34 46, www.cvb.de. Ursprünglich in einem Abbruchhaus im

pussyGALORE – Szenegeschäft in der Südvorstadt

Leipziger Süden eine der geistigen Ressourcen der Wendezeit – seit 1995 ist Peter Hinke in der Innenstadt *die* literarische Buchhandlung (s. S. 114).

Klassisch hervorragend! – **Gewandhausshop:** im Gewandhaus, S. 119, ▶ Karte 3, J8, Augustusplatz 8, Tel. 0341 127 03 96, www.gewandhausshop.de. Die umfassendste Kollektion der Aufnahmen des Gewandhausorchesters und seiner Kapellmeister. Hier wird fündig, wer klassische Musik aus Leipzig sucht.

Knabenstimmen – **Thomasshop:** ▶ Karte 3, J8, Thomaskirchhof 18, Tel. 0341 222 24 22-2, www.thomaskirche. org. Alles rund um das musikalische Leben der Thomaskirche.

Für Globetrotter – **Reisefibel:** ▶ Karte 3, J8, Markgrafenstr. 5, Tel. 0341 21 58 70, www.reisefibel.de. Spezialbuchhandlung für Globetrotter. Karten und Literatur zu allen Ländern der Welt, Leipzig und Umgebung inklusive.

Alte Bücher und Noten – **Zentralantiquariat Leipzig:** ▶ F 10, Zschochersche Str. 79c, Tel. 0341 21 61 70, Mo–Fr 7.30–16 Uhr, www.zentralantiquariat.de.

Delikatessen und Lebensmittel

In den Supermärkten werden regionale Produkte aus Sachsen oder Ostdeutschland häufig besonders gekennzeichnet, etwa durch einen Klebestreifen an der Preisschiene mit der Bezeichnung »Aus unserer Heimat« und dem Landeswappen. Hier findet der Besucher günstig Spezialitäten von Spreewälder Gurken bis zu Altenburger Ziegenkäse.

Süße Versuchung – **La Chocolaterie:** ▶ H 8; Waldstraße 12, www.la-chocolaterie.de, Mo–Fr 11–18, Sa 11–16 Uhr. Einer der süßesten Geheimtipps der Stadt offeriert feine Leckereien aus der hauseigenen Produktion. Einer der süßesten Geheimtipps der Stadt offeriert feine Leckereien aus der hauseigenen Produktion (s. S. 250).

Koffein pur – **Ganos Kaffee-Kontor & Rösterei:** ▶ J9, Wilhelm-Leuschner-Platz 9, Tel. 0341 212 73 10, www.ganos.de, Mo–Mi 10–19, Do, Fr 10–20, Sa 10–14 Uhr. Hier kann man nicht nur alle erdenklichen Spielarten des schwarzen Getränks kaufen, sondern auch gleich im dazugehörigen Café probieren.

Für Gourmets – **Gourmétage:** ▶ Karte 3, J8, in der Mädlerpassage (am Neumarkt), www.gourmet-info.de. Ob Süßes oder Saures, Fleischiges oder Pasta – das Angebot stimmt ebenso wie das exquisite Ambiente.

Italien in Leipzig – **Mangiare:** ▶ J10, Karl-Liebknecht-Str. 73, Tel. 0341 301 13 11, www.mangiare-leipzig.de, LVB 10, 11 Südplatz. Das beste Geschäft, um italienische Leckereien zu kaufen – mit frisch im Laden gebackenem italienischen Brot.

BioBio – **Macis:** ▶ Karte 3, J8, Markgrafenstraße 10, 0341 22 28 75-0, www.macis-leipzig.de, Mo–Sa 9–20 Uhr. Ob Sojaeis oder Hirschkeule hier bleibt (fast) kein Wunsch unerfüllt. Mit Café und Restaurant nebenan – auch alles Bio, versteht sich!

Geschenke und Souvenirs

Glaskunst aus Thüringen – **Jenaer Glas Shop:** ▶ Karte 3, J8, im Barthels Hof, Hainstr. 1, Tel. 0341 212 58 96. Fachgeschäft für das berühmte Jenaer Haushaltsglas.

Plauener Spitzen – **Alw. Kießling Nachf.:** ▶ Karte 3, J8, in der Brühlarkade (gegenüber der Westhalle des Hauptbahnhofs), Brühl 33, Tel. 0341 902 904 10. Seit 150 Jahren Tradition.

Königlich sächsisch – **Meissener Porzellan im Alten Rathaus Bodo Zeidler:** ▶ Karte 3, J8, Markt 1, Tel. 0341 960 17 14, www.bodo-zeidler.de. Fachgeschäft für Meißener Porzellan, antik und neu.

Bollhagen Keramik – **Galerie am Nikolaikirchhof:** ▶ Karte 3, J8, Ritterstr. 5, Tel. 0341 960 56 77, www.galerie-am-nikolaikirchhof.net. Keramik von Hedwig Bollhagen und anderen führenden Keramikwerkstätten der Region.

Holzschnitzerei vom Erzgebirge – **Zechendorf:** ▶ Karte 3, J8, Ratsfreischulstr. 10, Tel. 0341 49 75 81.

Ladengalerien und Einkaufspassagen

Shopping grenzenlos – **Promenaden Hauptbahnhof:** ▶ Karte 3, J7, im Hauptbahnhof, Willy-Brandt-Platz 7, www.promenaden-hauptbahnhof-leipzig.de, Mo–Sa 9.30–22 Uhr. Von Aldi bis Vero Moda – die innerstädtische Shopping-Mall mit Gleisanschluss.

Outlet ohne Fabrik – **Städtisches Kaufhaus:** ▶ Karte 3, J8, Neumarkt 9–19. Hier haben sich einige Designer-Outlet-Läden einquartiert: Markenkleider und Accessoires zu Fabrikpreisen – gewiss keine Einrichtung für Arbeitslose, aber doch Schnäppchen auf gehobenem Euro-Niveau.

Luxus – **Mädler-Passage Leipzig:** ▶ Karte 3, J8, Grimmaische Str. 2–4, www.maedler-passage-leipzig.de. Von Aigner bis Wolford – die Luxuspassage der Stadt.

Einfach schööön – **Speck's Hof:** ▶ Karte 3, J8, Reichstr. 4–6, www.speckshof.de. Nicht die berühmteste, aber vielleicht doch die schönste Passage der Stadt!? Mit Bistro und Büchern, Schmuck, Mode und Accessoires.

Modern – **Marktgalerie & Breuninger:** ▶ Karte 3, J8, Markt 11, www.leipzig-marktgalerie.de. Neben dem Kaufhaus Breuninger sind hier Geschäfte für Schönheit, Schmuck, Schuhe und ein wunderbares Sushi-Restaurant zu Hause.

Kunst

Nicht echt, aber gut! – **art5:** ▶ Karte 3, J8, Hainstr. 10, Tel. 0341 983 97 77, www.art5.de. Hier wird Kunst im Auftrag nachgemacht und produziert.

Antiquitäten – **Sächsisches Auktionshaus Antiquariat:** ▶ Karte 3, J8, im Alten Rathaus, Markt 1, Tel. 0341 302 67 03. Sächsische und Leipziger Regionalia und Grafikbücher u. a.

Mode und Schmuck

Gar nicht gewöhnlich – **Graue Maus:** ▶ J10, Karl-Liebknecht-Str. 50 (im Hofgebäude), Tel. 0341 983 21 70, www.graue-maus.de, LVB 10, 11 Südplatz. Grau, grau, grau sind (fast) alle ihre Kleider. Das Modeatelier von Maria Schenke lädt zum Stöbern ein.

Jetzt auch für ihn – **pussyGALORE:** ▶ J10, Karl-Liebknecht-Str. 52, LVB 10, 11 Südplatz, Tel. 0341 306 86 77, www.pussy-galore.biz. Gestylte Klamotten für Sie und nebenan im herMAN (www.her

man-leipzig.de) für Ihn in gestyltem Ambiente. Auch nur zum Stöbern schön.

Festlich – **Silke Wagler Couture:** ▶ Karte 3, J8, Thomaskirchhof 20, Tel. 0341 980 09 50, www.silke-wagler.de. Nach dem Motto ›Kleidung ist wie eine zweite Haut‹ bekommt man hier Maßgeschneidertes, aber auch eine wunderbare bestehende Kollektion.

Endlich!!! – **Taschenkaufhaus:** ▶ Karte 3, J8, Ritterstr. 9–13, www.taschenkaufhaus.de. Endlich ein Kaufhaus nur für Taschen! Einfach einzigartig.

Filigran – **Schmuckwerk:** ▶ Karte 3, J8, im Alten Rathaus am Naschmarkt, Tel. 0341 961 52 78, www.schmuckwerk-huebener.de. Wo Schmuck zu Kunst wird.

Das Messe-Männchen
Erstaunlich, dass erst die DDR darauf kam ein Messe-eigenes Maskottchen kreieren zu lassen. Bis heute ist es als Erinnerung sehr beliebt. Die Farben blau und gelb sind die Stadtfarben Leipzigs und mit dem Globus-Kopf verweist es auf die weltweiten Handelsbeziehungen. Entweder als kleine Puppe (für ca. 6 €) oder als Räuchermännchen (ca. 39 €) z. B. in der Tourist-Information.

Ausgehen, Abends und Nachts

Bars und Szenetreffs

Früher Markt 9 – **Bar Fusz:** ▶ Karte 3, J 8, Barfußgässchen 3–11, Tel. 0341 962 86 24, www.barfusz.de. Wo das Barfußgässchen am engsten ist, kann man drinnen (auf zwei Etagen) und draußen sitzen und dabei sehen und gesehen werden.

Absolut Irisch – **Killiwilly:** ▶ J 10, Karl-Liebknecht-Str. 44, Tel. 0341 213 13 16, LVB 10, 11 Südplatz, tgl. 10 Uhr. Der irischste aller Pubs in Leipzig. Die Live-Konzerte im Pub sind ein Erlebnis.

Edel – **Leipzigbar:** ▶ Karte 3, J 8, Neumarkt 9, Tel. 0341 225 57 14, www.leipzigbar.de, Mo–Sa ab 11, So 14–20 Uhr. Bar-Lounge, die sich am Wochenende in einen gemütlichen House-Club mit Tanzfläche verwandelt.

Erdiges Ambiente – **Lucca Bar:** ▶ Karte 3, J 8, Ratsfreischulstr. 10, Tel. 0341 225 56 77, www.lucca-bar.de, Mo–Fr ab 9, Sa ab 10 Uhr, So geschlossen. Mit italienischer Note.

Whitywhite – **Milchbar:** ▶ Karte 3, J 8, Gottschedstr. 1, Tel. 0341 268 90 85, www.milchbar-le.de. Art-déco-Einrichtung, lautstark, kreative Cocktails – und alles weiß.

Bettenbude – **Sol y Mar:** ▶ Karte 3, J 8, Gottschedstr. 4, Tel. 0341 961 57 21, www.solymar-leipzig.de, LVB 9, Thomaskirche, tgl. ab 9 Uhr. Hier wird nicht ordentlich am Tisch gesessen, sondern wie bei den alten Römern auf großen Betten geruht und gespeist. Unbedingt reservieren! Es sind bei dem guten mediterranen Essen (und Weinen) nie genug Liegen da!

Studentisch – **Anton Hannes:** ▶ J 9, Beethovenstr. 17, Tel. 0341 149 41 92, www.anton-hannes.de, LVB 98, Mozartstraße, tgl. 9 bis mind. 1 Uhr. Uni-

Poetry Slam-Lesung im Volkshaus

versitär-legeres Café und Bistro nahe der HGB für lange Nach-Seminargespräche.

Black & White – **Zebrabar:** ▶ Karte 3, J8, Barfußgässchen 2–8, tgl. ab 16/18 Uhr. Zebragestreifte Rückzugsmöglichkeit mit ausgefallenen Drinks.

Discos

Discofeeling – **Night Fever:** ▶ Karte 3, J8, Gottschedstr. 4, Tel. 0341 149 99 90, www.night-fever.net. Partystimmung im Keller, zumeist mit Musik der 70er und 80er.

Techno & House – **Distillery:** ▶ J10, Kurt-Eisner-Str. 108 A, Tel. 0341 35 59 74 00, www.distillery.de, LVB 9 Kurt-Eisner-Straße. Jeden Fr und Sa ist hier Party – als ältester House- und Technoclub Ostdeutschlands ist die Distillery der erste Anlaufpunkt, wenn es um anspruchsvolle elektronische Musik geht.

Club Dancing – **Tanzcafé Ilses Erika:** ▶ J12, Bernhard-Göring-Str. 152, Tel. 0341 306 51 11, www.ilseserika.de, LVB 10, 11 Connewitzer Kreuz. Die Ilse verspricht niveauvolle Comedy und entspanntes Abtanzen zu Pop und Indie.

Junge Hüpfer – **Kosmospolitan:** ▶ Karte 3, J8, Gottschedstr. 1, Tel. 0341 233 44 22. Jeden Mi, Fr und Sa ist hier Party und Tanztreffpunkt auf zwei Dancefloors ab 20 Uhr. Je später, je besser.

Club & Lounge – **LS Club:** ▶ Karte 2, K15, Bornaische Str. 210, Tel. 0341 337 81 11, www.ls-club.de, LVB 11 Agra-Gelände. Der Club bietet, weit im Süden der Stadt, spätes Tanzvergnügen mit Themenabenden und einer gemütlichen Chill-out-Lounge.

Bunt gemischt – **Nachtcafé:** ▶ Karte 3, J8, Peterstr. 39–41, Tel. 0341 221 00 00, www.nachtcafe.com. Das Beste, was es mit Black & House-Music in der Innenstadt gibt.

Party on – **Schauhaus:** ▶ Karte 3, J8, Bosestr. 1, Tel. 0341 960 05 96, www.schauhaus-leipzig.de. Der größte Tanzschuppen der Stadt. Das Gros des Publikums ist definitiv unter 30.

Nachts unterwegs
In Leipzig gibt es **Nachtbusse** – die sogenannten Nightliner –, die das gesamte Stadtgebiet in der Zeit der Ruhephase der übrigen Busse und v. a. der Straßenbahnen bedienen. Sie sind durch ein N vor der jeweiligen Nummer kenntlich. Alle starten und enden am Hauptbahnhof und zwar, ganz einfach zu merken, um 1.11, 2.22 und 3.33 Uhr. Samstag und Sonntag kommen noch die Zeiten 1.45 und 3 Uhr hinzu.

Musikclubs und Livemusik

Ambitioniert – **Alte Nikolaischule:** ▶ Karte 3, J8, Nikolaikirchhof 2, Tel. 0341 211 85 11, www.alte-nikolaischule.de. Unterstützt von der im gleichen Haus beheimateten Kulturstiftung finden hier regelmäßige Veranstaltungen vor allem von jungen Jazzmusikern im urigen Ambiente des Lokals statt.

Volksnah – **Volkshaus:** ▶ J10, Karl-Liebknecht-Str. 30–32, Tel. 0341 212 72 22, www.volkshaus-leipzig.de, LVB 10, 11 Südplatz, tgl. ab 10 Uhr. Volkstümlich, geräumig, mit Raucherlounge und großem Freisitz, angesagte Partys (s. S. 199).

Jazz & Skiffle – **Spizz:** ▶ Karte 3, J 8, Markt 1, Tel. 0341 960 80 43, www. spizz.info. Hier gibt es öfter Live-Musik, aber auch Disco, bei der Stamm-DJs und Gäste auflegen – alles im Bereich Jazz-Funk-Boogie-Skiffle-Blues.

Unter Gewölben – **Moritzbastei:** ▶ Karte 3, J 8, Universitätsstr. 9, Tel. 0341 70 25 90, www.moritzbastei.de. Von Jazz bis Punk alles, was das Herz begehrt. Regelmäßig Disco, Lesungen, Ausstellungen und Performances runden das Angebot ab.

Bluesig – **Tonelli's:** ▶ J 9, Riemannstr. 50, Tel. 0163 293 30 01, www.tonellis. de, LVB 10, 11 Hohe Straße. *Die* Musik-Kneipe Leipzigs – mit öffentlicher Probe, Guitar Night, Blues- und Jazzsessions sowie Freistilkonzerten und Kneipenabenden.

Schwul und Lesbisch

Unter www.leipzig-gayweb.de gibt es schwul-lesbische Informationen zu Tagesterminen und nächtlichem Geschehen in Leipzig. Darüber hinaus finden sich auch unter www.gayleipzig.de und auf der Website des Havanna Clubs (www.havanna-club-leipzig.de) eine Linkliste mit Infos.

Familiär – **Café Apart:** ▶ Karte 3 J 8, Reichstraße 16, 0341 962 80 46, www. cafe-apart.de, Mo–Sa 16–2, So 16–24 Uhr. Absolut nettes und freundliches Gay-Café mit Bar und Party-Lounge im Herzen der Innenstadt.

Grüne Tomaten – **Backshop & Café Alabama:** ▶ J 9, Härtelstraße 27/Ecke Petersteinweg, 0341 519 76 33, www.ala bama-leipzig.de. Jeden dritten Samstag gibt es hier eine gemütliche Frauenfrühstücksrunde und auch sonst hat

sich das Café zu einem beliebten Frauen- und Lesbentreffpunkt entwickelt.

Weiblich – **FrauenKultur e. V.:** ▶ H 12, Windscheidstraße 51, 0341 213 00 30, www.frauenkultur-leipzig.de. Unkomplizierter Frauentreff mit Kursangeboten, Lesungen, Konzerten, Ausstellungen und Frauendisco im Leipziger Süden.

Latin Sound – **Havanna Club:** ▶ Karte 3, J 8, Goethestr. 2 (in der Theaterpassage), Tel. 0341 211 42 75, www.havanna-club-leipzig.de, tgl. 17–5 Uhr. Kleine Schwulen-Traditionsbar mit Rum-Schwerpunkt.

Rosa – **RosaLinde:** ▶ K 8, Lange Str. 11, Tel. 0341 211 42 75, www.rosalinde.de, tgl. ab 17 Uhr. Translesbischschwule

Varieté im passenden Ambiente: Krystallpalast

Begegnungs- und Beratungsstelle mit Chilloutcafé, Spielesonntag, Stammtisch und Kinoabenden.

Schwitzen – **Stargayte:** ▶ Karte 3, H8, Otto-Schill-Str. 10, Tel. 0341 961 42 46, www.stargayte.de. Die größte Gay-Clubsauna Deutschlands – nur für Männer.

Gemixt – **Twenty.One:** ▶ Karte 3, J8, Gottschedstr. 2, Tel. 0341 230 76 95, www.twentyone-leipzig.de, tgl. ab 17 Uhr. Tanzen auf verschiedenen Floors – jeden 2. Freitag im Monat die spezielle Kisskissbangbang-Party für Schwule, Lesben und Freunde.

Rausamtig – **Club VelVet:** ▶ J10, Körnerstr. 68, Tel. 0341 303 20 01, www.clubvelvet.de. Schwul-hetero-gemischtes Tanzen zu Techno, House

und Black-Music. Vor 1 Uhr lohnt der Besuch jedoch kaum.

Indie

Ungezähmt – **Conne Island:** ▶ Karte 2, J12, Koburger Str. 3, www.conne-island.de, LVB 9 Koburger Brücke, Di–Sa 16–3, So 14–3 Uhr. Im früheren Eiskeller hat sich ein selbst verwaltetes Jugend-Kulturzentrum etabliert – mit Indie, Rock, Punk und Ska-Konzerten.

Gute Laune pur – **McCormacks Ballroom:** ▶ Karte 3, J8, Kurt-Eisner-Str. 43, LVB 10, 11 Kurt-Eisner-Straße. Hier trifft sich Swing und Rockabilly sowohl musikalisch als auch stylisch.

Kultkultur – **naTo:** ▶ J10, Karl-Liebknecht-Str. 46, Tel. 0341 301 43 98, www.nato-leipzig.de, LVB 10, 11 Südplatz. Schon zu DDR-Zeiten aktiv, gibt es auch heute noch Musik, Kino, Theater vom Feinsten aus der internationalen Off- und Subkulturszene. S. 192

Kult(ur)fabrik – **Werk II:** ► J 12, Karl-Liebknecht-Str. 132, Tel. 0341 308 01 40, www.werk-2.de, LVB 10, 11 Connewitzer Kreuz. Die Konzerte im Werk II sind mindestens genauso beliebt wie das Essen der Constanze und die sozio-kulturellen Angebote der ›Restfabrik‹. S. 197

Klassisches Konzert, Ballett und Oper

Weltklasse – **Gewandhaus:** ► Karte 3, J8, Augustusplatz 8, Tel. 0341 127 02 80, www.gewandhaus.de. Weltklasseorchester in einem Saal mit Weltklasseakustik unter dem Weltklassekapellmeister Riccardo Chailly. S. 119

Altehrwürdig – **Oper:** ► Karte 3, J8, Augustusplatz 12, Tel. 0341 126 12 61, www.oper-leipzig.de. Eines der wenigen Dreispartenhäuser – siehe auch MuKo – mit Ballett und Oper hier im Gebäude unter der Leitung von Alexander von Maravic. S. 118

Romantik pur – **Mendelssohn-Haus:** ► Karte 3, J8, Goldschmidtstr. 12, Tel. 0341 127 02 94, www.mendelssohn-stiftung.de. Wo Felix Mendelssohn-Bartholdy einst wohnte, wird wie zu seinen Lebzeiten sonntägliche Salon-Musik aufgeführt. S. 145

Knabenstimmen – **Thomaskirche:** ► Karte 3, J8, Thomaskirchhof 18, Tel. 0341 222 24 20-0, www.thomaskirche. org. Jeden Freitag 18 Uhr und jeden Samstag 15 Uhr erklingen hier die Motetten (Achtung: nicht immer mit dem Thomanerchor!). S. 135

Orgelvesper – **Nikolaikirche:** ► Karte 3, J8, Nikolaikirchhof 3, Tel. 0341 960 52 70, www.nikolaikirche-leipzig.de, Mi, Sa 17 Uhr. Die Musik von der größten Orgel Sachsens ist immer ein Genuss – besonders aber mit Nikolaikantor Jürgen Wolf. S. 112

Theater und Musical

Provokante Inszenierungen – **Centraltheater:** ► Karte 3, H8, Bosestr. 1, Tel. 0341 126 81 68, www.schauspiel-leipzig.de. Die größte Sprechbühne der Stadt – seit der Spielzeit 2008/09 unter der Leitung des Leipzigers Sebastian Hartmann.

Farbenfrohe Kleinkunst – **Frosch-Theater:** ► H 8, Thomasiusstr. 2, Tel. 0341 22 513 63, www.frosch-cafe.de, LVB 3, 4, 7, 8, 15 Leibnizstraße. Im quietschbunten Ambiente kann man tagsüber im Café einkehren (mit Kinderspielecke!) und sich abends am Programmmix aus Lesung, Musik und Theater delektieren.

Varieté – **Krystallpalast:** ► Karte 3, J8, Münzgasse 4, Tel. 0341 14 06 60, www.krystallpalast.de. Alter Tradition verpflichtet, wird hier doch spannend neues Varieté-Theater in stilvollem Ambiente präsentiert.

OFF-Theater – **LOFFT und Theater der Jungen Welt:** ► F8, Lindenauer Markt 21, Tel. 0341 961 76 15 bzw. 0341 48 66 00, www.lofft.de, www.theaterderjungenweltleipzig.de, LVB 7, 8, 15 Lindenauer Markt. Off-Theater ohne festes Ensemble und mehrfach prämiertes Theater für Kinder und Jugendliche in einem Haus.

MuKo – **Musikalische Komödie/ MuKo im Haus Dreilinden:** ► F9, Dreilindenstr. 30, Tel. 0341 126 12 61, www.operette-leipzig.de bzw. aktuelles Programm unter www.oper-leipzig.de/musikalische_komoedie.html, LVB 3, 7, 8, 15 Angerbrücke. Dependance der Oper für Operette und Musical.

Neues Theater – **Skala:** ▶ Karte 3, H8, Gottschedstr. 16, Tel. 0341 126 84 75, www.skala-leipzig.de. Die kleine, feine Bühne des Centraltheaters für modernes und experimentelles Theater. Aktuelle Programmvorschau nur über das Internet.

Kino

Neben einer Reihe moderner Multiplex- und Star- usw. Kinos gibt es in Leipzig auch eine ganze Reihe von Programmkinos, die sich sehr anspruchsvoll und ambitioniert mit dem aktuellen und historischen (internationalen) Autorenkino auseinandersetzen. Der Player zeigt jede Woche eine Programmübersicht der Leipziger Kinos, aber auch in Kreuzer und LVZ findet sich das jeweils aktuelle Programm.

In der Jägerhof-Passage – **Passage Kinos:** ▶ Karte 3, J8, Hainstr. 19 A, Tel. 0341 217 38 65, www.passage-kinos.de. Traditionsreichstes unter den Programmkinos mit einer Geschichte seit dem frühen 20. Jh.

Höchst ambitioniert – **Cinémathèque Leipzig:** ▶ J10, Karl-Liebknecht-Str. 46, Tel. 0341 303 91 33, www.cinematheque-leipzig.de, LVB 10, 11 Südplatz. Als einziges kommunal gefördertes Kino der Stadt zeigt die Cinémathèque nicht nur internationale Filmreihen (viele OmU) in der naTo (s. S. 41) und im Freiluftkino im Conne-Island (s. S. 41), sondern auch Stummfilmprogramme mit Livemusik an der historischen Kinoorgel im Grassimuseum (s. S. 48, 147).

Im Keller – **Prager Frühling:** ▶ J11 Bernhard-Göring-Str. 152, Tel. 0341 306 53 33, www.kinobar-leipzig.de, LVB 10, 11 Connewitzer Kreuz. Programmkino vom Feinsten. Meist Wochenprogramm.

Klassisches Ballett der Oper Leipzig

Feste und Festivals

Musikstadt Leipzig

Leipzigs Hauptinteresse in Sachen Kunst gilt historisch gewachsen der Musik. In Leipzig war Johann Sebastian Bach 27 Jahre lang Musikdirektor und Thomaskantor der Stadt, Felix Mendelssohn-Bartholdy hat als Gewandhauskapellmeister das Orchester zu Weltruhm geführt und das hiesige Konservatorium begründet, Richard Wagner wurde hier geboren und Clara und Robert Schumann lernten sich hier kennen und lieben. Mit vielen Festen wird der Großen der städtischen Musikgeschichte gedacht, aber auch die zeitgenössische Musik zieht jährlich Tausende von Fans aus aller Welt mit **Jazzfestival, acapella,** und **Wave-Gotik-Treffen** in ihren Bann. Eine Besonderheit stellt die unabhängige Musik-Messe **Pop-Up** dar, die Veranstaltern, Labels und Musikern der Independent-Szene eine Austausch-Plattform bietet.

Film und Theater

Mit dem Ende Oktober stattfindenden **Dokfilmfestival** hat Leipzig schon seit Jahrzehnten eines der renommiertesten Treffen in diesem Bereich zu bieten. Filmemacher und Gäste aus aller Welt kommen zur Vorstellung zahlreicher Neuheiten in die Stadt und seit der Dokumentarfilm auch allgemein den Sprung in die großen Kinos geschafft hat, ist der Zulauf noch größer, bunter und internationaler geworden.

Die Anfang November stattfindende **Euro-scene** lockt Theaterschaffende aus der ganzen Welt an, um hier in Leipzig ihre Produktionen zu präsentieren, sich auszutauschen sowie an diversen Foren und Wettbewerben teilzunehmen. Dabei kommt auch das Publikum ganz auf seine Kosten und zwar egal, ob es vornehmlich an traditionellen oder avantgardistischen Produktionen interessiert ist.

Festkalender

März
Buchmesse: mit »Leipzig liest« in der ganzen Stadt: www.leipziger-buch messe.de und www.leipzig-liest.de.
Leipziger Ostermesse-Spektakel: mit mittelalterlichem Budenzauber in der Innenstadt.

April
Museumsnacht: alle Museen haben bis Mitternacht geöffnet, Shuttlebusse fahren von einem zum anderen: www.nachtschicht-leipzig.de.
Rock gegen Rechts: am Vorabend des 1. Mai am Völkerschlachtdenkmal.

Mai
Galopp-Saison: wird auf der Pferderennbahn eröffnet: www.galopprenn bahn-scheibenholz.de.
Frühjahrsgalerierundgang: in der Spinnerei, in den Galerien des Westens, im Westwerk und in der Tapetenfabrik.
Wagnerfesttage: www.wagner-fest tage.com.
a capella: für Freunde der Vokalmusik, www.a-cappella-festival.de.
Prix de Tacot: Seifenkistenrennen der naTo auf dem Scherbelberg, www.nato-leipzig.de/seifenkistenrennen.

Juni
Wave-Gotik-Treffen: um die Pfingsttage herum trifft sich die internatio-

Bildende Kunst

Mit der Gründung der Galerie für Zeitgenössische Kunst (1992) und ihrem Neubau (2004), dem neuen Bildermuseum (2004), mit der Spinnerei, dem Tapetenwerk und den zahlreichen übrigen Galerien der Stadt hat sich Leipzig in den vergangenen 15 Jahren zu einem der angesagtesten Zentren zeitgenössischer Kunst in Deutschland gemausert. Zweimal im Jahr – nämlich zu den »Galerierundgängen« im Herbst und im Frühjahr – verwandelt sich Leipzig zum Mekka der *art victims* aus aller Welt.

nale Anhängerschaft schwarzer Musik: www.wave-gotik-treffen.de.
Neuseen-Classics: Radrennen, www.neuseenclassics.de und www.sport-leipzig.de.
Stadtfest: mit über 300 000 Besuchern eines der beliebtesten in Deutschland: www.leipzigerstadtfest.de.
Régates de Baquet: Badewannenrennen der naTo, www.nato-leipzig.de/badewannenrennen.
Bachfest: Tickets unter www.ticketonline.com.

Juli
Konzerte am Bachdenkmal: jeden Montag (auch im August) umsonst und draußen: www.bachkonzerte.eu.
Weinfest: ein Wochenende mit Weinen aus verschiedenen Anbaugebieten; Verkostung und Verkauf.
Saxonia International Ballon Fiesta: am Silbersee, www.ballonfiesta.de.

August
Leipziger Wasserfest: www.wasserfest-leipzig.de.
Classic open: auf dem Marktplatz: www.leipzig.de/classic-open.

September
Herbstgalerierundgang: im Leipziger Westen.

Interkulturelle Wochen: www.leipzig.de/ikw.

Oktober
Leipziger Jazztage: www.jazzclub-leipzig.de.
Markttage: rund um und auf dem Marktplatz in der Innenstadt.
Völkerschlachtnachstellungen: vor allem in den Jubiläumsjahren: www.leipzig1813.com.
Lachmesse: Kabarett aus der ganzen Republik: www.lachmesse.de.
Grassimesse: Kunsthandwerk, www.grassimesse.de.
Dokfilmfestival: Dokumentarfilme www.dok-leipzig.de.

November
euro-scene: europäisches Theaterfestival: www.euro-scene.de.
Kleinmesse: auch im März und im September: www.leipziger-kleinmesse.net.

Dezember
Motetten, Weihnachtsoratorium und viele andere tolle Musikveranstaltungen allerorten!
José Carreras Gala auf der Neuen Messe: www.carreras-stiftung.de.

Aktiv sein, Sport, Wellness

Baden und Schwimmen

Im 19. Jh. gab es sogar Postkarten, die fröhlich aus der »schönen Seestadt Leipzig« grüßten. Was sich damals halb ernst, halb spaßig vor allem auf die ersten öffentlichen Freiluftbadeanstalten und die häufigen Überschwemmungen bezog, lässt sich heute hoffnungsvoll auf die bereits beginnende Zukunft der Stadt als Zentrum der entstehenden Mitteldeutschen Seenplatte (S. 66) übertragen.

Bemerkbar macht sich dies vor allem an den bereits neu entstandenen Stränden von Kulkwitzer, Cospudener und Markkleeberger See, aber auch in den mittlerweile fast sämtlichst generalüberholten Hallenbädern der Stadt: www.sportbaeder-leipzig.de.

Fußball

Leipzig hat zwar ein WM-taugliches Fußballstadion, spielt mit dem ambitionierten **RB Leipzig** aber derzeit nur in der Regionalliga Nord. Einmal im Jahr allerdings verwandeln die Initiatoren vom Alternativkulturzentrum naTo die Festwiese vor dem Stadion in eine Fußballarena der etwas anderen Art. Zum **Paul-Fröhlich-Cup** treten Leipziger Mannschaften aus Kultur und Gesellschaft an, um mit Können und Outfit die Massen zu begeistern: www.nato-leipzig.de/nato-cup.

Golf

In und um Leipzig gibt es drei bzw. vier Golfanlagen: Zum einen die bequeme, virtuelle Indoor-Variante im **Le Cochon** (S. 31) mit der einzigen Indoor-Golfan-

lage der neuen Bundesländer. Dann natürlich die Clubs rund um die Stadt:
Golfclub Markkleeberg: ▶ Karte 2, G 16, Cospudener See, Mühlweg, Tel. 0341 358 26 86, www.golfclub-markkleeberg.de.
Erster Golfclub Leipzig: Noitzscher Heide, Friedrich-Ebert-Str. 105, Tel. 0341 711 64 12, www.gp-duebener-heide.de. 18-Loch-Platz in der Dübener Heide.
Golfpark Leipzig-Seehausen: Bergweg 10, Tel. 0341 521 74 42, www.golfpark-seehausen.de.

Joggen und Inliner

Zum Joggen, Laufen oder Nordic Walking bieten sich die ausgedehnten **Grünflächen des Auwaldes** an. Wer mit Inlinern asphaltierte Wege bevorzugt, wählt den **Clara-Zetkin-Park** mit der Anton-Bruckner-Allee als innerstädtisches Laufgebiet und den komplett ringsherum asphaltierten Cospudener See (knapp 10 km).

Auf Websites wie: www.laufszene-leipzig.de oder www.leipzig-skatet.de finden sich Infos zu weiteren Strecken und entsprechenden Events.

Radfahren

Da Leipzig in einer Tieflandbucht liegt und kaum Erhebungen aufweist, bietet es sich an, Stadt und Gegend auf dem Drahtesel zu erkunden. Leipzig hat mit dem **Auwald** (S. 252) und den angrenzenden Grünanlagen ein großes Areal, das ohnehin nur zu Fuß oder per Rad erschlossen werden kann, zudem entstehen immer mehr Radwege.

Der Radwanderführer »Quer durch Leipzig mit dem Rad« von Pro Leipzig,

2006 (2. Aufl.), bietet ausgezeichnete stadtkundige Tourbeschreibungen, aber auch in der Tourist-Information (Katharinenstr. 8) und unter www. radfahren-in-leipzig.de finden sich weiterführende Informationen.

Surfen, Segeln und Tauchen

An den Seen kann man auch Segeln (v. a. Cospudener See), Tauchen (Kulkwitzer und Cospudener See) und Surfen, aber auch Wildwasserkanu fahren – am Markkleeberger See: www.kanupark-markkleeberg.com oder Kite-Surfen: www.windsurfen-leipzig.de.

Einen Überblick über Wassersport an den ehemaligen Tagebaurestlöchern gibt es unter www.leipzigerneuseenland.de.

Wellness

Der Wellnessboom kommt so langsam auch in Leipzig an. Leider ist das Stadt-bad mit seiner orientalischen Innenausstattung aus dem 19. Jh. bisher immer noch im Dornröschenschlaf, doch bieten einige Hotels – etwa das Steigenberger Grandhotel oder Pentahotel (s. S. 22/23) – einen eigenen Spa-Bereich an. Inzwischen gibt es aber auch spezialisierte Wellness-Unternehmen:
BABOR Beauty Spa: ▶ Karte 3, J8, Nikolaistr. 3, Tel. 0341 232 42 50, www.kosmetik-lucas.de. Frisch umgezogen in den Speck's Hof, eine exquisite Insel der Ruhe im quirligen Trubel der Innenstadt.
Floatzone: ▶ J6, Trufanofstr. 33, Tel. 0341 561 10 24, www.floatzone.de. Tolles Ambiente, aber nicht ganz billig.
Sinneswandel: ▶ H 10, Dufourstr. 38, Tel. 0341 227 85 11, www.sinneswandel-leipzig.de. Nicht ganz so aufwendiges Design zu etwas moderateren Preisen.
Wellness-Oase-Paradies: ▶ J 11, Kochstr. 138, Tel. 0341 306 89 34, www.wellness-oase-paradies.de. Klassisch-sachlich, diverse Angebote von »Permanent Make-Up« bis zu »Ballancer-Behandlung«.

Badewannenrennen am Völkerschlachtdenkmal

Museen und kulturelle Einrichtungen

Museen

Ohne Nofretete – **Ägyptisches Museum der Universität Leipzig im Kroch-hochhaus:** ▶ Karte 3, J 8, Goethestraße 2, 0341 973 70 10, www.uni-leipzig.de/~egypt/Museum.htm, LVB 4, 7, 8, 10, 11, 12, 15, 16 Augustusplatz, Di–Sa 13–17, So 10–13 Uhr, Eintritt 2/1 €. Seit Frühjahr 2010 ist diese sehr bedeutende und zu einer der ältesten in Deutschland zählende Sammlung endlich wieder adäquat untergebracht.

Antik – **Antikenmuseum der Universität Leipzig:** ▶ Karte 3, J 8, Nikolaikirchhof 2, Tel. 0341 973 07 00, www.uni-leipzig.de/antik, Di–Do, Sa, So 12–17 Uhr. Das Museum ist als universitäre Schausammlung entstanden, Sammlungsschwerpunkt ist griechische Keramik. S. 112

Automatisch – **Automatikmuseum:** ▶ integriert in die GaraGe (siehe dort!), Di, Do 14–17 Uhr. Diese inzwischen zur Hochschule für Technik, Wirtschaft und Kultur gehörige Sammlung weist einige ulkige Erinnerungen an die Automatikgeschichte auf.

Tönend – **Bach-Museum im Bach-Archiv:** ▶ Karte 3, J 8, Thomaskirchhof 16, Tel. 0341 973 12 02, www.bach-leipzig.de, Di–So 10–18 Uhr, Eintritt 6/4 €, bis 16 J. frei, Führungen 11 und 15 Uhr sowie nach Vereinbarung. Alles rund um den berühmtesten Thomaskantor Leipzigs. S. 136

Alte Autos – **Da Capo Oldtimermuseum:** ▶ E 9, Karl-Heine-Str. 105, Tel. 0341 926 01 37, www.hotel-michaelis.de, Mi–Sa 11–18, So 10–18 Uhr, Eintritt 3/2 €. S. 217

Papiern – **Deutsches Buch- und Schriftmuseum:** ▶ K 10, Deutscher Platz 1, Tel. 0341 227 13 24, www.d-nb.de, LVB 2, 16 Deutsche Bücherei, Mo–Fr 8–16, Sa 9–18 Uhr. S. 156

Floral – **Deutsches Kleingärtnermuseum:** ▶ H 8, Aachener Str. 7, Tel. 0341 11 11 94, www.kleingarten-museum.de, LVB 3, 4, 7, 8, 15 Waldplatz oder Zentralstadion, 1, 2, 14 Marschnerstraße, Di–Do 10–16 Uhr, Eintritt 2/1,50 €. S. 262

Zeitgenössisch – **Galerie für Zeitgenössische Kunst Leipzig:** ▶ H 9, Karl-Tauchnitz-Str. 9–11, Tel. 0341 140 81 26, www.gfzk-online.de, LVB 89 Wächterstraße, Di–Sa 14–19, So 12–18 Uhr, Eintritt: 3–8 €. S. 170

Technisch – **GaraGe:** ▶ E 9, Karl-Heine-Str. 97, Tel. 0341 87 08 60, www.g-a-r-a-g-e.com, LVB 14, LVBus 72, 73 Gießerstraße, Mo–Fr 9–19, Sa, So 9–18 Uhr. Technologiezentrum für Jugendliche, Technik- und Industriemuseum. Mitmachmuseum. S. 217

Schatzinsel – **Grassimuseum:** ▶ K 8, Johannisplatz 5–11, im Haus untergebracht sind das Museum für Völkerkunde, das Museum für Angewandte Kunst und das Museum für Musikinstrumente, www.grassimuseum.de, LVB 4, 7, 12, 15 Johannisplatz. S. 147

Fotografie – **Kamera- und Fotomuseum:** ▶ außerhalb, Gottschalkstr. 9, Tel. 0341 651 57 11, www.fotomuseum.eu, Mi, Sa, So 13–17 Uhr, Eintritt 3/2 €.

Wechselnde Themenausstellungen zur Fotografie.

Leipziger Schule – **Kunsthalle der Sparkasse Leipzig:** ▶ Karte 3, H8, Otto-Schill-Str. 4a, Tel. 0341 986 98 98, www.kunsthalle-sparkasse.de, Di–Fr 15–18, Sa, So 11–16 Uhr. S. 167

Unikunst – **Kustodie der Universität Leipzig:** ▶ Karte 3, J8, Ausstellungsräume im Rektoratsgebäude, Ritterstr. 26, 0341 973 01 70, Mo 11–15 Uhr und nach Vereinbarung. Gezeigt wird hier ein Ausschnitt dessen, was in 600 Jahren Universitätsgeschichte an Kunst gesammelt wurde.

Bildermuseum – **Museum der bildenden Künste Leipzig:** ▶ Karte 3, J8, Katharinenstr. 10, Tel. 0341 21 69 90, www.mdbk.de, Di, Do–So 10–18, Mi 12–20 Uhr, Eintritt 3,50–11 €. S. 129

Schwarze Kunst – **Werkstatt-Museum für Druckkunst:** ▶ F9, Nonnenstr. 38, Tel. 0341 23 16 20, www.druckkunstmuseum.de, LVB 14 Nonnenstr., 1 und 2 Holbeinstraße, 3 Elsterpassage, Mo–Fr 10–17, So 11–17 Uhr, Eintritt: 4/1,50 €. S. 212

Stasi-Geschichte – **Museum in der Runden Ecke:** ▶ Karte 3, H8, Dittrichring 24, Tel. 0341 961 24 43, www.runde-ecke-leipzig.de. Dauerausstellung »Stasimacht und Banalität«, tgl. 10–18 Uhr, Gruppenführungen tgl. 15 Uhr und nach Anmeldung (Stasi-Bunker in Machern: jedes letzte Wochenende im Monat 13–16 Uhr). Eintritt frei. S. 131

Schwarz, heiß und süß – **Museum Zum Arabischen Coffe Baum:** ▶ Karte 3, J8, Kleine Fleischergasse 4, Tel. 0341 961 00-60/61, www.stadtgeschichtliches-museum-leipzig.de, tgl. 11–19 Uhr. Kultur-

geschichte des Kaffees zum Anfassen. Eintritt frei (s. auch Entdeckungstour S. 132).

Heimatkunde – **Naturkundemuseum:** ▶ H7, Lortzingstr. 3, Tel. 0341 98 22 10, www.leipzig.de/naturkundemuseum, im Sommer Di–Do 9–18, Fr 9–13, Sa, So 10–16.30 Uhr; im Winter Di–Do 9–16.30, Fr 9–13, Sa, So 10–16.30 Uhr. Eintritt: 2 €. S. 250

Vorsicht Gift! – **Sächsisches Apothekenmuseum Leipzig:** ▶ Karte 3, J8, Thomaskirchhof 12, Tel. 0341 33 65 20, Di, Mi, Fr–So 11–17, Do 14–20 Uhr. Über dem Restaurant, in einer ehemaligen Apotheke stilecht untergebracht. S. 137

Gar nicht schulisch – **Schulmuseum Leipzig:** ▶ Karte 3, H8, Goerdelerring 20, Tel. 0341 213 05 68, www.schulmuseum-leipzig.de, Mo–Fr 9–16 Uhr. Werkstattmuseum zur Schul- und Erziehungsgeschichte. Eintritt frei.

Sportlich – **Sportmuseum Leipzig:** ▶ G7, Am Sportforum 10, Tel. 0341 980 64 91, www.sportmuseum-leipzig.de, LVB 4 Mückenschlösschen, Gruppenführungen und Besichtigungen nur nach Anmeldung.

Ganz Leipzig – **Stadtgeschichtliches Museum Leipzig:** ▶ Karte 3, H8, Markt 1, Tel. 0341 96 51 30, www.stadtgeschichtliches-museum-leipzig.de, Di–So 10–18 Uhr, Sonderführung Turm, Schatzhaus Do 16 Uhr, Eintritt: 3–6,50 €. Außenstellen des Museums sind: Völkerschlachtdenkmal, Sportmuseum, Schillerhaus, Kaffeemuseum. S. 125

Bimmelbahn – **Historischer Straßenbahnhof Leipzig-Möckern:** ▶ F5, Georg-Schumann-Str. 242, Tel. 0341 492 18 18, www.strassenbahnmuseum.de, LVB 10, 11, 80 Historischer Straßenbahnhof Möckern, Eintritt: 1–6 €. Im Sommer (Mai–Sept.) jeden 3. Sonntag/Monat 30 historische Fahrzeuge aus der Zeit 1896–1969.

Völkerschlacht – **Torhaus Dölitz:** ▶ Karte 2, K 14, Helenenstr. 24, Tel. 0341 338 91 07, LVB 11, 22, 24 Leinestraße, Mi–So 10–17 Uhr, Eintritt 3 €. Beeindruckende Zinnfigurensammlung, v. a. zur Völkerschlacht.

Napoleon victus – **Völkerschlachtdenkmal und Forum 1813:** ▶ M 11, Prager Str., Tel. 0341 878 04 71, LVB 15 Völkerschlachtdenkmal, April–Okt. tgl. 10–18, Nov.–März tgl. 10–16 Uhr, Eintritt 6/4 €. S. 157

(Ost-)Deutsche Geschichte – **Zeitgeschichtliches Forum Leipzig:** ▶ Karte 3, J 8, Grimmaische Str. 6, Tel. 0341 222 00, www.hdg.de/zfl, Di–Fr 9–18, Sa, So 10–18 Uhr. Eintritt frei. S. 124

Galerien und Stiftungen

Hochschulisch – **Galerie der HGB:** ▶ H 9, Wächterstr. 11, Tel. 0341 213 51 49, LVB 89 Wächterstraße, Di–Fr 11–18, Sa 9–14 Uhr, Eintritt frei. S. 174

Hotelkunst – **Galerie Leipziger Hof:** ▶ L 7, Hedwigstr. 1–3, Tel. 0341 697 40, www.leipziger-hof.de, LVB 1, 3, 8 Einertstraße, tgl. 10–20 Uhr.

Klassiker – **Galerie am Sachsenplatz:** ▶ Karte 3, J 8, im Fregehaus, Katharinenstr. 11, Tel. 0341 960 22 76, www.galerieamsachsenplatz.de, Mi 15–20, Do, Fr 13–18, Sa 11–16 Uhr.

Leipziger Schule – **Galerie Schwind Leipzig:** ▶ H 6, Springerstr. 5, Tel. 0341 263 98 80, www.galerie-schwind.de, Di–Fr 10–18, Sa 10–14 Uhr. S. 178

Kunst & Handwerk – **Grafischer Hof:** ▶ K 8, Reudnitzer Str. 1–7, Eingang um die Ecke in der Hans-Poeche-Straße, 0341 268 21 16, www.grafischerhof. de, LVB 1, 3, 8 Hofmeisterstraße. Viele verschiedene Angebote von kleinen Druck- und Handwerks-Ateliers. Preisgünstige Originale!

Leipziger Schule – **Leipziger Baumwollspinnerei:** ▶ E 10, Spinnereistr. 7, Tel. 0341 498 02 70, www.spinnerei.de, LVB 14, 60 S-Bahn Plagwitz, über 100 Ateliers und 11 Galerien (Di–Sa 11–18 Uhr). S. 222

Kunstfabrik – **Tapetenwerk:** ▶ E 9, Lützner Str. 91, Tel. 0341 492 82 36, www.tapetenwerk.de, LVB 8, 15 Henriettenstraße, Di–Fr 14–18, Sa 12–17 Uhr. S. 221

Altmeister – **Tübke-Stiftung:** ▶ H 6, Springerstr. 5, Tel. 0341 585 22 18, www.tuebke-stiftung-leipzig.de, LVB 12 Nordplatz, Sa 10–14 Uhr. Wohnhaus

Werkschau der Leipziger Schule in der Galerie Archiv Massiv in der Spinnerei

des Künstlers Werner Tübke (1929–2004). S. 241

Kulturelle Einrichtungen

Rau – **Anker:** ▶ F5, Renftstr. 1, Tel. 0341 912 83 27, www.anker-leipzig.de, LVB 10, 11 Dantestraße. Kinder- und Jugendtreff, Konzerte und mehr.

Sozial – **Begegnungsstätte Mühlstraße:** ▶ L9, Mühlstr. 14, Tel. 0341 990 36 00, www.muehlstrasse.de. Kinder-, Jugend- und Familientreff, Kursangebote von Trommeln bis Keramik, Konzerte.

Weiblich – **Frauenkultur:** ▶ H12, Windscheidstr. 51, Tel. 0341 213 00 30, www.frauenkultur-leipzig.de. Weibliche Kunst und Kultur.

Alternativ – **Geyserhaus:** ▶ J4, Gräfestr. 25, Tel. 0341 911 54 30, www.geyser haus.de. Theaterprojekte und Computerkurse, hauseigene Freiluftbühne.

Kreativ – **Heinrich-Budde-Haus:** ▶ J5, Lützowstr. 19, Tel. 0341 912 26 41, www.buddehaus.de. Hort verschiedener Vereine und eines Biergartens.

Jugendlich – **Kanal 28:** ▶ D10, Am Kanal 28, Tel. 0341 497 22 30, www.kanal-28.de. Café mit Bühne für Live-Musik und Kleinkunst, Galerie, schöner Gartenfreisitz, Brunch.

Kunst, Aktion, Objekte und Spiel – **KAOS:** ▶ F8, Wasserstr. 18, Tel. 0341 480 38 41, www.kaos-leipzig.de. Spielmobil, Kinder-Atelier, Kulturwerkstatt, Konzerte.

Musisch – **Haus Steinstraße:** ▶ J11, Steinstr. 18, Tel. 0341 391 32 19, www.haus-steinstrasse.de. Verein für Kultur, Bildung und Kontakte.

Bunt – **Villa:** ▶ Karte 3, H8, Lessingstr. 7, Tel. 0341 355 20 40, www.villa-leipzig.de. Tanzkurse, Workshops, Veranstaltungen und viel bunte Alternativkultur.

Reiseinfos von A bis Z

Abkürzungen

Unter den abkürzungswütigen Deutschen stechen die Leipziger durch eine noch gesteigerte Abkürzungswut hervor. Die Kenntnis folgender, z. T. auch in diesem Buch verwendeter Abkürzungen kann Verständigung und Zeitungslektüre erleichtern:

GFZK Galerie für Zeitgenössische Kunst
HGB Hochschule für Grafik und Buchkunst
KarLi Karl-Liebknecht-Straße
LTS/LTM Leipzig Tourist Service
LVB Leipziger Verkehrsbetriebe
LWB Leipziger Wohnungs- und Baugesellschaft
MdBK Museum der bildenden Künste
MuKo Musikalische Komödie
ZGF Zeitgeschichtliches Forum

Ärztliche Versorgung

Ärztlicher Notdienst 0341 192 92
Apothekennotdienst 0341 192 22
Städtisches Klinikum St. Georg: Delitzscher Str. 141, 04129 Leipzig, Tel. 0341 909-0, www.sanktgeorg.de

Diplomatische Vertretungen

Österreichische Botschaft
Stauffenbergstr. 1, 10785 Berlin
Tel. 030 202 87-0
www.oesterreichische-botschaft.de

Schweizerische Botschaft
Otto-von-Bismarck-Allee 4 A, 10557 Berlin, Tel. 030 39 04 00-0
www.eda.admin.ch/berlin

Feiertage

1. Januar: Neujahr
Karfreitag/Ostersonntag/Ostermontag
1. Mai: Tag der Arbeit
Christi Himmelfahrt
Pfingstsonntag/Pfingstmontag
3. Oktober: Tag der deutschen Einheit
31. Oktober: Reformationstag
Buß- und Bettag
25./26. Dezember: Weihnachten

Fitness

Im HansaHaus im Speck's Hof gibt es ein **Kieser-Trainingszentrum:** Grimmaische Str. 13, Tel. 0341 990 44 55, www.kieser-training.com, Mo–Fr 7.30–21.30, Sa/So 9–18 Uhr.

Fundbüros

Fundbüro der Stadt Leipzig: Prager Str. 28, Tel. 0341 123 84 00.
Fundbüro im Hauptbahnhof: Querbahnsteig, Nähe Gleis 1, Tel. 0341 968 32 55, tgl. 6–22 Uhr.

Geld

Über die normalen Banköffnungszeiten hinaus gibt es in der Unterführung vom Hauptbahnhof zum Willy-Brandt-Platz eine Filiale der **Reisebank,** die Mo–Fr 9–22, Sa 9.30–20 und So 13–18 Uhr geöffnet hat.

Gottesdienste

Amt für Gemeindedienst, Burgstr. 1–5, Tel. 0341 960 19 97, www.kirche-leip

zig.de. Gottesdiensttermine sind auch über die Tageszeitungen zu erfahren.

Internetzugang

In den meisten Hotels gibt es Internetzugang auf den Zimmern oder einen W-LAN-Bereich in der Lobby. Auch viele Cafés bieten inzwischen gegen eine kleine Gebühr die Möglichkeit, wireless zu surfen. Wer kein eigenes Gerät dabei hat, dem sei der Burger King im Hauptbahnhof empfohlen.

Notruf

Polizei 110
Feuerwehr und Rettungsleitstelle 112
Frauennotruf 0341 306 88 96
Telefon des Vertrauens 0341 480 19 99
(Telefonseelsorge)

Öffnungszeiten

Geschäfte: In der Innenstadt Mo–Fr 10–20 Uhr geöffnet, am Sa schließen einige jedoch schon 16 bzw. 18 Uhr. Im Hauptbahnhof sind die Geschäfte Mo–Sa 9.30–22 Uhr und vielfach sogar So 13–18 Uhr geöffnet; eine Ausnahme bilden die Elektronik-Filialen, diese schließen bereits 20 Uhr.
Museen: Die Museen sind in der Regel am Mo geschlossen. Die meisten Häuser bieten an einem Tag der Woche verlängerte Öffnungszeiten an, das ist aber von Haus zu Haus verschieden.

Polizei

Das einzige innerstädtische Revier – häufig völlig überlastet, räumlich ein Denkmal der Stadtarmut – liegt in der Ritterstr. 17–21, Tel. 0341 7105-0.

Post

Noch residiert eine Filiale in der ehemaligen Leipziger Hauptpost im Gebäude am Augustusplatz 1. Wer außerhalb der normalen Öffnungszeiten eine Post braucht, geht zum Hauptbahnhof (Mo–Fr 8–22, Sa 9–22, So 11–19 Uhr).

Rauchen

Auch der Freistaat Sachsen hat das Rauchen in öffentlichen Räumen verboten. Viele Lokale haben jedoch, wenn der Platz es erlaubte, Extra-Raucherlounges eingerichtet.

Aber seit die Kontrollen nachgelassen haben und auch die Rechtsprechung keine klare Position bezogen hat, steht das Rauchverbot in einigen Gastronomien ab einer bestimmten Uhrzeit nur noch auf dem Papier.

Reisen mit Handicap

Behindertenverband Leipzig, Bernhard-Göring-Str. 152, 04277 Leipzig, Tel. 0341 306 51 20, www.le-online.de. Aktuelle Informationen und einen Stadtführer für Behinderte sind über den Verband erhältlich.

Einen Faltplan der Innenstadt mit Nachweisen rollstuhlgerechter Zufahrten und Behindertentoiletten ist beim LTS erhältlich. Unter der Nummer Tel. 0341 306 51 20 ist zwischen 8 und 18.30 Uhr ein Behindertenfahrdienst erreichbar.

Raum der Stille
In der Passage, Hainstr. 12, Mo–Fr 11–19, Sa 11–16 Uhr. Ein angenehmer Raum zum Luftholen und Entschleunigen, wenn mal alles zuviel wird.

Reiseinfos

Telefonieren

Vorwahl für Leipzig: 0341. Bei Anrufen aus dem Ausland fällt nach der 0049 als Landesvorwahl für Deutschland die Null der Ortsvorwahl weg.
Vorwahl für Deutschland: 00 49
Vorwahl nach Österreich: 00 43
Vorwahl in die Schweiz: 00 41

Toiletten

Es gibt nur einige wenige öffentliche automatische Toilettenhäuschen, das auf dem Hauptbahnhof nennt sich McClean und ist nicht gerade günstig zu nennen. An der Thomaskirche (rechts vom Westportal) gibt es ein sauberes, preiswertes und geräumiges stilles Örtchen.

Zeitungen

In der **Leipziger Volkszeitung,** Peterssteinweg 19, Tel. 0341 218 10, www.lvz-online.de, einem Blatt, das die Leipziger zu allen Zeiten und in allen Systemen informierte, findet sich täglich der Veranstaltungsüberblick und ein Feuilleton, das über Leipziger Kunst und Kultur berichtet.

Das **Stadtmagazin Kreuzer,** Brühl 54, Tel. 0341 26 98 00, www.kreuzer-leipzig.de, enthält monatlich umfangreiche, kommentierte Veranstaltungspläne.

Kippe, Plautstr. 18, Tel. 0341 480 92 87, www.kippe-leipzig.de, heißt die von Obdachlosen vertriebene, monatlich erscheinende Leipziger Straßenzeitung. Die Hälfte des Verkaufspreises erhalten die Verkäufer. Zum Kulturkalender bietet die Kippe um Scharfzüngigkeit bemühte Kommentare.

Straßenbahn am City-Hochhaus

Panorama – Daten, Essays, Hintergründe

Blick auf den Turm des Neuen Rathauses über das Dach der Petersbogenpassage

Steckbrief Leipzig

Daten und Fakten

Name: Leipzig
Fläche: 29 735 ha
Lage: 113 m über dem Meeresspiegel, auf 51°20′ N, 12°23′ O (Stadtmitte)
Einwohnerzahl: 519 664 (Stand: 2010)
Stadtvorwahl: Leipziger Festnetznummern beginnen mit 0341
Ortsname: Der Name der Stadt leitet sich von dem slawischen Wort *lipa* ab, was soviel wie Linde bedeutet. Die frühere Ortsbezeichnung Lipsia hieß dementsprechend ›Ort bei den Linden‹. Später entwickelte sich daraus dann die Bezeichnung Leipzig.
Stadtwappen: Das alte, bereits 1240 erwähnte wettinische Wappen zeigt einen aufrecht stehenden Löwen in goldenem Feld. Den Löwen brachte die Stadt Leipzig schon im 14. Jh. auf ihrem Stadtsiegel an. Um 1475 veränderte sich das Wappen. Es hat seitdem einen in der Mitte senkrecht geteilten Schild. Die linke Seite zeigt den meißnischen Löwen, die rechte mehrere senkrecht stehende Balken. Diese sind im Leipziger Wappen blau auf gold und werden Landsberger Pfähle genannt.

Lage und Größe

Leipzig liegt im Osten Deutschlands, in einer Tieflandbucht im nordwestlichen Gebiet des Freistaates Sachsen an den (Haupt-)Flüssen Weiße Elster, Pleiße und Parthe. Die durchschnittliche Höhenlage beträgt 118 m N.N. Die Stadt wird in nord-südlicher Richtung von einem großen Auwaldgebiet (über 35 km Länge) durchzogen und ist von mehreren großen Seen umgeben.

Das Stadtgebiet umfasst eine Fläche von 297,6 km². Es herrscht im Allgemeinen ein relativ mildes Klima vor, wobei der Norden des Stadtgebietes deutlich trockener ist als der Süden, der schon im Regenstaubereich des Erzgebirges liegt.

Geschichte

Etwa im 7. Jh. gründeten slawische Siedler die erste dörfliche Niederlassung am Zusammenfluss der Elster und der Parthe. 1015 wird Leipzig zum ersten Mal urkundlich als Urbs Lipzi erwähnt und erhält 1165 das Stadtrecht und Marktprivileg von Markgraf Otto dem Reichen. 1497 erhält Leipzig vom späteren Kaiser Maximilian I. das Reichsmesseprivileg. Durch die Disputation Luthers mit Dr. Eck in der Leipziger Pleißenburg 1517 angeregt, startet die Reformation ihren Siegeszug durch Europa. Im 19. Jh. übernimmt die Industrialisierung die Funktion eines Katalysators für die Stadtentwicklung.

Das 20. Jh. ist geprägt durch die beiden Weltkriege mit ihren Zerstörungen sowie durch die Zeit des realen Sozialismus in der DDR. Die ›friedliche Revolution‹ von 1989, die in der Stadt ihren Ausgang nahm, leitete das Ende der DDR ein. Seit 1990 hat die Wiedervereinigung auch Leipzig deutlich verändert und geprägt.

Stadtverwaltung und Politik
Leipzig wird von der SPD regiert. Der Oberbürgermeister der Stadt Leipzig ist seit 2006 Burkhard Jung (SPD). Innerhalb des Stadtrates sind die Sitze fast gleichmäßig auf CDU (17 Sitze), SPD (14 Sitze) und Die Linke (17 Sitze) verteilt, darüber hinaus sitzen hier auch Bündnis 90/Die Grünen (12 Sitze), die Bürgerfraktion (4 Sitze) und die FDP (4 Sitze). Mitte 2013 wird neu gewählt.

Leipzig hat Städtepartnerschaften in aller Welt – so in Addis Abeba (seit 2004), Birmingham (seit 1992), Bologna (seit 1962), Brno (seit 1973), Frankfurt am Main (seit 1990), Hannover (seit 1987), Houston (seit 1993), Kiew (seit 1961), Krakow (seit 1969), Lyon (seit 1981), Nanjing (seit 1988), Thessaloniki (seit 1984) und Travnik (seit 2003).

Wirtschaft und Tourismus
Leipzig bildet den Kern der Wirtschaftsregion Mitteldeutschland. Pluspunkte für Investitionsentscheidungen sind das Marktpotenzial, die Präsenz von Zulieferern vor Ort, flexibel einsetzbare Personalressourcen, das Leistungsprofil der Forschung und die logistische Infrastruktur. Leipzig konnte seinen Platz im internationalen Messegeschäft ausbauen und festigen. Darüber hinaus hat sich die Stadt vor allem im Film- und Medienbereich in den letzten Jahren sehr stark entwickelt.

Im Jahr 2010 hatte Leipzig eine satte (1 121 257) Million Gäste. Die Mehr-

zahl der Touristen (ca. 80 %) kam dabei aus dem Inland.

Verkehr
Leipzig ist traditioneller Verkehrsknotenpunkt: Das an der Kreuzung zweier wichtiger Straßen gewachsene Handelszentrum bündelt heute mehr denn je die aus allen Himmelsrichtungen verlaufenden Verkehrsverbindungen auf Schiene, Straße und in der Luft.

Im Kreuzungsbereich dreier Autobahnen (A 9, A 14, A 38) und mehrerer Bundesstraßen (B 2, B 6, B 87, B 181) gelegen, hat es eine sehr gute Straßenanbindung. Das Schienennetz verschafft der Stadt eine ICE-Anbindung in ost-westlicher Richtung nach Dresden und Frankfurt sowie in nord-südlicher Richtung nach Berlin/Hamburg und München. Der Flughafen Leipzig bietet Flüge in einige größere Städte Deutschlands, in einige Metropolen Europas und zu vielen Ferienzielen Europas sowie in den Nahen Osten und nach Nordafrika.

Sprache und Religion
Leipzig hat rund 519 000 Einwohner (Stand: 2010). Davon sind etwas mehr als 80 % konfessionsfrei, etwa 14 % evangelisch und zirka 4 % katholisch. In der Stadt leben ca. 5000 Muslime und 1200 Mitglieder der jüdischen Gemeinde.

Die Hauptsprache ist in Leipzig inzwischen deutsch, obwohl auch das heimische Idiom des Sächsischen immer noch allerorten zu hören ist. Auch mit Englisch kommt man ganz gut durch den Stadtdschungel. Mit allen anderen Sprachen wird es allerdings schwierig, sich problemlos durchzufragen.

Urbs Libzi – Von den Anfängen bis zum Mittelalter

10 000 v. Chr. Neueste archäologische Funde belegen, dass bereits in der Altsteinzeit Menschen in der Leipziger Tieflandbucht siedelten.

7. Jh. Trotz ständiger Überschwemmungen bilden sich schon früh Handelswege heraus, an deren Kreuzungspunkten sich nach dem Abzug der germanischen Stämme sorbische Slawen ansiedeln. Sie geben der Stadt ihren Namen: Lipsk, was so viel wie Lindenort bedeutet.

1015 Erstmals wird die »Urbs Libzi« urkundlich in der Chronik des Bischofs Thietmar von Merseburg als eine der Burgen, die die fränkisch-christlichen Gebiete schützen sollen, erwähnt.

1165 Markgraf Otto der Reiche verleiht dem 500-Seelen-Ort die Stadt- und Marktrechte.

1212 Gründung des Augustiner-Chorherrenstifts St. Thomas, dem die Marktkirche St. Thomas zugeschlagen wird, in dem wenige Jahre später der bedeutende Minnedichter Heinrich von Morungen stirbt.

1409 Intellektuelle Flüchtlinge aus Prag gründen die Universität Leipzig. Sie ist damit nach Heidelberg die zweitälteste in Deutschland, die seit jener Zeit ohne Unterbrechungen gelehrt hat.

1497 Die Leipziger erkaufen beim späteren Kaiser Maximilian I. ein Reichsmesseprivileg, das 1507 erweitert wird: In einem Umkreis von 110 km (etwa bis Magdeburg und Hof) darf nur Leipzig drei Messen pro Jahr abhalten und die Waren dazwischen stapeln.

Reformation und Dreißigjähriger Krieg

1519 Martin Luther und der päpstlich orientierte Theologe Dr. Eck disputieren in der Leipziger Pleißenburg.

1539 Auch im albertinischen Teil Sachsens – bislang unter Herzog Georg dem Bärtigen katholisch – wird die Reformation eingeführt: Luther predigt zu Pfingsten erstmals in der Leipziger Thomaskirche.

1547 Leipzig wird im Schmalkaldischen Krieg wochenlang belagert. Es entsteht die älteste überlieferte Ansicht.

1632 Der schwedische König und Anführer der protestantischen Union Gustav Adolf fällt in Lützen bei Leipzig. Die Stadt wird im Dreißigjährigen Krieg (1618–48) mehrfach belagert und beschädigt. Ein Fünftel der 20 000 Einwohner kommt in dieser Zeit durch Pest und Krieg um.

Im 17. und 18. Jahrhundert: Pleiß-Athen

1660	In Leipzig erscheint die erste Tageszeitung der Welt.
1687	Am Naschmarkt wird eine der ersten europäischen Handelsbörsen eröffnet. Leipzig wird Messemetropole und überholt in der Buchproduktion die Frankfurter Konkurrenz.
1693	In Leipzig wird eines der ersten Opernhäuser Europas eröffnet.
1701	Leipzig bekommt eine Stadtbeleuchtung durch Öllampen.
1723	Johann Sebastian Bach wird »director musices« der Stadt Leipzig und Thomaskantor (bis zu seinem Tod 1750).
1730	Johann Christoph Gottsched veröffentlicht die erste deutsche Literaturzeitschrift. Leipzig ist für ein paar Jahre die literarische Hauptstadt Deutschlands.
1756–63	Im Siebenjährigen Krieg ist Sachsen – wie üblich – auf der Seite der Verlierer. Leipzig wird beschossen und von den Preußen besetzt.
1770	Die Wallanlagen um die innere Stadt werden geschleift, bis 1785 entsteht der Promenadenring.
1806	Der napoleonische Marschall Louis-Nicolas Davout (Davoust) besetzt Leipzig, Sachsen wird Königreich und dem europäischen Imperium

Denkmal für Johann Sebastian Bach vor der Thomaskirche

Napoleons eingegliedert. 1 Mio. Taler muss die Stadt für die Stationierung der französischen Truppen aufwenden.

Pionierstadt der Industrialisierung

1813
In der Völkerschlacht in und um Leipzig siegen die alliierten Truppen der Kaiser von Österreich und Russland sowie des preußischen Königs über das Heer Napoleons und seiner Rheinbund-Armee, zu der auch Sachsen gehört.

1825
Die Leipziger Buchhändler gründen den Börsenverein.

1830
Erstmalig konstituiert sich eine Stadtverordnetenversammlung.

1839
Die erste Ferneisenbahn Deutschlands dampft von Leipzig nach Dresden. Die Parkgrundstücke der Barockzeit werden der Stadt einverleibt und mit Fabriken und Arbeitersiedlungen bebaut; Spinnereien, Maschinenfabriken, Banken, Gaswerke sind die Symbole der neuen Zeit.

1848
Leipzig ist allein schon durch die Masse der hier veröffentlichten Schriften ein Zentrum der März-Revolution. Einer der führenden Demokraten ist Robert Blum, Vertreter Leipzigs in der Frankfurter Nationalversammlung. Seine standrechtliche Erschießung in Wien führt zu Protesten, in Dresden sogar zu einem bewaffneten Aufstand für die Republik, der blutig niedergeschlagen wird.

1863
In Leipzig wird der Allgemeine Deutsche Arbeiterverein als ein Vorläufer der Sozialdemokratie gegründet.

1864
Der erste Schreberverein gründet sich – die Geburtsstunde des Schrebergartens schlägt in Leipzig.

1865
Wilhelm Liebknecht und August Bebel werden aus Berlin verwiesen, Leipzig wird politisches Zentrum der deutschen Arbeiterbewegung. Der Allgemeine Deutsche Frauenverein wird gegründet.

1870–1914
Leipzig wächst mit rasender Geschwindigkeit: Von 107 000 Bewohnern 1871 schnellt die Bevölkerung auf 400 000 im Jahre 1895, zu denen bis 1914 noch einmal 200 000 hinzukommen. Durch die Einwanderung osteuropäischer Juden bekommt Leipzig eine der größten israelitischen Gemeinden Deutschlands.

1895
Das neue Reichsgericht wird eingeweiht. Im selben Jahr findet die erste Mustermesse in Leipzig statt und das Messegeschäft wird fast komplett von der Warenmesse auf die Mustermesse umgestellt.

Start ins 20. Jahrhundert

1905 Eröffnung des Neuen Rathauses auf dem Gelände der 1897 abgerissenen Pleißenburg an der Südwestecke des Stadtzentrums.

1913 Das Völkerschlachtdenkmal wird feierlich eingeweiht.

1915 Eröffnung des Leipziger Hauptbahnhofs.

1916 Einweihung der Deutschen Bücherei als Nationalbibliothek des Deutschen Reiches.

1923 Trotz Inflation und Reparationen hat Leipzig als einzige deutsche Stadt intensive Außenhandelsbeziehungen in die USA, das Fernsprechamt ist das größte Europas. Die Leipziger Mustermesse ist einige Jahre die weltgrößte ihrer Art.

Wirtschaftskrise, Nationalsozialismus und Widerstand

1929 Während der Weltwirtschaftskrise 1929 sinkt die Zahl der Messebesucher um 30 %; jeder siebte Bewohner der Stadt ist arbeitslos.

1933 Mit dem Machtantritt der Nationalsozialisten werden die Zentren der Leipziger Arbeiterparteien SPD und KPD zerschlagen, Hunderte Funktionäre verhaftet, die Schikanen gegen die jüdische Bevölkerung beginnen. Im Reichsgericht findet der Reichstagsbrandprozess statt, den der Angeklagte Georgi Dimitroff zur Demaskierung der Nazis und zu seinem Freispruch nutzen kann.

1936 Der seit 1930 amtierende Leipziger Oberbürgermeister Carl Goerdeler tritt aus Protest demonstrativ zurück, nachdem sein nationalsozialistischer Stellvertreter den Abriss des Mendelssohn-Denkmals während seiner Abwesenheit veranlasst hatte. Als einer der wenigen Vertreter der bürgerlichen Verwaltungselite beginnt er, den Widerstand gegen Hitler zu organisieren. Für das Zustandekommen der Widerstandsgruppe des 20. Juli war Goerdeler als Organisator von ausschlaggebender Bedeutung; er sollte Reichskanzler einer Übergangsregierung werden. Am 10. August 1944 wird er verhaftet und am 2. Februar 1945 hingerichtet, wenige Tage nach Georg Schumann, dem leitenden Funktionär des kommunistischen Widerstands in Leipzig.

Der Zweite Weltkrieg

1943–45 Mit den Bombenangriffen vom 3. auf den 4. Dezember 1943, im Februar 1944 sowie Anfang 1945 kommt der Krieg nach Leipzig. Etwa 40 % der Innenstadt und 17 % des Wohnungsbestands werden zerstört. Nur noch 24 jüdische Einwohner (von insgesamt 13 000 im Jahr 1933) erleben den Einmarsch der amerikanischen Truppen im April 1945. Die Bevölkerung der Stadt insgesamt ist um 130 000 auf 585 000 Personen gesunken, etwa 11 600 Leipziger sind gefallen. Am 16. April nehmen amerikanische Truppen die Stadt ein, ziehen sich aber entsprechend den in Jalta im Februar 1945 getroffenen Vereinbarungen zurück. Am 2. Juli 1945 wechselt die Besatzungsmacht – Leipzig gehört nun zur Sowjetischen Besatzungszone (SBZ).

Nach 1945: Von der Selbstzerstörung zur Selbstbefreiung

1945–49 Nachdem die Amerikaner bereits etliche Patente und Wissenschaftler mitgenommen haben, werden ab Juli 1945 auch von der sowjetischen Militärverwaltung Maschinerie, Know-how und Menschen nach Osten transferiert. Die Aktionsausschüsse, die sich in den ersten Tagen aus Gewerkschaftern, Kommunisten und Sozialdemokraten gebildet haben, verlieren recht schnell an Bedeutung. Die KPD lenkt den Aufbauwillen der Bevölkerung in die Bahnen der »antifaschistisch-demokratischen Umwälzung«. Der Sozialdemokrat Erich Zeigner wird Oberbürgermeister, der Kommunist Kurt Roßberg sein Stellvertreter.

1946 Die Universität nimmt ihren Betrieb wieder auf, für die erste Nachkriegsmesse werden die notdürftig wiederhergestellten Messehäuser geöffnet.

1949 Mit der Gründung der DDR werden Demokraten bürgerlichen Selbstverständnisses wie Wolfgang Natonek (Sprecher des Studentenrats) eingesperrt oder fliehen in den Westen.

1952 Leipzig wird im Zuge der strukturellen Gebietsreform der DDR und Auflösung der alten Länder zur Bezirks(haupt)stadt.

1953 Am 17. Juni beendet der Einsatz von Polizei und sowjetischen Panzern auch in Leipzig die Arbeiterproteste. Entscheidungen zur Stadtentwicklung werden zunehmend in Berlin getroffen. Der Parteisekretär des Bezirks Leipzig, Paul Fröhlich, erweist sich als rabiater Modernisierer im Geiste des amtierenden Staatsratsvorsitzenden Walter Ulbricht, der übrigens aus Leipzig stammt.

1955 Gründung des Literaturinstituts Johannes R. Becher – der einzigen akademischen Ausbildungsstätte für Schriftsteller in Deutschland.

1960 Feierliche Einweihung des Opernneubaus am Augustusplatz mit Richard Wagners »Meistersinger von Nürnberg«.

1968	Sprengung der fast unversehrten Pauliner-(Universitäts-)kirche und Abtragung des Augusteums auf dem Augustusplatz; danach Beginn des Baus der modernen, sozialistischen Karl-Marx-Universität an gleicher Stelle.
1976–88	Im Leipziger Westen wird die Neubausiedlung Grünau für 90 000 Menschen errichtet, um die gründerzeitliche Altbausubstanz der Stadt nicht aufwendig sanieren zu müssen.
1981	Eröffnung des Gewandhauses am Augustusplatz.
1989	Mit den Friedensgebeten in der Nikolaikirche und den Montagsdemonstrationen im Oktober und November tragen die Leipziger maßgeblich zum Sturz des SED-Regimes bei.
1990	Wahl des ehemaligen Hannoveraner Oberstadtdirektors Hinrich Lehmann-Grube (SPD) zum Oberbürgermeister (bis 1998).
1995	Der Hauptbahnhof ist zur Shoppingmall renoviert.
1996	Fertigstellung der Neuen Messe im Norden der Stadt.
1999	Gemeindegebietsreform; Leipzig verdoppelt die Fläche seines Stadtgebiets auf 298 km².
2000	Bachfest Leipzig 2000 zum 250. Todestag des Thomaskantors.
2004	Eröffnung des neuen Museums der bildenden Künste am Sachsenplatz Einweihung des Neubaus der Galerie für Zeitgenössische Kunst.
2006	Leipzig ist einer der Austragungsorte der Fußball-WM.
2009	Leipzig feiert das 600-jährige Bestehen und Wirken seiner Universität mit zahlreichen Veranstaltungen und einem beeindruckenden Neubau am Augustusplatz. Am 9. Oktober wird die Demokratieglocke am Augustusplatz als Erinnerung an die friedliche Revolution 1989 eingeweiht. Sie schlägt täglich um 18.35 Uhr.
2012/2013	Geplante Fertigstellung des Stadthafens und damit eines wichtigen Bausteins im Gewässerverbund Leipzig.
2013	200 Jahre Völkerschlacht und 100 Jahre Völkerschlachtdenkmal, außerdem geplante Freigabe des City-Tunnels für den Zugverkehr.

Die Leipziger Tieflandbucht ist eine flache, wasserreiche Ebene ohne besondere Erhebungen. Die Stadt entwickelte sich auf einer Anhöhe beim Zusammenfluss mehrerer Gewässer. Bis heute ist sie in eine grüne Umgebung eingebettet und auch die neue ›Leipziger Seenlandschaft‹ verleiht der Stadt einen hohen Freizeitwert.

Dass Leipzig dort liegt, wo es ist, verdankt sich allein der Willkür der ersten Siedler, die sich irgendwann in vorgeschichtlicher Zeit einen Hügel aussuchten, der im Trockenen lag. Die Leipziger Tieflandbucht ist eine flache, von kleineren und größeren Flüssen durchzogene Schüssel ohne besondere Erhebungen.

und unbekanntesten Attraktionen Leipzigs, ein echter Insidertipp, der sich niemals erschöpfen wird.

Die Auelandschaften

»Sie ist grüner, als du denkst«, staunte Kabarettist Hans Reimann, als er in den 1920er-Jahren vom Turm des neuen Rathauses seine Heimatstadt betrachtete. Heute wie damals blickt man auf weite Wald-, Park- und Wiesenflächen, in denen es sich herrlich wandern, joggen und Rad fahren lässt. Gewachsen sind die Auelandschaften an den Flüs-

Eingebettet in Auwald und Wasserlandschaften

Aus der Vogelperspektive, die man ganz gut vom Cityhochhaus, dem Restaurant in der 27. Etage des Hotels Westin, sowie vom Turm des Neuen Rathauses oder vom Völkerschlachtdenkmal einnehmen kann, besitzt Leipzig ein ganz kleines Herz: das Zentrum. Von dort dehnt sich die Stadt fächerförmig nach Norden, Osten und Süden aus, während der westliche Teil durch ein von Norden nach Süden verlaufendes Band aus Wald, Wiesen, Kanälen und Flussläufen abgetrennt ist. Das ist der Auwald, eine der schönsten

Spätsommer im Johannapark

sen Elster und Luppe (im Westen), Pleiße (Süden) und Parthe (Norden) auf dem Lösslehm, der über Jahrzehntausende aus den höher gelegenen Gebieten herangeschwemmt wurde. Die natürlichen und die hinzugekommenen künstlichen Wasserläufe sind mehrfach untereinander verbunden, regelmäßig wurden große Gebiete überschwemmt, zuletzt 1954, als sogar ganze Teile der Stadt unter Wasser standen.

Biologen nennen den Typ Wald, der unter diesen Bedingungen entstanden ist, Hartholzaue. Stieleichen, Feldulmen und Eschen sind die vorherrschenden Bäume, hinzu kommen Wildapfel, Vogel- und Traubenkirsche. In den Gebieten, die nicht mehr regelmäßig überschwemmt werden, stehen

Hainbuchen. Kein Wunder, dass sogar schon zu DDR-Zeiten 1985 der Auwald unter Landschaftsschutz gestellt wurde, so reich ist seine Artenvielfalt. Allein rund 700 Arten Farn- und Blütenpflanzen und 400 Arten Pilze gedeihen hier. Besonders schön ist ein Spaziergang im Frühjahr, wenn der seltene und geschützte Märzenbecher blüht, der hier sein nördlichstes Verbreitungsgebiet in Deutschland hat. Später im Frühjahr glaubt man dann, durch ein Knoblauchfeld zu wandern, doch entstammen die herben Düfte dem Bärlauch, der hier ein weiß-grünes Blütenfeld in den sächsischen Landesfarben produziert, noch bevor die Bäume ihr Laub entfalten. Auch die Tierwelt ist reich vertreten. Rehe, Füchse und Wildschweine rücken bis ins Stadtgebiet vor.

Die ›Leipziger Seenplatte‹

Leipzigs Wasserlandschaften gewinnen zunehmend an Bedeutung. Der über mehr als einhundert Jahre intensiv betriebene Braunkohleabbau und andere (Ab-)Baumaßnahmen im Norden und Süden der Stadt haben immer wieder Seen wie den Kulkwitzer See oder den Auensee entstehen lassen, die fortan als Naherholungsgebiete genutzt wurden. Schon jetzt bietet der Auwald den Wassersportlern eine fast tropische Kulisse und die Sanierung der Tagebaue im Süden der Stadt verspricht eine geradezu traumhafte amphibische Zukunft. Hier entsteht eine Seenlandschaft, die in ihrer Fläche in etwa mit derjenigen der Mecklenbur-

Beliebt zum Segeln und Baden – der Cospudener See

gischen Seenplatte vergleichbar sein wird.

Noch handelt es sich um eine der größten Landschaftsbaustellen Europas. Nach Abschluss der Arbeiten wird die Leipziger Region ein neues Gesicht haben, befreit von der Vergangenheit der Bergbau- und Industrreviere und den dadurch verursachten Belastungen für die Umwelt. Innerhalb von nur 25 Jahren wird eine sanierte, von zahlreichen Seen geprägte und neu gestaltete Landschaft entstehen. Sie wird insgesamt 19 neue Seen mit einer Gesamtwasserfläche von fast 70 km^2 zählen. Bereits vollständig geflutete Tagebaurestlöcher wie der Cospudener oder der Markkleeberger See führen vor Augen, was beispielsweise beim Zwenkauer und dem Störmthaler See noch Zukunftsmusik ist.

Stadtnatur im Internet und live entdecken
www.leipzig.de/naturkunde museum: Das Naturkundemuseum bietet Informationen zur Stadtentwicklung, Geografie, Geologie sowie zur Flora und Fauna Leipzigs. s. S. 250.
www.fas-luetzschena.de.vu: Infos der Auwaldstation zur Natur des Auenwaldes, s. S. 264.
www.leipzigerneuseenland.de: Alles zur neu entstehenden Seenlandschaft, s. S. 274.
Erkundung der neuen Seenlandschaft: Wer sich für die neuen Seen interessiert, sollte die ›Costa Cospuda‹ mit kleinem Hafen, Tauchschule, Saunalandschaft, Café und Restaurant besuchen. Und wer es etwas wilder mag, schaue sich mal die Wildwasserstrecke in Markkleeberg an (www.kanupark-mark kleeberg.com) oder probiere sie am besten gleich aus!

Der von der Stadt geplante Gewässerverbund sieht eine Anbindung der südlichen Seen an die Flussläufe und damit bis in die Innenstadt hinein vor. Mit der dann möglichen Kombination von städtischem Flair und Seennutzung wird das Leipziger Neuseenland eine besondere Attraktivität gewinnen. Das ohnehin reichhaltige Freizeitangebot, das diese Seenlandschaft verspricht, wird durch die im Rahmen der Olympiabewerbung Leipzigs entstandenen Sportanlagen – wie etwa den Wildwasserpark Markkleeberg – erweitert.

Besucher, die ein bisschen Zeit mit nach Leipzig bringen, sollten Abstecher ins Umland einplanen – und sich überraschen lassen.

Vom mittelalterlichen Handelsplatz zur Messestadt

Leipzigs Entstehung ist auf das Engste mit seiner Verkehrsgeschichte verbunden. Ohne die wichtigen mittelalterlichen Handelsstraßen wären nicht die Handelzentren mit ihren Märkten entstanden, und ohne die Märkte hätten die Straßen nie ihre Bedeutung erlangt. Leipzigs Messetradition steht in dieser Geschichte.

Via Regia & Via Imperii

Sie lag am Kreuzungspunkt zweier alter Handelsstraßen, die Urbs Lipzi, das heutige Leipzig, die 1015 in der Chronik des Bischofs Thietmar von Merseburg das erste Mal urkundlich erwähnt wurde. Die eine dieser beiden Straßen war die Via Regia, die Königsstraße. Allerdings ist anzumerken, dass dieser Name früher geradezu inflationär benutzt wurde. Er bezeichnete Routen, die durch den König besondere Privilegien und Schutz erhalten hatten. Im Laufe der Jahrhunderte setzte sich der Name Via Regia jedoch eindeutig für die Verbindungsstraße zwischen Frankfurt am Main und Leipzig durch. Ihre Verlängerung Richtung Osten erstreckte sich bis in die heutige Ukraine nach Kiew bzw. sogar bis Nischni Nowgorod an der Wolga. Und ihre Fortsetzung Richtung Westen ließ sich bequem mit dem Jakobspilgerweg bis nach Santiago de Compostela in Spanien identifizieren. Die Via Regia, an der die Stadt Leipzig lag, gilt also als eine der ältesten und längsten Landverbindungen zwischen Ost- und Westeuropa. Sie existiert seit mehr als 2000 Jahren. Auf 4500 km Länge verband sie acht europäische Länder. Ihr heutiger Nachfolger ist der Europäische Verkehrskorridor C III.

Nämliches gilt für die Via Imperii – die Reichsstraße. Sie durchmaß Europa in Nord-Süd-Richtung, verband Venedig mit Bernau und führte von dort aus weiter nach Norden in die skandinavischen Länder. Noch heute gibt es im innerstädtischen Zentrum Leipzigs eine Reichsstraße, deren Verlauf sich ungefähr mit dem der mittelalterlichen Vorgängerin deckt. Die Königsstraße kann man sich in etwa identisch mit dem Verlauf des heutigen Brühl in der Innenstadt vorstellen.

Vom Marktrecht zum Reichsmesseprivileg

Am Kreuzungspunkt zweier so bedeutender mittelalterlicher Handels- und Heeresstraßen konnte sich Leipzig vor allem zu einem ganz besonders gut entwickeln: zur Handelsmetropole. Natürlich waren die Anfänge klein und bescheiden, und auch die Straßen ähnelten damals nur entfernt dem, was wir heute unter diesem Begriff verstehen. Doch der Schutz des Reiches auf diesen Straßen machte sie verhältnismäßig besser als die übrigen vorhandenen Wegführungen. So kam es, dass Leipzig 1165 im Stadtrechtsbrief von Otto dem Reichen, Markgraf von Meißen, sich auch zugleich das Marktrecht beurkunden ließ.

Zunächst fanden zwei Märkte im Jahr statt, nämlich die Ostermärkte im Frühjahr und die Michaelismärkte im Herbst. Mit dem Neujahrsmarkt kam im Jahr 1459 durch Kurfürst Friedrich II. ein dritter Markt hinzu. Als Maximilian I. Leipzig 1497 das Reichsmesseprivileg verlieh, wurden diese Jahrmärkte in den Stand von Reichsmessen erhoben. Das bedeutete vor allem, dass nun nicht nur die Händler unter Schutz anreisen konnten, sondern dass die Stadt selbst und ihre Messen einen besonderen Schutz erhielten: im Umkreis von 15 deutschen Meilen – also von etwa 115 km – durften in keinem anderen Ort Messen abgehalten werden, wodurch Leipzig sich gegenüber damals ebenso wichtigen und einflussreichen Städten wie Naumburg, Merseburg, Dresden, Erfurt und Magdeburg nicht nur behaupten, sondern als Handelsplatz eindeutig durchsetzen konnte. Mit Hilfe des 1507 erweiterten Reichsmesseprivilegs konnte sich Leipzig über die Jahrhunderte zu einem der bedeutendsten Handelszentren der Region und sogar ganz Europas aufschwingen.

Die Erfindung der Mustermessen

Gegen Ende des 19. Jh. geriet diese unangefochten privilegierte Stellung allerdings nach und nach ins Wanken. Leipzig war zwar durch die Silberfunde im Erzgebirge in den vorherigen Jahrhunderten und durch die rasche Industrialisierung nicht mehr so sehr auf den Handel und die damit verbundenen Einnahmequellen angewiesen, kampflos aufgeben wollte man aber auch nicht. Um sich gegenüber aufstrebenden Messestädten wie Berlin oder Frankfurt zu behaupten, hatte hier 1895 eine Weltneuheit des Messegeschehens Premiere: Leipzig hielt die allererste Mustermesse ab. Von nun ging es nicht mehr darum, die Waren an Ort und Stelle zu verkaufen, sondern um die Präsentation von Mustern. Der nachfolgende Warenverkauf erfolgte auf der Basis der auf der Messe abgeschlossenen Handelsverträge, auf deren Grundlage dann der Transport der

Produkte in der vereinbarten Menge und Qualität und zu vereinbarten Konditionen erfolgte vom Hersteller zum Kunden erfolgte. Man kann sich vorstellen, dass diese Neuerung im Zeitalter der Industrialisierung ein voller Erfolg war. Leipzigs Messe boomte wieder und auch die Wege von und nach Leipzig wurden fleißig ausgebaut.

Bereits 1839 war die erste deutsche Fernverbindung, die auf eine Initiative von Leipziger Bürgern und Eisenbahnpionieren zurückgeht, per Bahn von Leipzig nach Dresden gestartet wor-

Infos
Leipziger Messe: Messe-Allee 1, 04356 Leipzig, Tel. 0341 67 80, www.leipziger-messe.de, LVB 16 bis Endhaltestelle Messegelände. Messegäste mit gültigem Besucherausweis haben auf allen Verkehrsmitteln der LVB und des Mitteldeutschen Verkehrsverbundes MVB freie Fahrt.
Infos zur Kunst von Daniel Buren, Günther Förg, Sol LeWitt u. a. auf der Messe bietet die gebundene Publikation »Kunst in der Messe Leipzig«.
Kulturprojekt der Via Regia: www.via-regia.org.

den. Und auch heute noch ist Leipzig ein Mekka für Eisenbahn-Fans: Der 1915 eingeweihte Hauptbahnhof ist – flächenmäßig betrachtet – der größte Kopfbahnhof Europas, und der Bayerische Bahnhof gilt aufgrund seiner Inbetriebnahme im Jahr 1842 als der älteste Kopfbahnhof Deutschlands. Doch nicht nur die Eisenbahn, auch Autobahnanbindungen und Flughäfen verbesserten im 20. Jh. die Infrastruktur der Messestadt.

Neuanfang nach der Wende

Die Zeit der DDR war sowohl für die Messe- als auch für die Verkehrsgeschichte eine Zeit der Stagnation. Man hielt weiter an den tradierten Universalmessen fest, obwohl sich in der übrigen Messewelt langsam, aber kontinuierlich die Fachmessen profilieren und durchsetzen konnten. Für den Ausbau von Verkehrswegen fehlte schlicht und ergreifend das Geld.

Mit der politischen Wende änderte sich Leipzigs Warenwirtschaft. Bald war klar, dass die Sonderstellung der Stadt im Handel zwischen Ost und West ohne ein modernes Messezentrum nicht aufrechtzuerhalten war. Diese Rieseninvestition hat sich für Leipzig gelohnt. Nicht nur, weil damit eine der Kerntraditionen der Stadt lebendig blieb, sondern auch, weil sich Leipzig mit Veranstaltungen wie der Buchmesse, der Automobil International oder der DenkMal wieder gut auf dem Messemarkt positionieren konnte.

Mit der einzigartigen Computer-Spielemesse Games Convention landete Leipzig einen echten Messe-Hit – doch ob sich die Leipziger Messe in direkter Konkurrenz gegen die vermeintlichen Erben der GamesCom. in Köln durchzusetzen vermag, wird erst die Zukunft zeigen. Eins hat diese Geschichte aber gezeigt: Leipzig ist wieder mittendrin im Messegeschäft.

Heute liegt Leipzig im Dreieck der Autobahnen A 9, A 14 und A 38, es verfügt über ICE-Anschlüsse nach Berlin, Hamburg und München sowie nach Dresden und Frankfurt. In Schkeuditz hat es zusammen mit Halle einen Flughafen mit zwei Terminals, der vor allem im Frachtflugverkehr von stetig wachsender Bedeutung ist.

Reiches Erbe – die Architektur des Historismus

Dank eines unvergleichlichen Baubooms in den Jahren der Gründerzeit bis zum Ausbruch des Ersten Weltkrieges und durch die verhältnismäßig geringen Zerstörungen im Zweiten Weltkrieg ist Leipzig heute eine echte Perle der Architektur dieser Zeit.

In der zweiten Hälfte des 19. Jh. war Leipzig eine der modernsten und wohlhabendsten Städte Deutschlands. Die Bevölkerung wuchs rasend schnell. Binnen nur 24 Jahren zwischen 1871 und 1895 verfünffachte sich die Einwohnerzahl von 100 000 auf 500 000, und bis 1918 kamen noch einmal 200 000 dazu. Die für das Deutsche Reich wirtschaftlich so entscheidenden Boom-Jahre der Gründerzeit veränderten auch Leipzig grundlegend und prägten es nachhaltig. Leipzig wuchs und dehnte sich aus. Der Siegeszug der Industrialisierung spülte Geld in viele private wie in die städtischen Kassen. Dieser plötzliche Reichtum spiegelte sich alsbald im Stadtbild: das Antlitz der sächsischen Metropole änderte sich ebenso wie sich das gesellschaftliche Leben änderte. Leipzig gehörte damals zu den Städten, die sich der neuen Zeit bereitwillig öffneten und auf der neuen Welle ganz vorn und oben mitschwammen.

Das Industriezeitalter verändert die Stadt

In einem Baurausch ohnegleichen wurde die Stadt um ganze Viertel erweitert: In den damaligen Vororten Plagwitz und Lindenau entstanden durch die systematische Erschließung

Gründerzeithäuser spiegeln sich in der Glasfassade des KPMG-Gebäudes Münzgasse

außergewöhnliche und in Deutschland einzigartige Industrie- und Wohnmischsiedlungen auf der damals quasi noch grünen Wiese: Es wurden neue moderne Fabriken errichtet, mit Gleisanschlüssen bis in die Hallen hinein, sowie Quartiere für die Arbeiter und mittleren Angestellten, die hohen Ansprüchen genügten und äußerlich beinahe ebenso repräsentativ gestaltet waren wie die Häuser der Bürger. Die Fabriken kamen daher wie die Burgen oder Schlösser der neuen Zeit, sie waren anderen repräsentativen Bauten der Stadt nachempfunden oder sie präsentierten sich vorbildlos als Novität im Stadtbild. In jedem Fall sind sie auch heute noch eine architektonische Besonderheit und ausgesprochen sehenswert.

Bürgerhäuser und Villen der Gründerzeit

Im Waldstraßenviertel und der südlichen Vorstadt wurden Mietshäuser für das mittlere Bürgertum, für kleinere Kaufleute, Bankangestellte und Beamte, gebaut. Die besten Wohngegenden zeichnen sich durch alleinstehende Villen aus. Im Übrigen ist die sog. Blockrandbebauung charakteristisch, deren Gebäude wunderbare Gärten umschließen, Innenhöfe, die von den Bewohnern individuell genutzt werden konnten. Die Wohnungen hatten teilweise gigantische Abmessungen von 150 bis 350 m² Grundfläche, damit auch die Bediensteten Unter-

bringung fanden. Zur Straße hin lagen die Salons und Zimmer der Familie, zum Hof hinaus die Mädchenkammern, Vorratsräume, Küchen und Sanitäreinrichtungen.

Im Musikviertel und in Gohlis schufen sich die ganz Reichen repräsentative Villen in bester Lage – nach Möglichkeit mit Blick auf einen Park. Es muss betont werden, dass Villen damals in allen Stadtteilen entstanden – meist an besonders begünstigten und idyllisch gelegenen Straßenzügen, diejenigen der Fabrikanten mitunter auch direkt auf den Fabrikarealen. In Gohlis und im Musikviertel schwang sich die Villenarchitektur jedoch zu höchsten Höhen auf, sie war den absolut Privilegierten vorbehalten.

Diese Viertel blieben glücklicherweise von den Bombardierungen im Zweiten Weltkrieg weitgehend ver-

schont, und so ist heute etwa das Waldstraßenviertel das größte geschlossene Gründerzeitquartier in Deutschland.

Stilbildend – die neuen Repräsentationsbauten

Neben den Wohngebäuden der Gründerzeit, architektonischen Perlen des 19. Jh., entstanden zeitgleich zahlreiche Repräsentationsbauten staatlicher, städtischer und privater Art. So wurde 1895 das damalige Reichsgericht, der oberste Gerichtshof des deutschen Kaiserreichs, fertiggestellt, 1897 das Alte Grassimuseum (die heutige Stadtbibliothek), 1901 – neben vielen anderen Messepalästen, die in der Innenstadt entstanden – das Städtische Kaufhaus für die Abhaltung der Mustermesse.

1905 wurde das Neue Rathaus für die städtische Verwaltung eingeweiht und 1912 um das benachbarte Stadthaus erweitert. 1913 kamen das Völkerschlachtdenkmal und die russische Kirche als Memorialbauten der Völkerschlacht hinzu und 1915, schon im Krieg, eröffnete der Hauptbahnhof für den gewaltig angewachsenen Güter-, Messe- und Personenverkehr.

Bürgerliches Geltungsbewusstsein

In Plagwitz stellte die Firma Tittel und Krüger kurz nach der Einweihung des Reichsgerichts einen Neubau auf dem Firmenareal vor, der die (Gerichts-)Kup-

pel anspielungsreich zitiert. Die Abmessungen sind zwar etwas bescheidener und statt der Wahrheit thront über allem eine einfache Kugel, aber die Symbolik war eindeutig: man führte sich als oberste Instanz des Reiches im Bereich der Kammgarnspinnerei vor und zeigte selbstbewusst die Intentionen des Unternehmens im Welthandel an. Das Selbstbewusstsein der jungen gesellschaftlichen Klasse der Industriellen und Unternehmer war ausgesprochen stark und fand in der Architektur eine passende Ausdrucksform gegenüber den bisher tonangebenden Schichten der Gesellschaft.

Bürgerliches Geltungsbewusstsein manifestierte sich im Stilwillen der Architektur jener Zeit. Das reiche Bürgertum ließ seine Architekten die Baustile der Vergangenheit zitieren, um sich als berechtigte Erben heroischer Epochen zu präsentieren. ›Maskieren‹ und ›Bekleiden‹ waren spezifische Aufgaben einer zeitgemäßen Schauarchitektur. Zitieren und Montieren, Erzählen und Kombinieren sind Gesten, deren Klaviatur die sogenannten Gründerzeitväter beherrschten wie niemand sonst zuvor.

Eine gebrochene, pomphafte Architektur. Sie hat Leipzigs Stadtbild so umfassend geprägt wie keine weitere Epoche. Und im Gegensatz zu vielen anderen deutschen Städten hat sich hier fast der komplette Bestand des Historismus durch die zerstörerischen Zeiten des Krieges bis heute unversehrt erhalten.

In der DDR-Zeit schenkte man ihr keine Beachtung. Darum überdauerte sie diese Zeit unbeschadet und konnte nach der Wende prunkvoll restauriert werden. Das nach der Wende renovierte Leipzig glänzt nun mit denkmalgetreu wiederhergestellter historischer Architektur.

Architektur erleben
Gründerzeitarchitektur: Am besten erschließt man sich Leipzigs Gründerzeitarchitektur bei einem ausgiebigen Bummel durch Gohlis und das Waldstraßenviertel, durch die Südvorstadt und das Musikviertel oder durch Plagwitz und Schleußig. Wenn möglich, sollten Sie sich die aufwendig gestalteten Treppenhäuser oder die prächtigen Stukkaturen in den Wohnungen nicht entgehen lassen.
Industriearchitektur: In Buchform gibt es den leider vergriffenen, aber antiquarisch noch zu ergatternde Fotoband von Christian Schink und die Dissertation der Autorin Susann Buhl über die Industriearchitektur Plagwitz; s. auch http://opus.kobv.de/tuberlin/volltexte/2003/584/.
Architektur allgemein:
www.architektouren-leipzig.de
DVD »ArchitekTouren-Leipzig«

Passagen und Durchhöfe

Der besondere Charme der Leipziger Innenstadt entwickelt sich aus einem einzigartigen System miteinander verbundener Passagen. Heute kann man hier unbehelligt von jeder Witterung in noblem Ambiente bummeln und shoppen gehen.

Leipzig ist nicht die einzige Stadt, die überdachte Geschäftspassagen kennt, und im Vergleich zu Paris wurde mit ihrem Bau auch spät begonnen. Aber nur Leipzig besitzt ein so geschlossenes Passagensystem, dessen verschiedene Formen wie eine Bauausstellung durchwandert werden können.

Vom Warenhof zur Passage

Am Anfang stand der ›Durchhof‹, der quasi die Hofeinfahrten bäuerlicher Anwesen im Dorf kopiert. Die Vorteile: Waren konnten schnell auf- und abgeladen werden, ohne die Wagen wenden zu müssen, zudem wurden die Wege zwischen zwei Gebäudereihen abgekürzt. Beides war besonders in Messezeiten notwendig.

Die Durchhöfe wirkten wie die Poren eines Schwammes: Je mehr Poren und Verästelungen Leipzig hatte, desto mehr Waren konnten aufgesaugt und ausgestoßen werden. Fester Bestandteil dieses Systems waren die Gewölbe, die den angereisten Kaufleuten zur Messe vermietet wurden; allein Auerbachs Hof etwa besaß im 16. Jh. über 90 solcher Lagerräume. Einen typischen Eindruck vom Charakter eines Durchhofs vermittelt der Durchgang zwischen Kretschmanns Hof in der Katharinenstraße und dem Blauen und Goldenen Stern in der Hainstraße.

Verband der Durchhof noch ein Ensemble verschiedenartiger Gebäude, so optimierte das barocke ›Durchhaus‹ des 18. Jh. mit einheitlichem Stil und geschlossener Gestalt die ökonomischen und logistischen Vorteile des Vorgängers. Im Erdgeschoss lagen die vermieteten Läden und Gewölbe, im ersten Stock Wohnräume, darüber die Warenlager. Besonders an der Westseite des Marktes und in der Petersstraße gab es viele solche Durchhäuser‹: Hohmanns Hof, Aeckerleins und Stieglitzens Hof. Leider ist von diesen frühbürgerlichen Großbauten der Barockzeit nur noch Barthels Hof erhalten.

Das Messehaus

Schon der Durchhof erschloss und verband Grundstücke und Räume, die ursprünglich nichts miteinander zu tun hatten. Mehr noch taten dies die Ende des 19. Jh. entstehenden Messehäuser. Wie die Mädler-Passage oder Speck's Hof über den Gewölbekellern einer ganzen Anzahl älterer Gebäude errichtet, umschlossen sie wie z. B. das Städtische Kaufhaus (S. 121) oft einen ganzen Straßenblock.

Diese neue Architektur war eine Antwort auf die Anforderungen der neuen Mustermesse. Zuvor wurden alle Waren in Leipzig verkauft, sie mussten herangeschafft, gestapelt und weitertransportiert werden. Ende des 19. Jh. wurde ein gewaltiger Sprung in der Warenwirtschaft getan: Nur noch Warenmuster wurden vorgeführt – die Lieferung erfolgte von anderen Orten zu anderer Zeit. Nun galt es, die Warenproben möglichst effektvoll zu präsentieren und eine Atmosphäre zu schaffen, in der die Händler gern und ordentlich Bestellungen schrieben. In den Messehäusern, die nur zu Messezeiten genutzt wurden, boten Restaurants, Säle und Passagen eine prachtvoll-gediegene Atmosphäre. In den öffentlichen Bereichen war die Architektur anspruchsvoll, dramatisch und monumental. Im Innern der Gebäude war sie funktional: Ein offenes Gerüst aus Stahlträgern bot den Ausstellern Variationsmöglichkeiten, Aufzüge, elektrisches Licht und Telefon waren auf dem neuesten Stand der Technik. Der Rundgang durch die Ausstellung war so angelegt, dass der Kunde alle Stände passieren musste, jeder Händler also gleiche Chancen zum Verkauf hatte. Allein im Innenstadtbereich entstanden zwischen 1893 und 1938 30 Messehäuser dieser Art, insgesamt waren 1927 – auf dem Höhepunkt von Leipzigs Messeruhm – 50 in Betrieb.

Luxus und Leerstand

Auch nach 1945 wurden noch Messehäuser und Passagen gebaut. Um den Kern der Mädler-Passage entstand ein paralleles Passagennetz. Doch mit dem Bedeutungsverlust der Messe nach der Wende und erst recht ihrer Verlegung auf das Neue Messegelände verloren die innerstädtischen Messehäuser ihre Funktion. Während sich unten in den Passagen Geschäfte – meist für den gehobenen Konsum – ansiedelten, standen die Stockwerke darüber leer.

Mit einer Stabilisierung der Vermietungssituation in der Innenstadt und einer Vermietungspolitik, die auch Läden für den täglichen Bedarf anzieht sowie gastronomischer und kultureller Vielfalt Raum gibt, sind die Passagen inzwischen wieder zu neuem Leben erwacht und eine der Hauptattraktionen der City.

»Wir sind das Volk«

In der jüngeren Vergangenheit hat es historisch und politisch ein Ereignis gegeben, das nicht nur Leipzig, sondern ganz Deutschland und die Welt nachhaltig verändert hat: die ›friedliche Revolution‹ von 1989, die die Auflösung der DDR einleitete.

Bereits 1981 hatten sich DDR-Bürger zu den ersten der später legendär gewordenen Friedensgebeten in der Leipziger Nikolaikirche getroffen. Diese kirchliche Aktion mit gesellschaftspolitischem Hintergrund entwickelte sich 1989 vor dem Hintergrund der Liberalisierungen in der Sowjetunion, dem Massaker auf dem Platz des Himmlischen Friedens in China und der Öffnung der Westgrenzen in Ungarn zu einer Massenveranstaltung jenseits aller konfessioneller Bindungen.

Bald nahmen nicht mehr nur Christen daran teil, die neben Glaubensfreiheit für eine gesellschaftliche und politische Liberalisierung eintraten, sondern auch Menschen, die aus der politischen Opposition kamen und für demokratische Grundrechte kämpften.

Bei der ersten Demonstration am 15. Januar 1989 gingen etwa 500 Bürger auf die Straße, 53 von ihnen wurden verhaftet. Eine Welle der Empörung und weitere Demonstrationen lösten im Mai Berichte über massive Wahlmanipulationen bei den Kommunalwahlen aus. Im Juni kam es wäh-

Montagsdemonstration im Oktober 1989

rend des Straßenmusikfestivals in Leipzig zu brutalen Übergriffen der Polizei gegenüber den Musikanten. Damit war der Punkt erreicht, an dem auch viele bis dahin unbeteiligte und indifferente Menschen nicht mehr bereit waren, diese Einschränkungen kommentarlos hinzunehmen.

Als im Juli eine massive Fluchtwelle von DDR-Bürgern über Ungarn nach Österreich einsetzte und die Ungarn im September die Grenzen für Staatsangehörige der DDR einfach öffneten, war schnell klar, dass ein Wendepunkt erreicht worden war. Am 25. September demonstrierten bereits 5000 Menschen in Leipzig gegen das Verbot des frisch gegründeten Neuen Forums. Fünf Tage später waren es bereits 8000, die nach dem montäglichen Friedensgebet in der Nikolaikirche gemeinsam »We shall overcome« sangen.

Der 9. Oktober und die ›Leipziger Sechs‹

An der Demonstration für Reformen am 2. Oktober nahmen 20 000 Menschen teil, die Polizei ging mit äußerster Brutalität gegen sie vor. Wenige Tage später – am 7. Oktober – wurde der 40. Ge-

burtstag der Republik begangen. Im ganzen Land fanden Demonstrationen statt, so auch in Leipzig, wo die Staatsmacht sich diesmal mit Hunden und Wasserwerfern der etwa 4000 Demonstranten erwehrte. Nur zwei Tage später kam es im Anschluss an das Friedensgebet in fünf Leipziger Kirchen zu einer Demonstration, die in ihrem Ausmaß das Vorstellungsvermögen der DDR-Regierung sprengte: 8000 Polizisten sahen sich geschätzten 70 000 Bürgern gegenüber, die friedlich und mit Kerzen in den Händen riefen: »Wir sind das Volk!«.

Zuvor war zum Ende des Friedensgebets ein Appell des Gewandhauskapellmeisters Kurt Masur, des Kabarettisten Bernd-Lutz Lange, des Theologen Peter Zimmermann und drei niedrigrangiger SED-Vertreter verlesen worden, in dem zum Gewaltverzicht aufgerufen wurde. Das besonnene Engagement der sogenannten ›Leipziger Sechs‹ trug maßgeblich dazu bei, dass es zu keinem Blutvergießen kam. Bereits eine Woche nach dem 9. Oktober versammelten sich 150 000 Menschen in Leipzig – dennoch bleibt der 9. Oktober das historische Datum der Wende.

Ein Staat löst sich auf

Am 18. Oktober 1989 trat Erich Honecker als Staatsratsvorsitzender zurück, am 7. November tat es ihm die DDR-Regierung gleich. Zwei Tage später verkündete das Politbüromitglied Günter Schabowski unbeschränkte Reisefreiheit für alle Bürger.

Nach der Währungsunion ab Juli 1990 wurde Ende August der Einigungsvertrag unterzeichnet, am 12. September der Zwei-plus-Vier-Vertrag mit den alliierten Siegermächten. Am 3. Oktober 1990 war Deutschland nach 41 Jahren offiziell wiedervereinigt.

Leipzig und der 9. Oktober
Hauptorte der Erinnerung an die Ereignisse sind die Nikolaikirche (S. 112), das Stasimuseum in der Runden Ecke (S. 131) und das Zeitgeschichtliche Forum (S. 124). Darüber hinaus werden thematische Stadtführungen angeboten.
Lesetipp: Das reichhaltig bebilderte Wende-Tage-Buch des Fotografen Martin Naumann (Militzke Verlag, 2. Aufl. 2008).

Jüdisches Leben in Leipzig

Der jüdischen Gemeinde Leipzigs – einst eine der größten Deutschlands – bleibt nach der Schreckensherrschaft der Nazizeit nur der Blick in eine glorreiche Vergangenheit. Spuren des reichen jüdischen Lebens konzentrieren sich im Viertel zwischen Waldstraße und Rosental. Doch nach Jahren misstrauischer Duldung durch die DDR-Behörden wächst die jüdische Gemeinde heute wieder.

Vom reichen jüdischen Leben, das Leipzig einst mit groß gemacht hat, ist heute kaum noch etwas zu spüren. Nur etwa 2400 Leipziger Juden haben die Zeit des Terrors und der Deportation durch die Nationalsozialisten überlebt – die meisten im Exil. Im Jahr 1988 hatte die einstige Großgemeinde nur noch 35 meist ältere Mitglieder. Allerdings erfährt sie in den Jahren seit der Wiedervereinigung einen regen Zuwachs aus den Gebieten der ehemaligen Sowjetunion, dem sie ein Anwachsen auf inzwischen 1200 Mitglieder verdankt. Damit ist sie bereits wieder die größte jüdische Gemeinde Sachsens.

Diese Wiederbelebung steht jedoch auf meist nicht ganz unkomplizierter Basis, denn viele der neuen Gemeindemitglieder sprechen nicht ausreichend gut Deutsch, um den Alltag ohne Schwierigkeiten zu meistern. Und die Ressentiments eines Teils der Bevölkerung sind erschreckenderweise in mancher Hinsicht nicht besser als vor 70 Jahren. Mit Geldern des Landes und der Stadt Leipzig wurde das Ariowitsch-Haus (s. S. 249) renoviert und im Mai

Viele leere Plätze: Synagogen-Gedenkstätte in der Gottschedstraße

2009 als Zentrum Jüdischer Kultur eröffnet. Hier soll es darum gehen, an die Jahre der Vernichtung zu erinnern und für gute Kontakte zur christlichen wie zur konfessionslosen Bevölkerung zu sorgen.

Leipziger Juden

Bis zur Machtübernahme der Nationalsozialisten lebten in der Stadt rund 13 000 jüdische Bürger. Bereits seit 1849 existierte eine Verordnung zur Gleichstellung der sächsischen Juden. Seit den 1870er-Jahren strömten viele osteuropäische Juden nach Leipzig und bauten ein bedeutendes Pelzhandelszentrum auf. Eine lange Zeit lebten jüdische und nichtjüdische Bewohner in guter Nachbarschaft in Leipzig zusammen. Die Ge-

Schalom – Jüdische Woche in Leipzig
Alle zwei Jahre im Sommer findet dieses Festival statt. Es präsentiert jüdische Kunst und Kultur und berichtet über die Geschichte der Juden in der Stadt Leipzig. Zahlreiche Konzerte, Ausstellungen, Führungen, Lesungen und Vorträge werden angeboten.
Infos: www.leipzig.de, Bürger-News. Kulturamt: Tel. 0341 23 42 33.

schäfte florierten, die meisten Juden suchten die Assimilation.

1855 war die große Gemeindesynagoge in der Gottschedstraße eingeweiht worden. 1912/13 wurde die Höhere Israelitische Schule in der Gustav-Adolf-Straße 7 von dem orthodoxen Rabbiner Ephraim Carlebach gegründet, in deren Gebäude sich heute die Zentralbibliothek für Blinde befindet.

1929 stiftete Chaim Eitingon das israelitische Krankenhaus in der Eitingonstraße, 1931 finanzierte Max Ariowitsch das jüdische Altersheim in der Hinrichsenstraße (S. 249). Ariowitsch und Eitingon waren angesehene Bürger und die ›Pelzkönige‹ vom Brühl. Der jüdische Bankier Hans Kroch ließ 1929/30 eine Wohnsiedlung in Neugohlis errichten. Sowohl das Krankenhaus als auch die Krochsiedlung standen der gesamten Leipziger Bevölkerung offen.

1925 wohnten in Leipzig 12 594 Juden, es gab 1931 acht jüdische Wohltätigkeitsanstalten und 17 Synagogen. Ein Fünftel aller Juden lebten im Waldstraßenviertel, wo sie 12 % der Bewohner ausmachten. Zu den berühmten jüdischen Bewohnern des Viertels gehören der Komponist Gustav Mahler, die Nobelpreisträger Bernhard Katz und Schmuel Agnon, ein junger Rabbi, Josef Burg, wurde später in Israel Minister und war bis zu seinem Tod 1999 Ehrenpräsident der Holocaust-Gedenkstätte Yad Vashem bei Jerusalem.

Jahre der Vernichtung

Als ab 1933 die Diskriminierung der Juden durch die Rassegesetze begann, sahen die meisten sich auch weiterhin als Deutsche, nur 2200 Leipziger Juden wanderten bis 1939 aus. Beim Novemberpogrom 1938 brannten die jüdischen Handelshäuser in der Innenstadt und auch die Synagoge in der Gottschedstraße. Seit 2001 erinnert ein Monument aus 140 leeren Bronzestühlen auf einem Betonpodest an die Zerstörung des Bethauses. Ein Denkmal erinnert an der Parthebrücke in der Pfaffendorfer Straße daran, dass die Gestapo hier die Juden zusammentrieb, die in die Konzentrationslager verschleppt wurden.

Bach in Leipzig

Beinahe die Hälfte seines Lebens hat Johann Sebastian Bach in Leipzig als Thomaskantor und städtischer Musikdirektor verbracht. Hier ist heute auch mit dem Bach-Archiv ein Zentrum der Forschung angesiedelt.

Vor seiner Verpflichtung nach Leipzig hatte Bach in Arnstadt, Mühlhausen, Weimar und Köthen als Kirchenmusiker sowie als Hofkapellmeister gedient. Für die aufstrebende Messestadt, die damals etwa 16 000 Einwohner hatte, wurde jemand gesucht, der »sonderlich in Meßzeiten … die Music in denen Kirchen in guten Stand sezen« konnte.

Bach, der sich seines Ranges als Musiker immer bewusst war, reizte es, eines der angesehensten Ämter auszuüben, das es damals in Deutschland gab. Seine Vorgänger waren bedeutende Musiker, und der damals berühmteste deutsche Komponist, Georg Philipp Telemann, hatte die Kantorenstelle nur deshalb abgelehnt, weil Hamburg ihm bessere Bedingungen bot.

Stadtpfeifer und Thomaner

Als Kantor hatte Bach ein umfangreiches Pensum zu bewältigen. Mit den Stadtpfeifern und den Thomanern führte er im wöchentlichen Wechsel in der Nikolai- und der Thomaskirche

eine »hauptmusic« auf, hinzu kamen Musikunterricht, Gastkonzerte, Orgelprüfungen und die Kompositionsarbeit. Selbstbewusste Eigenwilligkeit in der Ausübung seines Amtes, Behördenkleinlichkeit und schlechte Ausstattung der Musiker führten zu Reibereien mit dem Rathaus. In bitteren Briefen klagte Bach über die »wunderliche und der Music wenig ergebene Obrigkeit«.

Ungeachtet dieser Querelen komponierte er Woche für Woche eine Kantate und studierte sie ein. Weltliche Musik schrieb er für den Dresdner Hof, der ihn 1736 zum Hofcompositeur ernannte, und für das städtische Collegium musicum, das regelmäßig in Zimmermanns Kaffeehaus in der Katharinenstraße 14 zusammenkam.

Bach auf einem Plakat zum Bachfest

Oktober 1813 – die Völkerschlacht

Am 20. Oktober 1813 schrieb der preußische General Blücher an sein »liebes malchen«: »den 18. warff ich den Feind in Leipzig hinein, den 18. und 19. ist die größte Schlacht geliffert die ni uf der erde stadt gefunden hat ... 600 000 man kempfften mit einander, um 2 uhr nachmittag nahm ich Leipzig mit Stuhrm, der König von Saxen und ville generalls der Franzosen wurden gefangen der Pollnische Fürst Poniatowski Ertrank.«

Drei Tage hatte es gedauert, bis die Verbündeten Österreich, Preußen und Russland mit etwa 300 000 Mann 190 000 napoleonische Soldaten geschlagen hatten. Es war nicht nur die erste Massenschlacht der Neuzeit, sie bedeutete auch das Ende der napoleonischen Vorherrschaft über Europa und Deutschland.

Napoleon flieht

Noch am 14. Oktober hatten Napoleons Truppen in einer Reiterschlacht bei Liebertwolkwitz im Süden Leipzigs gesiegt und am 16. auch bei Wachau unter schweren Verlusten das Übergewicht errungen. Doch dann führte Blücher von Machern her frische Truppen heran, Napoleon kam in den östlich gelegenen Orten Probstheida, Paunsdorf und Stötteritz in heftige Bedrängnis. Wo heute das Völkerschlachtdenkmal steht, gab der Kaiser Frankreichs den Befehl zum Rückzug.

Während Napoleon am 19. Oktober Leipzig fluchtartig Richtung Frankreich verließ, rückten von Osten die Verbündeten in die Stadt. Blücher verhinderte im letzten Augenblick ihre Beschießung. Mit Jubel wurden die siegreichen Kaiser Franz (Österreich) und Alexander (Russland) sowie der preußische König auf dem Marktplatz begrüßt. Dabei gehörten die Sachsen eigentlich nicht zu den Siegern der Schlacht, ihr König Friedrich August war vielmehr Napoleons Verbündeter. Einige sächsische Regimenter waren allerdings während der Schlacht zu den Verbündeten übergelaufen. »Die Herren kommen ziemlich spät«, wurden die Offiziere vom russischen Kaiser Alexander I. begrüßt.

viele Verwundete, sondern auch Leipziger Bürger starben.

In den späten Jahrzehnten des 19. Jh. wurde die Völkerschlacht zum Fanal nationaler Größe und deutschen Heldenmuts stilisiert. Klobigster Ausdruck des neuen nationalen Selbstbewusstseins nach der Gründung des Kaiserreichs 1871 ist das Völkerschlachtdenkmal (s. S. 157).

Weniger auffällig sind die »Apelsteine«, die der Schriftsteller Theodor

Leipzig als Lazarett

Nach der Schlacht, in der die Stadt selbst nur wenig beschädigt worden war, stieg das Leid ins Unermessliche. Rund 85 000 Gefallene mussten beerdigt, weitere 100 000 Verwundete von den 33 000 Leipziger Bürgern versorgt werden. Ein Augenzeuge schrieb: »Unter 20 000 Verwundeten hat nicht ein einziger ein Hemd, Bettuch, Decke, Strohsack oder Bettstelle erhalten. Ein Teil derselben ist schon tot, der andere wird noch sterben. Ihre Glieder sind wie nach Vergiftungen furchtbar aufgelaufen, brandig und liegen in allen Richtungen neben den Rümpfen.« Ärzte, Hufschmiede und Tischler sägten im Wettlauf gegen die Zeit zerschossene und infizierte Gliedmaßen ab, um das Leben der Verwundeten zu retten. Bald brach auch noch eine Typhus-Epidemie aus, an der nicht nur

Apel zwischen 1861 und 1864 errichten ließ. Die 44 in Stadtgebiet und Umland verteilten Denkmalsteine erinnerten an Stellungen der beteiligten Truppen: Napoleonische waren mit N, die der Verbündeten mit V gekennzeichnet. Heute befindet sich nur noch ein Teil der Steine am ursprünglichen Ort.

Die Schlacht als Kostümfest
Jedes Jahr im Oktober finden rund um Leipzig ganz besondere Schlachtennachstellungen statt. Hunderte von uniformierten Laiendarstellern reisen dazu aus allen damals beteiligten Nationen an und bringen mit Biwaks, alten Uniformen und Waffen das Flair von damals – allerdings ohne Blutvergießen! – wieder auf die ehemaligen Schlachtfelder.
Infos: www.leipzig1813.com.

Boomtown Leipzig

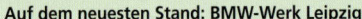

Auf dem neuesten Stand: BMW-Werk Leipzig

Seit 1990 gilt Leipzig als Boomtown des Ostens. Im Wende-Übermut verkürzte man den Stadtnamen auf LE und genoss den Gleichklang mit der kalifornischen Metropole.

Nach der Wende wurden allein in Großprojekte wie das neue Güterverkehrszentrum bei Radefeld und die Neue Messe, in den Ausbau der Verkehrsstruktur und des Telekommunikationsnetzes sowie in die Sanierung der Stadt mindestens 12 Mrd. DM investiert.

Investitionen

Weitere 5 Mrd. DM flossen in das neue Braunkohlekraftwerk Lippendorf südlich der Stadt. Siemens errichtete ein Handy-Werk, mit dem MDR-Fernsehen wurde der Medienstandort und mit neuen biowissenschaftlichen Einrichtungen ein weiterer Technologieschwerpunkt ausgebaut. Im Jahr 2002 kam mit Porsche der erste große deutsche Autohersteller nach Leipzig, um mit einer repräsentativen Teststrecke für die hier produzierten Cayenne, Boxter und Carrera GT zu punkten. Seit 2009 wird in einer neu entstandenen Produktionshalle auch der Panamera gefertigt und ab 2013 der Cajun.

2005 ging dann mit BMW ein zweites, wesentlich größeres Autowerk in die Produktion. Etwa 700 Fahrzeuge der 3er- sowie der 1er-Reihe gehen täglich vom Band und allein im Werk direkt sind etwa 4500 Menschen beschäftigt. Die spektakuläre Architektur des zentral gelegenen Verwaltungsgebäudes stammt von der Stararchitektin Zaha Hadid. Doch von der

Oberliga der deutschen und europäischen Städte, in der Leipzig gerne wieder wie in den 20er-Jahren mitmischen möchte, ist es immer noch ein ganzes Stück entfernt.

Bevölkerungswachstum

Entgegen allgemeinen Trends der Bevölkerungsentwicklung steigen die Zahlen der in Leipzig wohnenden Menschen seit einigen Jahren beständig. Das ist nicht allein der Gebietsreform des Jahres 2000 geschuldet, sondern auch der cleveren Stadtpolitik, die z. B. auswärtige Studenten, die ihren Hauptwohnsitz hier nehmen, mit einem Semesterticket der Leipziger Verkehrsbetriebe (LVB) belohnt. Zwar ist dadurch die Bevölkerung seit September 2005 wieder konstant über der magischen Zahl von 500 000 Einwohnern, aber dennoch liegt die Kaufkraft mit 85 % deutlich unter dem bundesdeutschen Durchschnitt. Selbst im Vergleich mit der Landeshauptstadt Dresden mit immerhin 91 % schneidet Leipzig nicht allzu blendend ab.

Die gewaltigen Investitionen amortisieren sich langsamer als prognostiziert. Die Arbeitslosigkeit (12,9 % in 2010) hat sich zuletzt zwar positiv entwickelt, steht aber im Bundesvergleich noch am unteren Ende.

City-Probleme

In der City regierte lange Zeit mehr Schein als Sein. Für die Immobiliensituation in der Stadt gab es in der Branche einige Jahre das zynische Motto: »Leer, leerer, Leipzig«. Das hat sich seit 2005 im Bereich der Geschäftsflächen zwar deutlich geändert. Bei den Büroflächen liegt Leipzig jedoch mit 15 % Leerstand immer noch über dem Bundesdurchschnitt, obwohl im Vergleich zur Mitte der 1990er-Jahre eine leichte Entspannung zu verbuchen ist.

Damals wurden im Speckgürtel der Stadt mehrere Einkaufszentren nebst Bürogebäuden errichtet, die der Innenstadt damals gewaltig das Geschäft abgruben. Heute jedoch haben sie selbst noch viel stärker an der mangelnden Kaufkraftanreise zu leiden. Das wird sich mit der Fertigstellung des City-Tunnels gegen Ende 2013 wohl noch verstärken, da man dann aus dem Umland noch schneller und bequemer direkt in die Innenstadt gelangen und dort bummelnd shoppen kann.

Neue Projekte

Die dringend notwendige Sanierung des innerstädtischen Straßen- und Energienetzes ist weitestgehend abgeschlossen, ebenso wichtige Großprojekte: 2002 zog das Bundesverwaltungsgericht in das renovierte Reichsgerichtsgebäude, wodurch Leipzig wieder zu einem wichtigen Justizstandort wurde. 2004 wurde auf dem Sachsenplatz das neue Museum der bildenden Künste errichtet. Zum Turnfest im selben Jahr konnte die hypermoderne Mehrzweckhalle der Arena Leipzig eingeweiht und 2004/05 das Zentralstadion für die Fußballweltmeisterschaft 2006 tauglich gemacht werden. Eine neue Landebahn machte den Flughafen Leipzig/Halle zum jumbotauglichen Großflughafen der Region und mit der Ansiedlung von DHL und Lufthansa Cargo zu einem der führenden Drehkreuze im Frachtflugverkehr Europas. 2007 wurde dann der Autobahnring um die Stadt mit dem Anschluss der von der A9 kommenden A38 an die A14 geschlossen.

Von der Buch- zur Medienstadt

Als nach der Wende viele Pläne kursierten, wurde auch davon geträumt, die alte Bedeutung als Buchstadt wiederzugewinnen. Doch die Verlage kehrten nicht zurück. Dafür mauserte sich Leipzig zur Medienstadt – und besitzt überdies die einzige Schriftstellerschule Deutschlands!

Mit Ausnahme des Börsenvereins der Buchhändler, der sich auf seinem alten Gelände das Haus des Buches errichtete, war nach der Wende kaum ein Verlag, der nach dem Krieg aus Furcht vor Enteignung und Schikanierung in den Westen gegangen war, zur Rückkehr zu bewegen. Die Mutterhäuser im Westen sahen keine Marktvorteile im Standort Leipzig. Ihre rückübereig-

neten Dependancen wurden nur aufrechterhalten, wenn sich neue Absatzchancen boten. Wie in anderen Branchen auch zog die Wiedereinführung des Kapitalismus in Leipzig ein Verlags- und Druckereisterben nach sich. Was jedoch blieb, ist die künstlerische Hochschule für Grafik und Buchkunst mit ihren 430 Studenten.

Das Medienzentrum des Ostens

Aus dieser Not wurde die Idee geboren, Leipzig mit seinen brachliegenden Kapazitäten an Geistesarbeitern zur Medienstadt des Ostens zu machen. Trotz guter Infrastruktur ist es aber bis-

Auf der Buchmesse Leipzig

her kaum gelungen, große Medienunternehmen anzusiedeln. Nur der bereits ansässige MDR (s. S. 196) hat eine große Fernsehzentrale errichtet und einige kleinere TV- und Filmproduzenten angezogen.

Durch die Tatort-Serie mit den Kommissaren Saalfeld (Simone Thomalla) und Keppler (Martin Wuttke) sowie die Serie ›SOKO Leipzig‹ oder durch die Krankenhaus-Soap ›In aller Freundschaft‹ gewann und gewinnt die Pleißestadt TV-Publizität. Bezieht man die Leipziger Hard- und Software-Unternehmen in die Betrachtung ein, liegt die Medienbranche mit einem Anteil von 12 % der Wirtschaftskraft aber durchaus in der Spitzengruppe deutscher Großstädte.

Literaturstadt Leipzig

Auch der Literatur geht es eher mäßig. Erich Loest, für den Leipzigs Geschichte Lebensthema geworden ist, ist zwar – nach Studium im Literaturinstitut, Haft in Bautzen und Vertreibung – wieder zurückgekehrt und Ehrenbürger geworden. Einige andere Schriftsteller wie Hans Ulrich Treichel und Josef Haslinger lehren als Dozenten am Deutschen Literaturinstitut Leipzig und holen immer wieder spannende Autoren als Gastdozenten in die Stadt.

Aber die Zeiten, in denen Leipzig Mittelpunkt einer ›sächsischen Dichterschule‹ war, zu der u. a. Sarah und Rainer Kirsch, Heinz Czechowski, Gert Neumann und Adolf Endler zählte, sind vorbei. Das Deutsche Literaturinstitut Leipzig und die 1409 gegründete Universität, eine der ältesten Deutschlands, an der heute jeder zehnte Student Journalismus studiert, locken wieder junge Talente an. Einige Absolventen wie etwa Juli Zeh oder

Clemens Meyer sind überregional bekannt geworden. Unbeirrt feiert das literarische Leben seine Höhepunkte: Zum Literarischen Frühling und Literarischen Herbst kommen Hunderte von Autoren zu gut besuchten Lesungen, das Programm ›Leipzig liest‹, das die Buchmesse im Frühjahr begleitet, ist so attraktiv, dass es sogar die Messe selbst vor dem Untergang bewahrt hat.

Deutschlands einzige Schriftstellerschule

Eine der Fragen, die man sich anderswo, aber nicht mehr in Leipzig stellt, lautet: Kann man Diplom-Schriftsteller werden? Nicht erst seit 1995, als das Deutsche Literaturinstitut Leipzig gegründet wurde, wird diese Frage mit einem entschiedenen Ja beantwortet. Ja, sagt Josef Haslinger, seit 2001 periodischer geschäftsführender Direktor des DLL: Wenn man jenes besondere Talent für den Umgang mit Wörtern und Sätzen mitbringt, das einen Schriftsteller vom Gebrauchsschreiber unterscheidet. Deshalb gilt hier eine Prüfung als Hochschulzulassung, für die man Selbstgeschriebenes vorlegen muss. Doch selbst wer den Eignungstest und drei Jahre lang Lyrik, Medienkunst oder erzählende Prosa studiert hat, ist damit nicht automatisch zum erfolgreichen Dichter promoviert. »Wenn sich ein Drittel unserer Studenten als freie Schriftsteller behaupten können, ist das eine sehr gute Quote«, urteilt Haslinger.

Auch diejenigen unter den 40 Studenten, deren Talent oder Sitzfleisch nicht für die einsame Autorenexistenz ausreichen, erwerben in den sechs Semestern am DLL Qualifikationen, die in der Welt der Medien zählen. Bewusst stehen deshalb neben den Fächern wie

Lyrik oder Drama auch Philosophie, Medienästhetik oder Literaturkritik in der Studienordnung.

Die Idee, ein Institut zur Schriftstellerausbildung zu gründen, ist jedoch nicht auf dem Mist der Leipziger Universität oder der sächsischen Bildungsadministratoren gewachsen. Das DLL ist der noch etwas kleinwüchsige Versuch, an die Tradition des Johannes-R.-Becher-Instituts anzuknüpfen, das von 1955 bis zu seiner Abwicklung 1993 wohl die Mehrzahl der DDR-Schriftsteller ausgebildet oder zumindest als Gast in seinen Mauern gehabt hat.

Nach dem Vorbild der Arbeiter- und Bauern-Fakultäten sollte es besonders Talente aus der Arbeiterklasse fördern und stand an der Spitze einer ganzen Trainingspyramide von Zirkeln schreibender Werktätiger. In den ersten Jahren seiner Existenz war es ideologisch von einer rigiden Abschottung gegen alles Experimentelle und Moderne geprägt. Dennoch werden Erich Loest, Rainer und Sarah Kirsch, Günter Kunert und andere von dort mehr als nur jenen dogmatischen Marxismus mitgenommen haben, der einen Großteil des Stundenplans beherrschte.

Als das Literaturinstitut 1992/93 ersatzlos abgewickelt werden sollte, erhob sich breiter Protest: Studenten streikten, Literaten aus aller Welt versandten Protesttelegramme. Mit der Gründung des DLL, das als eigenständiges Institut der Philosophischen Fakultät der Universität angegliedert ist, wurde ein Bruch vollzogen, der die guten Seiten der Tradition aufnehmen und weiterentwickeln kann. Inzwischen haben viele Absolventen sich als Schriftsteller einen Namen gemacht. Im literarischen Leben der Stadt bildet das DLL einen Herd produktiver Unruhe.

Blick auf die Media City in der Südvorstadt

Metropole der zehnten Muse –
Leipziger Kabaretts

Kabarett Leipziger Pfeffermühle

Fünf Kabarettbühnen allein in der Innenstadt, etliche Kleinkunstspielstätten außerhalb des Rings und dazu freie Künstler wie Wolfgang Krause-Zwieback oder Clemens Peter Wachenschwanz machen Leipzig zur deutschen Metropole des Kabaretts.

Angefangen hatte es mit der bissigen Kleinkunst in den 1920er-Jahren. Typisch Leipzig: Erst nach dem Ersten Weltkrieg, etwas später als in Wien, München und Berlin, gönnten sich die Pleißebürger gepflegten literarischen Spott. Plüsch und Tingeltangel hatten in der Kaufmannsstadt Vorrang: Der Krystallpalast an der Wintergartenstraße war einer der größten Varieté- und Amüsement-Betriebe der Zeit.

Immerhin zwei Kabaretts brachten es zu einer gewissen Bekanntheit: Retorte und Litfaßsäule. Erich Weinert, Franz Mehring, Kurt Tucholsky, Erich Kästner lieferten Texte, doch eine besondere Rolle für das Selbstverständnis auch der heutigen Leipziger spielten besonders drei: Hans Reimann, Lene Voigt und Joachim Ringelnatz. Letzterer, als Hanns Boetticher im nahen Wurzen geboren, verkörperte als Seemann Kuddeldaddeldu das sächsische Fernweh, Skepsis und Melancholie immer im Mützenfutter. Hans Reimann gab die satirisch-literarische Zeitschrift ›Der Drache‹ heraus, leitete die ›Retorte‹ und reflektierte über das Wesen der Sachsen, das er als echter *Laibzjer* nicht ohne Anfälle von Selbsthass betrachten konnte. Lene Voigt war glücklicher gestimmt: Ihre sächsischen Parodien von Goethes Faust und anderen ›Glassiggern‹ erfassen mit wenigen Worten den Herzenskern der Dinge.

Die Spaßmacher der DDR – und von heute

Nach der Nazizeit wurde das Kabarett gefördert, schließlich war jetzt der Angriff auf Kapitalisten, Kriegstreiber und Ausbeuter erlaubte Ehrensache.

Über 600 Kabaretts entstanden in den Jugendjahren der DDR. Jeder Betrieb hatte seine Truppe, ausgebildet in Leipzig in der ›Zentralen Volkskunstschule beim Zentralhaus für Kulturarbeit‹. Mit Ausnahme der Berufsbühne Pfeffermühle sind die meisten Leipziger Kabaretts aus Laiengruppen ent-

standen: die academixer an der Universität, die Funzel hieß ursprünglich Baufunzel, Sanftwut vormals Die Spitzhacken. Im realen Sozialismus funktionierten die Kabaretts als Überdruckventil. Im schnellen Wechsel von Pointe und Anspielung triumphierte das gesprochene Wort als das einzige, das zählte. Kabarettist Matthias Biskupek über Rebellion und Kabarett: »Nicht etwa, dass sich das, was man in der Sowjetunion Samisdat-Kultur (Untergrund-Kultur) nannte, besonders entwickelt hätte – aber immerhin guckte man besonders frech unterm Tisch hervor. Wenn es niemand sah.«

Die Revolution 1989 löste bei den meisten Leipziger Kabaretts erst mal eine ideologische Krise aus. Organisatorisch haben sich die Kleinbühnen inzwischen gefangen: Mit Unterstützung der Stadt und von Sponsoren haben mittlerweile alle ständig spielenden Truppen ansehnliche Cityquartiere gefunden, und die jährliche Lachmesse lockt Spaßmacher zuhauf an.

Zum Beispiel: Kabarettist Bernd-Lutz Lange

Am 17. Juni 1953 ging der kleine Bernd-Lutz Lange in die dritte Klasse. Als er mit seinen Kameraden Uwe, Peter und Jochen auf dem Weg nach Hause war, wurden die Jungen von einem uniformierten Vertreter der Staatsmacht aufgefordert: »Keine Gruppen bilden! Auseinandergehen! Abstand halten!« Die Knirpse wussten nicht warum, aber sie gehorchten und hielten einige Meter Abstand voneinander.

Die Kabarettkunst des großen Bernd-Lutz Lange lebt von genauen Beobachtungen dieser Art. Mehr als 14 Jahre standen er und sein Partner Gunter Böhnke auf der Brettl-Bühne, zunächst im Ensemble der academixer, ab 1988 mit einem eigenen Programm. Wie seine Kommilitonen startete Lange 1966 als Laienkabarettist, er war Student an der Buchhändlerschule. Lange: »Der Bedarf an Kabarettkarten war ungeheuer. Wir veranstalteten zweimal im Jahr am Samstag um 9 Uhr den Vorverkauf für das kommende Halbjahr. Die Leute bildeten schon Freitagabend Schlangen. Kabarettkarten waren wie D-Mark feste Währung: Mit ihnen wurden Mangelwaren organisiert.« Die Programme unterlagen der Zensur. Bei einer Voraufführung wurden sie von fünf bis sieben Funktionären abgenickt. »Oft schrieben wir etwas Scharfes in den Text, das gestrichen werden konnte, um das zu retten, was wir behalten wollten.«

Böhnke und Lange haben in ihren literarischen Programmen schon seit den 1980er-Jahren die Tradition der Weimarer Zeit mit den klassischen Texten von Lene Voigt und Hans Reimann wiederbelebt. »Bis zu Ulbrichts Tod 1973 gab es Schwierigkeiten, wenn auf der Bühne Sächsisch gesprochen wurde. Die Funktionäre argwöhnten, es handele sich um Parodien auf den Staatsratsvorsitzenden.«

Immer wieder griff er in seinen Texten die Zerstörungen an, die die SED an Stadt, Geschichte und Kultur anrichtete. 1989, als sich die Auseinandersetzung zwischen Bürgerrechtlern und Staatsapparat zuspitzten, versuchte Lange, liberale Parteileute zum Dialog mit der Opposition zu bewegen. Am 9. Oktober, als die Staatsgewalt mit gewaltsamer Konfrontation drohte, fiel ihm eine wichtige Vermittlerrolle zu: Gemeinsam mit Kurt Masur und anderen organisierte Lange den öffentlichen Dialog. Das war ein wichtiger Beitrag zur friedlichen Lösung. Auch als Kabarettist will Lange nicht

verletzen, sondern unterhalten und aufklären – durch Lachen. »Nur nicht unterkriegen lassen, das ist sächsische Mentalität.«

Anfang der 1990er-Jahre wird Bernd-Lutz Lange ›nebenbei‹ Buchautor. Zunächst erscheinen satirische Kurztexte und sächsische Witzsammlungen. Mit seinen autobiografischen Kindheits- und Jugenderinnerungen aus Zwickau ›Magermilch und lange Strümpfe‹ (1999) und zum DDR-Alltag in den 60er-Jahren in ›Mauer, Jeans und Prager Frühling‹ (2003) konnte er große Erfolge feiern. Im Herbst 2006 erschien dann seine Auseinandersetzung mit der Wiedervereinigung: ›Ratloser Übergang. In meinem neuen Deutschland‹ und zwei Jahre später mit ›Gebrauchsanweisung für Leipzig‹ eine Liebeserklärung an seine Wahlheimatstadt. 2009 brachte er unter dem Titel ›Heute hier und morgen gestern‹ philosophisch-humoristische Miniaturen und Aphorismen auf den Buchmarkt.

Bernd-Lutz Lange

Musik liegt in der Luft – Gewandhaus, Thomaner, Prinzen

Leipzig als ›Musikstadt‹ ist verbunden mit Namen wie Richard Wagner und Clara Schumann, Johann Sebastian Bach und Felix Mendelssohn-Bartholdy. Wenn heute von Musik in Leipzig die Rede ist, fallen drei Namen – Gewandhaus, Thomaner, Prinzen.

Gewandhausorchester

1743, als Muße und Muse noch bekannte und verwandte Begriffe waren, trafen sich jeden Donnerstagabend 16 Kaufleute mit 16 Musikern. Die einen zahlten und lauschten, die anderen spielten. Doch bald musste man für das »Große Konzert« ins Gasthaus ziehen, und 1781, als sich das »Leipziger Concert« zur stehenden Einrichtung entwickelt hatte, wurde im Gewandhaus, dem ehemaligen Zunfthaus der Tuchmacher, ein Konzertsaal mit bewunderter Akustik eingerichtet, in dem immerhin 500 Personen Platz fanden.

Weltberühmt wurde das Gewandhausorchester unter der Leitung von Felix Mendelssohn-Bartholdy, der es 1835 26-jährig übernahm. Mendelssohn war der Erste, der als Dirigent eine planmäßige Orchestererziehung vornahm. Er gründete die erste deutsche Musikhochschule und setzte die zeitgenössische Musik durch. Praktisch alle Berühmtheiten der Zeit – Liszt, Berlioz, Wagner, Paganini – traten am Gewandgässchen auf. In dieser Zeit hat sich die bis heute geübte Praxis eingespielt, dass die Gewandhausmusiker den Thomanerchor begleiten und auch als Opernorchester fungieren. 1884 bezog das Orchester mit dem

Auch Thomaner sind nur Jungen

Neuen Concerthaus im Musikviertel einen der besten Konzertsäle der Welt, mit Arthur Nikisch, Kapellmeister von 1895–1922, erlangte es endgültig Weltbedeutung. Tschaikowsky, Mahler, Grieg – wer Rang und Namen in der Musikwelt hatte, dirigierte als Gast.

Die Nationalsozialisten beendeten die glanzvolle Ära. Nach dem Zweiten Weltkrieg, in den 1950er- und 1960er-Jahren, wurde das Orchester unter Franz Konwitschny und Vaclav Neumann zum Kulturexportgut der DDR. Nun leitet der Italiener Riccardo Chailly das rund 190 Musiker/-innen starke Orchester. Generalmusikdirektor der Oper ist seit 2009 der Dirigent Ulf Schirmer.

Leipzigs Knabenchor

Ein Schild an der Tür der Thomaskirche verweist den Besucher auf die vielleicht größte Kunst-Merkwürdigkeit der Messestadt: »Motette Fr. 18°°« und »Kantate Sbd. 15°°«. Seit 1212 das Augustiner-Chorherrenstift im Thomaskloster gegründet wurde, gibt es auch den Thomanerchor. Die Lebensum-

stände haben sich geändert, aber die Struktur des Knabenchors ist seit fast 800 Jahren die gleiche geblieben: Musikalisch begabte Jungen erhalten, unabhängig vom Einkommen der Eltern, eine solide Ausbildung, leben im Internat und »singen dem Herrn ein Lied«. Auch wenn er seit 1539 von der Stadt getragen wird, gehört der Thomanerchor zur Thomas-Gemeinde. Einen Teil ihres Lebensunterhalts mussten die Thomaner bis Ende des 19. Jh. selbst verdienen, etwa mit ›Kurrenden‹ und ›Leichen‹: Mit Perücke und dunklem Umhang, der die nackten Füße kaum verbarg, zogen die Jungen bei Bestattungen, Familienereignissen und öffentlichen Feiern singend durch die Stadt.

Immer schon war der Alltag der ›Thomasser‹, wie sie sich selbst nennen, festen Regeln unterworfen. Als ›Alumnen‹ leben die heute 100 Chormitglieder im Internat, eingeteilt in ›Stuben‹ zu zehn bis zwölf Schülern aller Altersstufen, von der 4. bis zur 12. Klasse. Das Stubensystem ist eine Mischung aus Selbstverwaltung und Fürsorge: Die Älteren kümmern sich um die jüngeren Schüler, der Stubenälteste, meist ein

Schüler der 11. Klasse, führt die Aufsicht und kann kleine Strafen verhängen. Als Thomaner hat man einen fest verplanten Tag: Vom Wecken um 6.15 Uhr bis zur festen Hausaufgabenzeit um 15.15 Uhr bestimmt die Schule, die sie gemeinsam mit etwa 700 Externen besuchen, das Programm, dann schließen sich Chorproben, individueller Musikunterricht und Stimmbildung an.

Mein Tipp

Thomanerchor hören
Nicht nur die Gottesdienstmusik am Sonntag, auch die Motette am Freitagabend und die Kantate am Samstagnachmittag sind Gottesdienst. Als Gast sollte man sich entsprechend verhalten. Dann wird eine Kantate oder Motette auch für den Nichtchristen zu einem seelenerhebenden, unvergesslichen Erlebnis.
Thomaskirche, Fr 18 Uhr und Sa 15 Uhr, www.thomaskirche.de.

Rund 100 000 Menschen hören jedes Jahr die Thomaner live. Während die Große Kirchenmusik – Kantaten, Passionsmusiken, Messen – mit Instrumentalbegleitung aufgeführt wird, werden Motetten a cappella gesungen. Der seit 1992 amtierende Thomaskantor Georg Christoph Biller sieht die Aufgabe des Chores darin, in erster Linie die Gottesdienste musikalisch zu tragen, so wie es zu Bachs Zeiten war. Eine der großen Leistungen Billers besteht in der Einstudierung der fünf vollständigen Bachschen Kantatenjahrgänge in Folge.

Ein Thomaner macht Musikkarriere

»Ich wär' so gerne Millionär«, schwärmte der Leadsänger der ›Prinzen‹ Sebastian Krumbiegel 1991 auf der ersten CD der Popgruppe. Der dreiste Traum ist Wirklichkeit geworden: Die drei ehemaligen Thomaner und ein Kreuzchorsänger mischten mit Gesang a cappella und frechen Texten die Popwelt auf. ›Prinz‹ Sebastian Krumbiegel war acht Jahre lang, bis 1985, Sänger im Thomanerchor.

»Musiker wollte ich immer werden, da bot der Thomanerchor eine großartige Ausbildung: täglich Gesang und Stimmschulung, außerdem lernten wir ein oder zwei Instrumente. Als ich 15 oder 16 war, bin ich auf Rockmusik abgefahren – die hielt der damalige Kantor Rotzsch für Teufelswerk. Ich flog aus dem Chor raus, wegen Disziplinlosigkeit. Aber ich durfte im Keller mein Schlagzeug aufbauen. Heute sehe ich diese Zeit ungeheuer positiv. Wenn ich Bach höre, kann ich immer noch auswendig alle Stimmen mitsingen, vom Tenor bis zum Bass. Den Bühnenauftritt als Solist allerdings haben wir nicht bei den Thomanern gelernt, dort war Einfügen angesagt«, so bewertet Krumbiegel seine musikalische Ausbildung heute.

Krumbiegel ist berühmt und ein Millionär geworden und könnte sonstwo leben. Doch er fühlt sich in Leipzig pudelwohl. »Alles ist da: Tonstudios auf höchstem Niveau, fantastische Kinos. Sie hätten Leipzig 1987 sehen sollen: tote Hose. Da gab es gerade mal einen Club, der nach Mitternacht noch offen hatte.« Heute gastierten hier Weltstars wie U2 oder Phil Collins. Und fest zur Musikstadt Leipzig gehören auch die Prinzen.

Gedanken zur Sprache – »Mir Sachsen, mir sind helle …

… das weeß de ganze Weld! Und wemmer ma nisch helle sin, da hammer uns verschdelld.«

Gewandhaussächsisch

Das gesprochene Idiom der Straße ist in Leipzig inzwischen immer mehr das Hochdeutsche. Die Sachsen bemühen sich, ihre ›echte‹ Muttersprache – das Sächsische – so gut sie können zu unterdrücken. Nicht allen gelingt dieses schwierige Unterfangen auf glückliche Art und das bemüht hochdeutsch tuende ›Gewandhaussächsisch‹ wird am Ende von beiden Seiten – der hochdeutschen wie der ur-sächsischen – verachtet. ›Gewandhaussächsisch‹ erklingt, wenn ein gebürtiger Sachse mit bildungsbürgerlichem Hintergrund den Versuch unternimmt, seine wahre Identität zu leugnen und in hochdeutscher Zunge zu parlieren.

Das Sächsische

Wie jeder andere Dialekt kann das Sächsische bisweilen für den Angehörigen einer anderen dialektalen Gruppe schwer oder gar nicht verständlich sein. Im ›normalen‹ Alltag sind Sachsen jedoch ganz gut zu verstehen, wenn einige Dinge beherzigt werden.

Wie der Sachse selbst so ist auch seine Sprache – butterweich sowie von Bequemlichkeit und Melodie geprägt. Deshalb fällt es schwer, beim Sächsischen harte von weichen Konsonanten zu unterscheiden: »Mir Saggsen gönn ehm eimfach nisch zwischen Birnboom-B und Babbelboom-B unterscheidn« (zu deutsch: Wir Sachsen können eben einfach nicht zwischen Birnbaum-B und Pappelbaum-P unterscheiden.) Das Gleiche gilt übrigens auch für G und K sowie für D und T. Wie Sie vielleicht schon an diesem kleinen Beispiel merken, ist es meist ausgesprochen hilfreich, sich sächsische Niederschriften beim Lesen laut vorzusagen, so erschließt sich die Bedeutung wesentlich einfacher.

Sächsische Dichtkunst

Den Sachsen fällt das Reimen leichter als anderen Deutschen: Für sie klingen »durch und Burg, Pferch und Zwerg« gleich aus. Eine wahre Meisterin des Reimens war die Mundartdichterin Lene Voigt. Wer ihre Säggs'schen Balladen oder die Säggs'schen Glassiger liest, der hat nicht nur jede Menge Spaß, denn hier wurde große deutsche Dichtkunst, die jeden Sachsen an seine Schulzeit erinnert – wie etwa De Glogge oder Dr Faust – ins Sächsische rückübertragen. Rückübertragen deshalb, weil unser aller Hochdeutsch ursprünglich von der Meißner Kanzleisprache, also dem Ursächsisch, abstammt. Darauf sind die Sachsen natürlich mächtig stolz.

Varianten einer Sprache

Insgesamt gibt es mehr als 15 Unterarten des Sächsischen. Fährt man von Leipzig nach Süden, kommt man mehr und mehr in den Bereich des Erzgebirgischen, das seine Eigenheit vor allem dem Vokalwechsel verdankt. Das Erzgebirge selbst wird dort beispielsweise zum ›Arzgebirg‹…

Je weiter man nach Osten vorstößt, desto häufiger begegnet einem die Vokabel ›nu‹. Die Sprache geht in einen melodiösen, dem Französischen nicht unähnlichen Singsang über. Das Wörtchen ›nu‹ signalisiert meist Zustimmung und ist gleichbedeutend mit ja. Allerdings muss man gut hinhören, denn ›ne‹ hingegen kann ein glattes Nein oder ein fragendes Nicht wahr bedeuten.

Im Westen von Leipzig geht das Sächsische recht bald in das eng verwandte Thüringische über, mit dem es – vor allem von Nicht-Sachsen – gern und oft verwechselt wird. Im Norden hingegen begegnet man bald schon dem Anhaltischen, das für Fremde zwar ebenso unverständlich wirkt, sich aber vom Sächsischen deutlich unterscheidet und in sächsischen Ohren erschreckend hart klingt.

Übung macht den Meister

Wenn Sie also daheim schon einmal üben wollen, dann seien Ihnen noch einmal die Bücher von Lene Voigt empfohlen. Nehmen Sie sich einen sächsischen Text zur Hand, stellen Sie sicher, dass Sie allein sind (sonst gibt es meist kein Halten mehr), lockern Sie Ihren Unterkiefer, schieben ihn leicht vor oder lassen ihn hängen und sprechen Sie, als hätten Sie eine heiße Kartoffel im Mund, wobei der Redefluss weich und breit zugleich ausströmen sollte! »Also nu frisch ans Werg: 'n Undergiefer vorschieehm un immer scheen naus loofn lassn!«

Seien Sie nicht enttäuscht, wenn Sie von Einheimischen sofort ›enttarnt‹ werden. Die Sachsen sind einerseits stolz auf ihre Sprache und andererseits auch misstrauisch gegenüber Versuchen des Nachahmens. Das mag an den zahlreichen Witzen liegen, die noch zu DDR-Zeiten wie auch in der direkten Nachwendezeit mit den Sachsen und ihrer Sprache in Umlauf gebracht wurden. Sie sind sicher nur dem Neid auf die Gewieftheit der Sachsen (»Mir Sachsen, mir sind helle …«) und einem grotesken Unverständnis ihrer wahren Natur entsprungen.

Sportstadt Leipzig

Fußballclub LOK spielt im neuen Stadion

Auch wenn die Stadt nicht zum Austragungsort der Olympischen Spiele 2012 gewählt wurde, hat der Sport in Leipzig einen sehr hohen Stellenwert. Und die sportliche Infrastruktur gilt unter Kennern als vorbildlich.

Als am Sonnabend, den 13.4.2003 um 16.37 Uhr das Nationale Olympische Komitee seine Entscheidung bekannt gab, Leipzig und Rostock für Deutschland ins internationale Bewerbungsrennen als Veranstalter der Olympischen und Paralympischen Spiele 2012 zu schicken, brachen Tausende auf dem Marktplatz der Stadt in Freudentränen aus. Seit den Ereignissen von 1989 hatte Leipzig keinen größeren Moment erlebt.

Entsprechend groß war die Enttäuschung, als sich herausstellte, dass Leipzig gegen London, Paris oder New York keine Chance hatte. Das IOC beschied, die Stadt sei zu klein und die Infrastruktur zu schwach. Dies sei doch schon vorher sonnenklar gewesen, riefen die Kritiker, denn wieso sollte ausgerechnet diese kleine Großstadt in den neuen Bundesländern Olympiastandort werden?

Doch diese Haltung ist nicht wirklich begründet: Erst 2006 fand ein Teil des ›Sommermärchens‹ anlässlich der Fußball-WM 2006 in Leipzig statt. Das Leipziger Publikum erlebte die Partien im modernen Zentralstadion, das im Zuge der Olympiabewerbung renoviert worden war. Somit blieb doch zumindest ein Trostpflaster.

Unabhängig von der Olympiabewerbung hat sich die Stadt in den letzten Jahren stark dafür eingesetzt, dass

Sport-Infos
Gut recherchierte und fundiert aufgebaute Infos zur Tradition der Sportstadt Leipzig bietet die Publikation ›LEIPZIG sportlich. Das Sportleben der Stadt in Vergangenheit, Gegenwart und Zukunft‹.
Webadressen:
www.leipzig.de
www.ssb-leipzig.de: Website des Stadtsportbundes
www.sportinleipzig.de
www.sport-leipzig.de
www.citysports.de: deutschlandweite Site, s. dort unter Leipzig
www.uni-leipzig.de/~sportfak: Internetsite der Uni Leipzig.

die vorhandenen Sportanlagen der Stadt für die Leipziger saniert, renoviert und modernisiert wurden. So konnte beispielsweise 2008 die Schwimmhalle in der Antonienstraße wieder der Öffentlichkeit übergeben werden und auch das Schreberbad, die älteste Badeanstalt der Stadt, wurde nach umfangreicher Modernisierung 2007 feierlich wiedereröffnet.

Zudem verfügt die Stadt mit der für das Turnfest 2002 fertiggestellten Leipzig-Arena über eine moderne Vielzweckhalle für 4000–12 000 Besucher, in der neben Popkonzerten auch Groß-

veranstaltungen wie die Volleyball-Weltmeisterschaften oder das Deutsche Turnfest stattfinden. In der Aufzählung darf der Kanu-Park am Markkleeberger See nicht fehlen – Europas modernste Wildwasseranlage.

Große Traditionen und bedeutende Ahnen

Dieses Engagement für den Sport ist wenig verwunderlich, wenn man bedenkt, dass Leipzig seit jeher eine bedeutende Sportstadt in Deutschland ist. Bereits 1845 wurde hier der Allgemeine Turnverein zu Leipzig gegründet. Durch die von ›Turnvater‹ Friedrich Ludwig Jahn und Ferdinand Goetz initiierte und ab Mitte des 19. Jh von hier ausgehende Breitenentwicklung des Vereinsturnens erhielt Leipzig an der Schwelle zum 20. Jh. den Beinamen ›Turnerstadt Deutschlands‹. Was 1863 begann, fand 2002 einen vorläufigen Höhepunkt: Eine Woche lang war die Stadt begeisterte und begeisternde Gastgeberin des 31. Deutschen Turnfestes mit mehr als 100 000 Teilnehmern und Gästen.

Auch der Radsport, dessen Bundesverband 1884 in Leipzig gegründet wurde, hat in Leipzig Tradition, vor allem durch die als ›Tour de France des Ostens‹ berühmte Internationale Friedensfahrt. 1898 fand in Leipzig der erste Marathonlauf in Deutschland statt, am selben Ort wurde im Jahr 1900 der Deutsche Fußballbund gegründet. 1940 war Leipzig Austragungsort des ersten Hallen-Hockey-Turniers.

1925 wurde in Leipzig die erste Hochschulprofessur für Sportwissenschaft eingerichtet; die zu DDR-Zeiten weltbekannte Deutsche Hochschule für Körperkultur (DHfK) und ihr Leistungssport-Forschungszentrum waren maßgeblich an den ebenso sensationellen wie (durch keinesfalls seltenes Doping) fragwürdigen Erfolgen der DDR-Sportler bei den Olympiaden beteiligt.

Die ›Wende‹ im Sport

Die Wende führte bei der Sportwissenschaft Ostdeutschlands zu einer krassen Zäsur. Die DHfK wurde als eigenständige Institution aufgelöst, ihre alten Strukturen komplett zerschlagen. An der Universität Leipzig richtete man eine Sportwissenschaftliche Fakultät ein, die quasi als rehabilitierte Nachfolgerin die sportlichen und sportwissenschaftlichen Aufgaben der DHfK übernehmen sollte, da diese in der Öffentlichkeit vermehrt in den Ruf einer üblen Dopinganstalt gekommen war. Nach einigen Startschwierigkeiten ist das heutige Institut für Angewandte Trainingswissenschaft (IAT) inzwischen wieder eine der wichtigen deutschen Institutionen für die wissenschaftliche Vorbereitung von Spitzensportlern – »mit humanen Mitteln«, wie Harold Tünnemann, Professor für Theorie und Methodik des Trainings, betont, um sich von der Dopingpolitik der DDR abzugrenzen.

Sportmeile in der City

Schon seit der Zeit des Nationalsozialismus wurde in Leipzig ein weitläufiges, geschlossenes Areal allein für den Sport bebaut – das Sportforum ist ein weiterer Eckpfeiler der sportlichen Stärke der Stadt.

Diese historisch gewachsene Sportmeile umfasst neben dem Stadion und der Leipzig Arena auch zahlreiche Sportstätten und Trainingszentren (s. S. 259). Hinzu kommen aber auch so wichtige infrastrukturelle Einrichtungen wie das sportmedizinische Zentrum der Uni Leipzig oder ein Studentenwohnheim für die Sportstudenten der Stadt. Ein Sportgymnasium als frühe Fördermöglichkeit sportlicher Begabungen fehlt ebenso wenig wie die ›Festwiese‹ vor dem Stadion, die für Veranstaltungen wie beispielsweise den naTo-Cup (s. S. 46) und andere Breitensportinitiativen bereitsteht.

Leichtathletik-Sportfest in der neuen Arena Leipzig

Unterwegs in Leipzig

Die Luxus-Meile der Stadt: Mädler-Passage

Innenstadt

Highlights!

Augustusplatz: Durch die umliegenden Gebäude von **Oper 9**, **Gewandhaus 13** und **Universität 15** einer der bedeutendsten Plätze in Leipzig. S. 117

Mädler-Passage & Auerbachs Keller: Hier kehrten einst Doktor Faust und Mephisto ein, um mit Studenten zu zechen. Etwa 400 Jahre später entstand hier die erste echte Passage der Stadt. **9** S. 121

Altes Rathaus: Auch heute noch ist der Markt das Herz Leipzigs. Das Rathaus gilt als einer der schönsten Renaissancebauten Deutschlands. **22** S. 125

Thomaskirche: Eine der ältesten Kirchen Leipzigs und letzte Ruhestätte von Johann Sebastian Bach. **31** S. 135

Auf Entdeckungstour

Max Klinger – der künstlerische Genius Leipzigs des Fin de siècle: Klinger, ein bedeutender, zu DDR-Zeiten als dekadent geschmähter Künstler der Wende zum 20. Jh. ist mit einer umfangreichen Sammlung im Museum der bildenden Künste vertreten. S. 126

Leipziger Kaffeehauskultur: Alles über Muckefuck, Bliemchenkaffee, die echte Kaffeekantate und das Lesen der Zukunft aus dem Kaffeesatz. Das Beste aber ist: Sie können fast alles gleich selbst ausprobieren! S. 132

Kultur & Sehenswertes

Hauptbahnhof: Der größte Kopfbahnhof Europas, umgebaut zu einem gigantischen Einkaufszentrum. **1** S. 106

Gewandhaus: Heimstatt eines der berühmtesten Orchester der Welt mit außergewöhnlicher Akustik. **13** S. 119

Motetten in der Thomaskirche: Freitagabend und Samstagnachmittag führen Chöre Motetten auf. **31** S. 136

Aktiv & Kreativ

Angebote für Kinder: Die museumspädagogischen Dienste des Stadtgeschichtlichen Museums und des Museums der bildenden Künste. **23** **24** S. 125, 129

Engelchentour oder Detektive in der Stadt: Spannende und unterhaltsame Stadtralleys der Leipzig Erleben GmbH für Kinder und Jugendliche. **1** S. 141

Genießen & Atmosphäre

City-Hochhaus, 31. Etage: Vom Restaurant Panorama Tower hat man den besten Blick, je nach Tageszeit mit einem Kaffee, einem Glas Wein oder einem Cocktail. **8** S. 119

Kaffeemuseum: Das Café »Zum Arabischen Coffe Baum« verkörpert die große Tradition der europäischen Kaffeehauskultur – nicht nur mit einem Kaffeemuseum. **13** S. 132, 135

Abends & Nachts

Spizz: Oben lässt es sich vortrefflich schauen und schlemmen, unten abhängen und abhotten – auf die Plätze, fertig, Spaß! **6** S. 123

academixer: Das traditionsreiche Kabarett ist – nicht zuletzt dank der jährlich stattfindenden ›Lachmesse‹ – eine Hochburg der zehnten Muse in Deutschland. **4** S. 141

Die Kleine in der Großen

Im Jahr 1749 schrieb Gotthold Ephraim Lessing: »Ich komme nach Leipzig, an einen Ort, wo man die ganze Welt im Kleinen sehen kann.« Die ganze Welt erscheint nach heutigem Verständnis ein wenig hoch gegriffen, und doch gibt es nicht vieles, was sich in Leipzig nicht finden ließe.

Zwar sind die Zeiten der großen Leipziger Universalmessen, auf denen sich die ganze Welt traf, schon eine Weile vorbei. Doch bieten zahlreiche Veranstaltungen sowie die ambitionierten Bestrebungen der Stadt im wirtschaftlichen, kulturellen und touristischen Bereich durchaus Möglichkeiten, sich mit der Welt auf Du und Du zu begeben. Vor allem aber spricht Lessing uns Leipzigern auch heute noch aus vollstem Herzen!

Die City – wie es neudeutsch heißt – ist das nicht einmal 1 km^2 große Konzentrat, der Nukleus dieses Ganzen. Historisch betrachtet sowieso, galt doch der Bereich, der heute von einem Ring aus Grünanlagen und mehrspurigen Straßen umschlossen ist, als eigentliche Stadt Leipzig. Bis zum Ende des 18. Jh. war dieser Kern, der die Stadt ausmachte, durch den schützenden Wall der Stadtbefestigung umgeben. Nur wenige Tore führten in die Stadt hinein und aus ihr hinaus. Keines von ihnen hat sich bis heute erhalten, und an die Wallanlagen erinnern allein die Moritzbastei und ein Denkmal für Bürgermeister Müller, der ihre Schleifung initiierte.

Vom Hauptbahnhof ins Zentrum

Hauptbahnhof [1]
Direkt gegenüber den Grünanlagen befindet sich der Leipziger Hauptbahnhof. Wer wäre von Europas größtem Kopfbahnhof nicht überwältigt? »Licht und Luft« hieß der 1907 in einem Wettbewerb ausgezeichnete Architektenentwurf der Dresdner Architekten William Lossow und Max Hans Kühne. In dem nach 13-jähriger Bauzeit 1915 fertiggestellten heutigen Bahnhofsgebäude spiegelte sich das ungeheure Macht- und Selbstbewusstsein des Leipziger Bürgertums. Kurioserweise war der Bahnhof bis 1933 verwaltungs- und nutzungstechnisch in der Mitte geteilt – im westlichen Teil wurden die preußischen, im östlichen die sächsischen Züge abgefertigt.

Riesige Shopping-Mall im ehrwürdigen Hauptbahnhof

Im Zweiten Weltkrieg wurde der Bau schwer zerstört, beim schnellen Wiederaufbau reichten die Mittel jedoch lediglich zu einer eher notdürftigen Erhaltung. 1995 begann man mit einer grundlegenden Restaurierung und eröffnete zwei Jahre später den Querbahnsteigsbereich mit etwa 130 Geschäften – die **Promenaden Hauptbahnhof.** Hier tobt sich seitdem an sechs Tagen der Woche die Konsumgesellschaft ungehemmt von 9.30 bis 22 Uhr in historischer Kulisse aus. Die 30 000 m² Verkaufsfläche der Promenaden haben aus der Verkehrskathedrale des Industriezeitalters eine ›Einkaufserlebniswelt mit Gleisanschluss‹ gemacht.

Nikolaistraße
Verlässt man den Hauptbahnhof durch die Westhalle, gelangt man nach Überquerung des Willy-Brandt-Platzes geradeaus direkt in die Nikolaistraße. Diese in Nord-Süd-Richtung verlau-

fende Achse durch das Zentrum folgt parallel einem Teilstück der einstigen Via Imperii (Reichsstraße), welche die Via Regia (Königliche Straße) – etwa auf Höhe des heutigen Brühl – kreuzte. Dieser Straßenname wiederum rührt von einem slawischen Wort her, das ›Sumpf‹ bedeutet.

An Brühl und Nikolaistraße waren die Geschäftshäuser der – meist jüdischen – Pelzhändler konzentriert, die Leipzig vor und nach der Jahrhundertwende zu einem europäischen Zentrum für Rauchwaren machten. Um 1930 wurde hier ein Drittel des weltweiten Fellhandels abgewickelt; mit 40 % Anteil an den gesamten Einnahmen der Stadt waren die Rauchwarenhändler die stärksten Steuerzahler Leipzigs. Einige der einst prächtigen Pelzhandelshäuser sind hier heute noch erhalten und anhand ihres Fassadenschmucks leicht dieser Vergangenheit zuzuordnen. Es werden Pelztiere

Innenstadt

Sehenswert

1 Leipziger Hauptbahnhof
2 Steibs Hof
3 Selters Haus
4 Zeppelinhaus
5 Alte Nikolaischule
6 Nikolaikirche
7 Speck's Hof
8 Hansa-Haus
9 Opernhaus
10 Ehemalige Hauptpost
11 Krochhochhaus/Ägyptisches Museum
12 Mendebrunnen
13 Gewandhaus
14 City-Hochhaus
15 Universität
16 Moritzbastei
17 Städtisches Kaufhaus
18 Naschmarkt
19 Alte Börse
20 Zeitgeschichtliches Forum
21 Marktplatz
22 Altes Rathaus
23 Stadtgeschichtliches Museum (2 Standorte)
24 Museum der bildenden Künste
25 Alte Waage
26 Fregehaus
27 Romanushaus
28 Jägerhof
29 Barthels Hof
30 Museum in der Runden Ecke
31 Thomaskirche
32 Bach-Archiv & Museum
33 Sächsisches Apothekenmuseum
34 Petersbogen
35 Bauwens-Haus
36 Neues Rathaus

Essen & Trinken

1 Goldene Kugel
2 Ristorante Classico
3 India Gate
4 Alte Nikolaischule
5 Sardinia
6 Kaffeehaus Riquet
7 Stadtpfeiffer
8 Panorama Tower
9 Auerbachs Keller
10 Weinstock
11 Telegraph
12 Barthels Hof
13 Zum Arabischen Coffe Baum/Kaffeemuseum
14 Mr. Moto Sushi-Bar
15 100 Wasser
16 Zill's Tunnel
17 Cafe Madrid
18 Café Kandler
19 La Grotta Palazzese
20 Escados
21 Schiller

Einkaufen

1 Alw. Kießling Nachf.
2 Porzellan Roth
3 Strohsackpassage
4 Taschenkaufhaus
5 Galerie am Nikolaikirchhof
6 Connewitzer Verlagsbuchhandlung
7 Gewandhausshop
8 Gourmétage
9 Mädler-Passage
10 Bachmann
11 Sächsisches Auktionshaus Antiquariat
12 Schmuckwerk
13 Marktgalerie & Breuninger
14 salto florale
15 art5
16 Jenaer Glas Shop
17 Silke Wagler Couture
18 Thomasshop
19 Zechendorf
20 Reisefibel
21 Macis

Fortsetzung S. 110
Aktiv & Kreativ

Innenstadt, Fortsetzung

1 Leipzig Erleben GmbH

Abends & Nachts
1 Café Apart
2 Leipziger Funzel
3 Havanna Club

4 academixer
5 Passage Kinos
6 Spizz
7 Bar Fusz
8 Kosmospolitan
9 Night Fever & Sol y Mar

10 Centraltheater
11 Pfeffermühle
12 Nachtcafé
13 Krystallpalast Varieté

gezeigt oder Putten, die sich mit Produkten des Kürschnerwesens schmücken, oder auch einfach nur die verschiedenen Länder, mit denen man Pelzhandel trieb.

Steibs Hof 2

Steibs Hof erreicht man entweder direkt durch den entsprechend beschrifteten Eingang in der Nikolaistraße oder aber von der am Brühl gelegenen Rückseite her. Hier führt einer der neuesten Durchgänge Leipzigs hinein. Vom **Dussmann-Haus** (Brühl 64–66) gelangt man in den hinteren Innenhof. Bei der Rekonstruktion dieses 1907 von Felix Steib erbauten Messehauses wurde mit blauen und weißen Kacheln eine typische Innenhofgestaltung wiederhergestellt.

Um die beiden Höfe wurden Kontore, Lager und Ausstellungsräume des eingezogenen Pelzhandels gruppiert. Hier konnten die Pelze von den Käufern dank der großen Fenster und der Reflexion der Verfliesung im Innenhof bei ausreichendem Tageslicht begutachtet werden. Verträge – oft über mehrere hunderttausend Reichsmark – wurden per Handschlag geschlossen. An der Schauseite von Steibs Hof in der Nikolaistraße symbolisieren prächtig gestaltete Figuren Industrie und Handel – Hinweis auf die ursprüngliche Bestimmung als Messepalast.

Selters Haus 3

Nikolaistr. 47–51
An Selters Haus hingegen ist über der Seitentür noch die typische Dekoration eines Pelzhandelshauses erhalten. Ein Relief mit Putten führt modebewussten Fellgebrauch vor: als Muff und Schal, Mütze und Puschen. Bis 1933 herrschte hier fast mittelalterliches Marktgewirr: Hunderte kleine Händler unterhielten Buden und Geschäfte, gehandelt wurde auch im Freien, englische, jiddische und russische Sprachbrocken mischten sich.

Gleich neben Selters Haus liegt, wie an der Fassade zu erkennen, das Haus Blauer Hecht. Ursprünglich hatten alle Leipziger Häuser ein solches namengebendes Hauszeichen – nur wenige sind, wie hier über dem Haupteingang einer Bank, erhalten.

Zeppelinhaus und Strohsack

Modernsten Shopping-Charme versprühen das Kaufhaus der Firma Strauss Innovation im **Zeppelinhaus** 4 – ein Konterfei des Grafen an der Fassade erinnert an die Besuche des Luftschiffers 1909 und 1913 in der Stadt – und die Ladenlokale in der **Strohsackpassage** 3 zwischen Nikolai- und Ritterstraße. In dieser ersten nach der Wende gebauten Passage hat der Architekt Anuschah Behzadi aus Leipzig

verschiedene Elemente der traditionellen Architektur – den Wechsel zwischen hoch und niedrig, weit und eng, Biegung im Gang, Rotunde, Pilzsäule – neu kombiniert.

Ein kultureller Anziehungspunkt ist das Kabarett-Theater der **Leipziger Funzel** 2, die für den Bauch gleichermaßen Training (Lachmuskeln) wie auch Verwöhnung (dazugehörige Gastronomie) bereithält.

Rund um die Nikolaikirche

Nikolaikirchhof

Vor der friedlichen Revolution, die hier ihren symbolischen Ausgang und Ort

Begehbare Uhr in der Strohsackpassage

fand, war der Nikolaikirchhof ein düsterer Platz. Durch kostspielige und auch teilweise recht komplizierte Restaurierungsmaßnahmen erstrahlen die Gebäude der Alten Nikolaischule (s. u.) und des benachbarten Predigerhauses wieder in Glanz und Glorie von einst. Seit der Teilnahme Leipzigs an der EXPO 2000 wird mit verschiedenen künstlerischen Akzenten an das Jahr 1989 erinnert.

Die Replik einer Säule der Nikolaikirche ruft mit ihren charakteristischen Palmwedeln die Friedhaftigkeit der Revolution in Erinnerung. Eine davor in das Original-Pflaster von 1989 eingelassene Bronzetafel nennt den 9. Oktober 1989 als entscheidendes Datum der Wende, und die Glaskeramiksteine im Boden beginnen am Abend nacheinander zu leuchten, bis der gesamte Platz durch ihre Lichter gestaltet ist, um so an die seinerzeit mählich, aber ständig wachsende Zahl der Widerständler zu erinnern. Ebenso sucht ein ständig überströmender Brunnen, in Analogie der damaligen Verhältnisse, das Bild des überlaufenden Fasses heraufzubeschwören.

Alte Nikolaischule 5

Antikenmuseum Di–Do, Sa, So 10–17 Uhr

Die Alte Nikolaischule ist eines der wenigen erhaltenen Schulgebäude der Renaissance in Sachsen. Die 1512 eingerichtete Bildungsanstalt besuchten der Philosoph Gottfried Wilhelm Leibniz, der Philologe Christian Thomasius und der Schriftsteller Johann Gottfried Seume, auch Richard Wagner lernte hier trotz häufigen Schwänzens mit mäßigem Erfolg etliche Brocken Latein. Bei der Restaurierung des Hauses nach der Wende wurde das älteste Wappen der Stadt über dem Eingangsportal wieder entdeckt. An der Außenwand rankt einer der beiden stadtei-

genen Weinstöcke, im Innern des alten Schulraums finden sich die Reste lateinischer Inschriften. Das hierin eingerichtete Restaurant und Lesecafé ist einer der angenehmsten und unprätentiösesten Aufenthaltsorte der Stadt (s. S. 30), die Aula im Dachgeschoss ein reizvoller Vortragssaal.

Die Alte Nikolaischule beherbergt außerdem einige kulturelle Vereinigungen. Das **Antikenmuseum** (s. S. 48) genießt als Lehr- und Schausammlung der Universität vor allem der Vielfältigkeit seiner Exponate wegen hohes Ansehen. In der kleinen Ausstellung finden sich reizende Schönheiten wie das ›Alexanderköpfchen‹ aus dem 2. Jh. v. Chr. oder der ›Naukratische Kouros‹ (6. Jh. v. Chr.) sowie eine Sammlung römischer Porträtbüsten. Für die bemerkenswerten Gipsabgüsse antiker Skulpturen im Magazin wird noch nach einer Unterkunft gesucht.

Nikolaikirche 6

10–18 Uhr

Einige Zeichen verweisen auch heute noch an der Nikolaikirche auf die friedliche Revolution 1989: vor dem romanischen Westwerk die Schilder »Nikolaikirche offen für alle«, und im Innern finden nach wie vor jeden Montag die Friedensgebete statt. Aber auch ohne Revolutionsdevotionalien durchweht die Nikolaikirche ein besonderer Geist.

Von außen wirkt die älteste Kirche der Stadt (um 1165) mit ihrem Gemisch romanischer, spätgotischer und barocker Bauteile wuchtig und uneinheitlich. Umso überwältigender ist der geschlossen geformte Innenraum. »Was für ein schönes neues Schauspielhaus!«, sollen die frommen Bürger ausgerufen haben, als sie 1797 den von Johann Carl Friedrich Dauthe klassizistisch umgestalteten Kirchenraum erstmals betraten. Hell, heiter und anmutig öffnet sich eine weite und hohe

Nikolaikirche mit Säulendenkmal zur Erinnerung an die friedliche Revolution 1989

Hallenkirche, deren weiße Säulen sich in hellgrüne Palmwedel auflösen, um in eine altrosa getönte, aufgewölbte Stuckkassettendecke überzugehen. Durch die Emporen wird der Eindruck eines Theaters tatsächlich in starkem Maß evoziert.

Die künstlerische Ausgestaltung des Chorraums übernahm Adam Friedrich Oeser – Gründer der Leipziger Kunstakademie und Zeichenlehrer Goethes. In den sechs Tafelbildern wird Jesus als Vorbild für den tugendhaften Lebenswandel der Menschen dargestellt. Die langen Alabasterreliefs von Felix Pfeiffer unter den ›Oeser-Bibel‹ genannten Gemälden beeindrucken durch erzäh-

lerische Qualitäten. Eines der wenigen nicht klassizistischen Kunstwerke ist das schöne romanische Kruzifix an der Nordwand des Chores.

Die Orgel von Friedrich Ladegast ist die größte in Sachsen und wird häufig zu Konzerten genutzt. Die musikalische Tradition ist fast so würdevoll wie die der Thomaskirche: Bach führte hier seine ›Bewerbungsmusik‹ für das Kantorenamt an der Thomasschule und in allen vier damaligen Stadtkirchen, die Festmesse zur Erbhuldigung des sächsischen Thronfolgers und die Kantaten zur Wahl der Ratsherren auf. Am 7. April 1724 fand hier auch die Uraufführung seiner großartigen Johannes-

113

Lieblingsort

Traumbuchladen – Connewitzer Verlagsbuchhandlung 6

In Speck's Hof kann man im ersten Stock auch einmal unbehelligt und zurückgezogen vom Trubel der Innenstadt ohne allen Schnick-schnack in Literatur oder Bildbänden schmökern. Das Personal ist jederzeit freundlich und vor allem außerordentlich kompetent zur Stelle, wenn man nach etwas Außergewöhnlichem sucht. Ihr Gründer Peter Hinke, den man getrost als eine Art Urgestein der Leipziger Kultur bezeichnen kann, hob das Stadtmagazin Kreuzer mit aus der Taufe und gab die vergessenen sächsischen Autoren Lene Voigt und Hans Reimann heraus (s. auch S. 34).

passion während der Karfreitagsves-
per statt.

Speck's Hof 7

Speck's Hof gilt seit seiner Wiedereröffnung 1995 als eine der schönsten
Passagen der Stadt. Die Sanierung erhielt 1996 auf der weltgrößten Immo-
bilienmesse MIPIM in Cannes den Preis
für das schönste in jenem Jahr restau-
rierte Gebäude. Im Innern offenbaren
sich dramatische Kontraste: Wie Höh-
leneingänge wirken die engen, mit
Kupferdecken abgedunkelten Zugänge, die sich auf die Licht- und Zau-
berpaläste der Innenhöfe öffnen.

Der Intervention der Denkmalschüt-
zer und der Einsichtsfähigkeit der Bauherren ist es zu danken, dass der ursprüngliche Plan, nur die Fassade von
Speck's Hof zu erhalten, den Innenraum aber abzureißen, aufgegeben
wurde. Einzigartige Details wie die
Glasmalereien im Treppenhaus oder
die Pförtnerloge sind bewahrt worden,
die drei unterschiedlich großen Innenhöfe sind mit Skulpturen, Lichtplasti-
ken, farbiger Keramik und Malerei neu
gestaltet.

Der neu gebaute, östliche Lichthof
enthält Keramik-Medaillons von Johannes Grützke, auf denen Waren
nach dem Verkauf dargestellt sind: gebraucht und abgenutzt. Im mittleren
Hof hat Moritz Götze im Fries ein kleines Welttheater geschaffen: Unten
wird gearbeitet, am Himmel fliegen
die Träume. Auf Meißner Porzellan
sind die Vorgängerbauten festgehal-
ten. Im letzten Hof hat Bruno Griesel in
einer Adaption von Jugendstil-Thema-
tik und -Malerei eine ›Psychologie der
Zeit‹ entworfen.

Hansa-Haus 8

Vom mittleren Hof von Speck's Hof aus
kommt man durch einen der Passa-
genarme ins Hansa-Haus. Bis 1963

spielte in diesem Gebäudeteil die Literatur die Hauptrolle: Hier war u. a. die
Buchmesse untergebracht. Heute bildet es, 1995–1997 mit geschwunge-
nem Dach und Riesenlichthof neu erbaut, den Südteil eines geschlossen
wirkenden Passagensystems, zu dem
auch Speck's Hof gehört. Ein Klang-
brunnen fordert die Geschicklichkeit
der Besucher heraus: Wer gleichmäßig
und mit dem richtigen Gefühl die
bronzenen Griffe reibt, versetzt erst
die Schale in hörbare und dadurch das
darin befindliche Wasser in sichtbare
Schwingungen.

An der Ecke Nikolai-/Grimmaische
Straße erinnert eine 1986 an ein
schlichtes Wohnhaus platzierte Rekon-

Augustusplatz mit dem Opernhaus

struktion des Fürstenhauserkers an historischer Stelle an die goldenen Zeiten der Renaissancearchitektur.

Am Augustusplatz !

Fast 4 ha umfasst der Augustusplatz, einer der größten städtischen Plätze Deutschlands. Auf der Grimmaischen Straße aus der Innenstadt kommend, kann man sich kaum vorstellen, dass Leipzig hier zu Studienzeiten Goethes fast zu Ende war. In der Stadtmauer öffnete sich das Grimmaische Tor auf eine freie Fläche mit zwei Rasenrondellen, zwischen denen ein ungepflasterter Kutschweg ostwärts verlief. Eins

dieser Rondelle ist der Form nach wieder vor dem Opernhaus zu sehen, als Bassin einer Fontäne, in dem sich im Sommer nicht nur die Kinder erfrischen.

Das architektonische Antlitz des Augustusplatzes ist das Ergebnis brachialer sozialistischer Wiederaufbaupolitik der DDR. Dort wo sich heute Hörsaalgebäude und das ehemals zur Universität gehörende City-Hochhaus (s. S. 119) befinden, standen bis 1968 das klassizistische Augusteum als Hauptgebäude der Universität und die spätgotische Paulinerkirche als Universitätskirche. Beide Gebäude wurden der städtebaulichen Neugestaltung des nach Karl Marx umbenannten Platzes

Leipziger Oper

Als Institution ist die Leipziger Oper nach Mailand und Hamburg die drittälteste in Europa, und auch heute noch besitzt sie eines der größten Häuser Europas. Die Akustik des Zuschauerraums mit 1682 Plätzen wie auch die Bühnentechnik sind von bester Qualität. **Programm:** www.oper-leipzig.de, dort auch Ticketverkauf online mgl.

geopfert. Das Augusteum, das bis dahin trotz der Kriegsschäden als Hörsaalgebäude genutzt worden war (mit dem durch Hans Mayer und Ernst Bloch berühmt gewordenen Hörsaal Nr. 40), wurde Mitte der 1960er-Jahre abgerissen. Die im Krieg unversehrt gebliebene spätgotische Kirche wurde in einem Akt der Barbarei am 30. Mai 1968 gesprengt. Dieser sinnlosen Zerstörung gingen andere, mindestens ebenso zweifelhafte, am Platz voraus: Auch die durch Bombardierung im Zweiten Weltkrieg zerstörten Gebäude des Neuen Theaters und des Museums der bildenden Künste hätten vermutlich bewahrt bzw. rekonstruiert werden können. An ihrer Stelle stehen heute das Leipziger Opernhaus (s. u.) und das Gewandhaus (s. S. 119). So ist nur die Fläche des 1836 nach dem sächsischen König Friedrich August I. benannten Platzes, nicht aber seine zugleich schlichte und großartige städtebauliche Gestalt erhalten.

Opernhaus 9

s. S. 42

Die Nordseite des Augustusplatzes wird vom 1960 eingeweihten Opernhaus begrenzt. Als erster Neubau eines Theaters in der DDR hatte die Oper eine Menge Repräsentationslast zu tragen. Im Innern atmet das Haus mit seinem Plüsch- und Messingdekor den Geschmack der 1950er-Jahre. Von außen präsentiert es sich weit weniger pompös als Zwitter moderner (Rasterstruktur der Außenflächen, Aluminiumfenster) und klassizistischer Elemente (Gebäudegliederung, real-sozialistischer Reliefschmuck).

Zur Oper gehören außerdem ein eigenes Ballettensemble sowie ein Operettentheater, das in der Musikalischen Komödie (MuKo, s. S. 43 u. 231) in Lindenau zu Hause ist. Die orchestrale Begleitung der Aufführungen übernimmt seit jeher das gegenüber beheimatete Gewandhausorchester.

Dass man auch in der DDR den Stil der klassischen Moderne beherrschte, zeigt das Gebäude der ehemaligen **Hauptpost** 10, das 1964 an der Ostseite des Platzes errichtet wurde.

Krochhochhaus/Ägyptisches Museum 11

Das erste Hochhaus der Stadt am Augustusplatz, das Krochhochhaus, wurde 1927/28 von German Bestelmeyer in Stahlbetonbau als moderne Adaption des Uhrturms auf der Piazza San Marco in Venedig errichtet. Mit anderen Bauten und dem Turm des Neuen Rathauses gehört es zu dem bis heute verfolgten Konzept, die Eckpunkte des Rings mit vertikalen Dominanten in Gestalt von solitären Hochbauten zu markieren. Seit 2009 ist das **Ägyptische Museum der Universität Leipzig** (s. S. 48) in diesem Gebäude untergebracht.

Mendebrunnen 12

Der Mendebrunnen vor dem Neuen Gewandhaus wird von älteren Leipzigern mit gesenkter Stimme auch ›Nuttenbrunnen‹ genannt. Die Bezeichnung ist eine Reminiszenz an literarische Erfindungskraft.

In den 1920er-Jahren hatte der ›rasende Reporter‹ Egon Erwin Kisch in einem Feuilleton den Namen der Stifterin, Marianne Pauline Mende, mit dem der stadtbekannten Bordellbesitzerin Anna Amalia Mende verwechselt. Diese Zueignung für die 1886 gestaltete Brunnen-Allegorie der ›Welt des Wassers‹ gefiel den drastischen Leipzigern einfach besser als die Erinnerung an die untadelige Kaufmannswitwe.

Gewandhaus **13**

s. S. 42

Am schönsten sieht das Gewandhaus bei Nacht aus, wenn in der Pause die Zuhörer auf den Balkonen vor dem erleuchteten Wand- und Deckengemälde promenieren – da glaubt der Passant, ein Feenpanorama zu erblicken. Bei Tag hingegen wirkt die Kubatur des Konzerthauses eher zu wuchtig und wenig musisch.

Der Neubau ist fest mit dem Namen Kurt Masurs verbunden, der 1974, schon vier Jahre Leiter des Orchesters, ultimativ von Erich Honecker einen neuen Konzertbau verlangte. Seit Ende des Krieges hatte man unter Entbehrungen in Ausweichquartieren spielen müssen. Honecker sagte ja, und 1981, 200 Jahre nach der Einweihung des ersten Konzertsaals, wurde am Tag nach dem DDR-Staatsfeiertag das Gewandhaus am damaligen Karl-Marx-Platz mit einem Festakt des Ministerrats, einer Uraufführung und der 9. Symphonie Beethovens eröffnet.

Hat der Besucher die schweren Bronzetüren aufgestoßen, flaniert er an den Büsten der Großen vorbei: Beethoven, Schumann, Brahms u.a. Dann macht er sich auf den langen Marsch empor, über sich die himmelstürmenden Figuren, Töne und Allegorien, die der Maler Sighard Gille, von Mahlers »Lied von der Erde« inspiriert, auf 712 m² an Decke und Wand gemalt hat. Der große Saal, wie ein Amphitheater um das Orchesterpodium herumgebaut, fasst 1900 Zuhörer. Kein Gast sitzt weiter als 32 m von den Musikern entfernt, die Akustik ist eine der besten der Welt. Auch die von der Firma Schuke in Potsdam gebaute Orgel ist ein Meisterwerk.

An einen der berühmtesten Gewandhauskapellmeister, Felix Mendelssohn-Bartholdy, wird mit einer von Jo Jastram geschaffenen Skulptur im Kassenfoyer erinnert.

City-Hochhaus **14**

3 Minuten und 35 Sekunden benötigte der Schnellste beim ersten Hochhauslauf der Stadt im Sommer 1997, um zu Fuß aufs Dach des City-Hochhauses zu kommen. Das als ›Turm des Lernens und der Wissenschaft‹ wie ein aufge-

Mein Tipp

Hoch hinauf zum Sundowner

Auf dem Dach des City-Hochhauses und direkt darunter kann man den höchsten Freisitz Leipzigs genießen. Das Restaurant Panorama Tower hat auf 120 m Höhe die luftigste Aussichtsterrasse Mitteldeutschlands (so die Eigenwerbung, gemeint ist natürlich Ostdeutschland), geöffnet ab 11 Uhr. Wer hier zum Sundowner kommt, kann gleich darunter im Restaurant eine vielfältige, kreative Küche probieren. Vom Fingerfood bis zum 4-Gänge-Menü zu 41,50 € ist alles drin. Regelmäßig wird auch zu Sternguckerabenden oder zur Sky Lounge zum Tanzen eingeladen, jeden Montag gibt es ein Überraschungsmenü.

Panorama Tower 8: City-Hochhaus, Tel. 0341 710 05 90, www.panorama-leipzig.de.

Café Barbakane in der Moritzbastei

schlagenes Buch gestaltete Hochhaus war mit 142 m das höchste in der DDR errichtete Gebäude.

Die überhöhte Bauskulptur, von den Leipzigern auch jovial ›Weisheitszahn‹ und ›Uni-Riese‹ genannt, war zu teuer im Unterhalt, zu schlecht heizbar und zu unkommunikativ, weshalb sie von der sächsischen Landesregierung nach der Wende mit Kusshand verkauft und von Peter Kulka 2001 unter pragmatischen und ästhetischen Gesichtspunkten umgebaut wurde. Das denkmalgeschützte, nunmehr als Bürohaus genutzte Gebäude verlor damals seine bis dato charakteristische Aluminiumfassade. Es glänzt seitdem in chinesischem Granit und hat in den oberen Stockwerken größere Fenster bekommen. Die Probensäle für das Orchester ›MDR Klangkörper‹ in einem vorgelagerten schwarzen Extrakubus bilden durch eine geschlossene Gebäudebrücke im ersten Stock eine praktische wie auch architektonisch elegante Verbindung zum Gewandhaus.

Universität 15

Gleich neben dem City-Hochhaus liegt die Universität. Rund 34 000 Lehrende, Lernende und Angestellte wirkten 2010 an der Alma Mater Lipsiensis. Die am Augustusplatz gelegenen Hörsaalbauten aus DDR-Zeiten wurden nach den Plänen des niederländischen Architekten Erick van Egeraat umgebaut, damit sich die Universität 2009 zu ihrem 600-jährigen Jubiläum mit einem neuen, repräsentativen innerstädtischen Campus präsentieren konnte.

An die 1968 gesprengte Universitätskirche erinnert ein entsprechend gestalteter Raum, der sowohl als Aula wie auch, in einem abtrennbaren Bereich, als Sakralraum genutzt werden kann.

Moritzbastei 16

Zwischen Gewandhaus und City-Hochhaus führt ein Durchgang zur Moritzbastei, dem letzten Überbleibsel der ehemaligen Stadtbefestigung. Erhalten geblieben ist die Wehranlage aus dem 16. Jh., die ihren Namen Kurfürst Moritz von Sachsen verdankt, der sie bauen bzw. verstärken ließ, nur deshalb, weil sie im 19. Jh. der ersten freien Bürgerschule als Fundament diente. Die in den 1920er-Jahren größte deutsche Frauenlehranstalt Deutschlands wurde im Zweiten Weltkrieg dem Erdboden gleichgemacht, und die darunter liegenden Gewölbe der Bastei nutzte man zur Entsorgung des Kriegsschutts vom Augustusplatz.

Erst in den 1970er-Jahren stieß man bei den Schachtarbeiten für den ›Uni-Riesen‹ auf die Gewölbe, die in der Folge von den Leipziger Studenten in freiwilliger, unentgeltlicher Arbeit an den Wochenenden freigelegt wurden. Zum Dank eröffnete die Moritzbastei im Jahr 1982 als reiner Studentenclub, und wer an der Freilegung mitgearbeitet hatte – wie beispielsweise Angela Merkel –, hatte freien Eintritt in das Gemäuer. Heute ist die Moritzbastei ein beliebtes Lokal, das zusätzlich mit zahlreichen kulturellen Veranstaltungen lockt.

Zur Mädler-Passage

Städtisches Kaufhaus 17

Biegt man an der Universitätsstraße rechts ein, kommt man in Höhe der Kupfergasse, in der sich auch das wohl

berühmteste Leipziger Kabarett **academixer** 4 (s. S. 141) befindet, zum Musterhaus der Mustermesse – dem Städtischen Kaufhaus. An dieser Stelle befand sich seit dem 15. Jh. das Gewandhaus, die Niederlassung der Woll- und Tuchhändler. Seit dem 17. Jh. war in einem Teil des zweiten Stocks der erste feste Konzertsaal des später als Gewandhausorchester bezeichneten ›Großen Concerts‹ von Johann Carl Friedrich Dauthe eingebaut worden, der aber, wie auch das von Mendelssohn initiierte Konservatorium im Innenhof, mitsamt weiteren Gebäuden abgerissen wurde, als am Ende des 19. Jh. auf dem Gelände des gesamten Straßenblocks das Städtische Kaufhaus errichtet wurde.

Das spätmittelalterliche Gewandhaus war eins der ersten Gebäude gewesen, die in Leipzig für die Zwecke der Warenmesse gebaut wurden, mit dem neuen Messepalast wurde nun die Ära der Mustermesse eingeläutet. Im Frühjahr 1895 fand hier die erste Mustermesse der Welt mit einem ebenfalls neu eingeführten System des Zwangsrundgangs statt.

In Erinnerung an die ruhmreiche Messegeschichte der Stadt wurde für Kaiser Maximilian I., den Stifter des einträglichen Messeprivilegs, in der Fassade zur Universitätsstraße eine Bronzestatue in einer Nische aufgestellt. Direkt darunter führt der Weg in einen der schönsten Innenhöfe der City. Auf der gegenüberliegenden Seite kann man den Hof zum Neumarkt hin verlassen und sogleich auf der anderen Straßenseite in einem Eingang des Messehofs oder der Mädler-Passage wieder eintauchen.

Mädler-Passage und Auerbachs Keller !

Die **Mädler-Passage** 9 wurde 1914 auf Betreiben des Kofferfabrikanten Anton Mädler von Theodor Kössner nach dem Vorbild der Mailänder Galleria Vittorio Emanuele II. errichtet, wobei die älteren Gewölbe mit dem Restaurant Auerbachs Keller erhalten blieben. Noch heute beeindruckt sie durch Höhe, Weite, Licht und den Glanz der luxuriösen Ladenlokale und gastronomischen Einrichtungen. In der Rotunde am Angelpunkt der Passage ist ein Glockenspiel aus Meißner Porzellan angebracht, das jeweils zur vollen Stunde erklingt. Hier befindet sich auch der Aufgang zum **Kabarett Sanftwut** (s. S. 92), das in der ersten Etage zu finden ist.

Berühmt ist die Passage aber für das Restaurant **Auerbachs Keller** 9. Bereits im 16. Jh. ließ hier Dr. Heinrich Stromer aus Auerbach in der Oberpfalz einen Handelshof errichten. Da der Doktor in Leipzig nur nach seinem Heimatort Dr. Auerbach genannt wurde, ging dieser Name auch auf den Hof und den dazugehörigen Weinkeller über. Im Jahr 1525 soll hier der legendäre Schwarzkünstler Heinrich Faust auf einem Weinfass emporgeritten sein, was nach Meinung der Leute von damals nur mit Hilfe des Teufels möglich war. Goethe, der etwa 240 Jahre später in Leipzig studierte und im Keller die Bilder des Malers Andreas Brettschneider vom Fassritt sah, war von der Geschichte so fasziniert, dass er später das Drama des Faust schuf, in dem er dem Auerbachs Keller ein bleibendes literarisches Denkmal setzte: »Uns ist ganz kannibalisch wohl, als wie fünfhundert Säuen« – lässt er die Studenten rufen, nachdem sie mit dem Teufel freien Wein aus der Tischplatte getrunken hatten.

Heute gibt es trockenen sächsischen Weißwein vom Fass, ein Bacchus-Relief von 1530 ermutigt zum Trunk, Wandgemälde und von der Decke hängende Skulpturen rufen Szenen aus dem Faust in Erinnerung. Ebenso die ober-irdisch am Eingang befindliche Plastik von Matthieu Molitor. Zwei bronzene Figurengruppen erinnern an Goethes Drama – den Schuh Fausts zu berühren soll Glück bringen und einen freien Wunsch!

Rund um den Naschmarkt

Naschmarkt 18

Tritt man aus der Mädler-Passage, liegt direkt vor einem der lauschige Naschmarkt, ein kleiner, im Sommer dicht mit Tischen bestandener Platz hinter dem Alten Rathaus. Bis heute gibt es verschiedene Herleitungen des Platznamens. Die wohl wahrscheinlichste ist, dass hier im Mittelalter und auch noch danach vorwiegend Obst und Gemüse verkauft wurden, die bis ins 19. Jh. als Näschereien galten.

Mitten auf dem Platz steht seit 1903 das vom Leipziger Bildhauer Carl Seffner geschaffene **Goethedenkmal.** Der junge Goethe hatte von 1765 bis 1768 in Leipzig Jura studiert, dabei allerdings mehr Poetikvorlesungen beim damals berühmten Christian Fürchtegott Gellert und mehr Zeichenstunden des Akademiegründers Adam Friedrich Oeser besucht, als sich seinen eigentlichen Studien zu widmen. Hier traf er in Kätchen Schönkopf seine erste große Liebe und fand in Friederike Oeser eine lebenslange ›Freundin seines Geistes‹. Beide Damen sind an den Seiten des Denkmalsockels ebenfalls verewigt.

Die Leipziger haben ihre eigene Geschichte zu diesem manieristisch leicht verschraubten Denkmal: Der Kopf des jungen Goethe ist leicht nach links gewandt, die Fußstellung führt ihn allerdings nach rechts. Daraus machten die Leipziger: »Er schaut zwar zur Univer-

Mein Tipp

Man trifft sich im Spizz

Schickes Café, angesagte In-Kneipe, Kleinkunstbühne für Jazzkonzerte und mehr – all das bietet das Spizz unter einem Dach. Oben kann man Tag und Nacht, drinnen wie draußen, Kaffee, Salate und mehr bei einem wunderbaren Blick auf den Marktplatz und das Alte Rathaus genießen. Eine Etage darunter bietet der Jazzkeller mindestens einmal in der Woche Livemusik, ansonsten sorgen hauseigene oder -fremde DJs für eine locker entspannte Atmosphäre, die zu vorgerückter Stunde auch zum Tanzen einlädt.

Spizz 6 : Markt 9, www.spizz.org, tgl. ab 10 Uhr bis open end.

sität, geht aber in den Auerbachs Keller.« Sollte es tatsächlich so gewesen sein, verdanken wir dieser Entscheidung immerhin eines der bedeutendsten Dramen der deutschen Literaturgeschichte!

Alte Börse 19

An der gegenüberliegenden Stirnseite des Platzes liegt die alte Handelsbörse, die heute in städtischem Besitz befindlich ist und als kultureller Veranstaltungsort, beispielsweise für Lesungen von »Leipzig liest« während der Leipziger Buchmesse, genutzt wird. Sie wurde zwischen 1678 und 1687 als Ort für die Börsenversammlungen der Kaufleute während der Messen gebaut.

Die vier Ecken des Gebäudes werden von vier Plastiken bekrönt, die als kleines Bildprogramm exemplarisch für die Eckpfeiler der Handelsmetropole Leipzig im 17. Jh. stehen: rechts Hermes als Gott des Handels und links Apoll als Gott der Musen und der schönen Künste, dahinter Athene als Göttin der Weisheit (für die Universität) und Aphrodite als Göttin der Liebe (für die schönen Frauen).

Zeitgeschichtliches Forum [20]

s. S. 50

Gleich neben der Mädler-Passage liegt das Zeitgeschichtliche Forum. Es wurde am 9. Oktober 1999 als Dependance des Hauses der Geschichte in Bonn in den neuen Bundesländern eröffnet und präsentiert seitdem neben zahlreichen Wechselausstellungen zu spezielleren Themen der DDR-Geschichte auch eine beeindruckende Dauerausstellung zu Widerstand und Anpassung in der DDR.

Wolf Biermanns Gitarre, Dokumente zum Anerkennungsverfahren als Ost-Flüchtling, Filmaufnahmen von Messen, Aufmärschen und den befreienden Montagsdemonstrationen – die Medien und Sachzeugen DDR-deutscher Geschichtswirren sind gut erklärt und einfallsreich präsentiert, weder besserwess(er)isch noch ostalgisch. Auf der Straße vor dem Eingang erinnert Wolfgang Mattheuers Skulptur »Der Jahrhundertschritt« an den Totalitarismus des 20. Jh.

Marktplatz [21]

Der Marktplatz ist sowohl historisch als auch substanziell und mehr oder weni-

Altes Rathaus am Markt

ger sogar räumlich das Herz der Stadt. Der Platz als solcher wird von den Leipzigern und ihren Gästen als öffentlicher Raum erlebt und auch genutzt. Jeweils dienstags und freitags wird ein Frischemarkt abgehalten, auf dem man Obst und Gemüse, Fisch und Fleisch, Brot und Blumen von lokalen und regionalen Anbietern erstehen kann.

Aber auch für größere Veranstaltungen wie Markttage, das Stadtfest oder den Weihnachtsmarkt ist der Markt immer wieder als zentraler Punkt beliebt.

Altes Rathaus ❗ 22

Markt 1, Di–So 10–18 Uhr, www. stadt geschichtliches-museum-leipzig.de

Der majestätische Renaissancebau des Alten Rathauses dominiert baulich den Marktplatz. Er wurde 1556 in sagenhaft kurzer, nur 9-monatiger Bauzeit vom damaligen Bürgermeister und Stadtbaurat Hieronymus Lotter errichtet. Der Begriff der ›Lotterwirtschaft‹ stammt übrigens wirklich nicht von ihm ab, wie einige aus dem Umstand ableiten, dass das Rathaus schon nach relativ kurzer Zeit wieder renoviert werden musste, sondern kommt aus dem bayrischen Sprachraum, wo Gaukler und Musiker als Lotter bezeichnet wurden, weil sie von der Hand in den Mund lebten.

Das Alte Rathaus ist der einzige Renaissancebau am Markt, der den Zweiten Weltkrieg unbeschadet überstanden hat, und es zählt heute noch zu den schönsten Renaissancerathäusern in Deutschland. Der Turm ist nicht in der Mitte des Gebäudes angesiedelt, sondern folgt den Gesetzen der Asymmetrie und des goldenen Schnitts, wie für die deutsche Renaissance durchaus typisch. In den Gewölben im Erdgeschoss waren von Anfang an Ladenlokale untergebracht. Auch heute noch sind Geschäfte und Gastronomie, wie zum Beispiel das Restaurant **Das Alte Rathaus,** hier unten untergebracht. Nirgendwo sonst lässt sich's besser sitzen, genießen und staunen.

In den darüberliegenden Stockwerken ist das **Stadtgeschichtliche Museum** 23 mit seiner historischen Sammlung zu Hause (s. S. 49). Besonders schön ist das Entrée im ersten Obergeschoss, hier befindet man sich in dem original erhaltenen Festsaal des Hauses und kann sich anhand eines Stadtmodells Leipzigs von 1823 ein Bild davon machen, wie die Stadt zur ▷ S. 129

Auf Entdeckungstour

Max Klinger – Leipzigs künstlerischer Genius des Fin de siècle

Das MdbK besitzt die umfangreichste Sammlung zum Schaffen dieses bedeutenden, wenn auch umstrittenen Künstlers der Wende zum 20. Jh.

Zeit: etwa 1 Std.

Ort: Museum der bildenden Künste 24, www.mdbk.de

Öffnungszeiten: Di, Do–So 9–18, Mi 12–20 Uhr, Eintritt: 5–11 € (je nach Sonderausstellungen)

»Klinger ist der moderne Künstler schlechthin gewesen. Modern nicht im Sinne dessen, was man heute mit diesem Wort bezeichnet, sondern im Sinne des bewussten Menschen, der um das Erbe von Jahrhunderten von Kunst und Denken weiß, der eine klare Sicht auf die Vergangenheit, die Gegenwart und sich selbst hat.« So äußerte sich Giorgio De Chirico 1920, Max Klingers Todesjahr. Aber De Chirico war nicht der einzige Künstler, der Klingers Schaffen bewunderte und ihn für einen Protagonisten der Kunst hielt. Doch warum wissen heute nur noch so wenige etwas über diesen bedeutenden Sohn Leipzigs?

Klingers Ideale

Wenn man vom Entrée des Museums aus das nördliche Treppenhaus hinaufsteigt und sich in den rechts gelegenen Raum begibt, wird man auf monumentale Art von Klingers Schaffen empfangen. Hier sind drei seiner wichtigsten Gemälde versammelt.

Das Gemälde »Blaue Stunde« wurde von Max Klinger während einem seiner zahlreichen Italienaufenthalte 1890 in Rom vollendet, obwohl er es bereits 1885 in Paris unter dem Eindruck der Impressionisten und ihrer Kunst in Paris konzipiert hatte. Dieses Bild war – für uns heute eher unverständlich – zur damaligen Zeit sehr gewagt und stieß vorwiegend auf Unverständnis. Es zeigt drei weibliche Aktdarstellungen auf einem Felsen im Meer in eigenartigem Licht. Sie sollen jedoch keine mythologischen Grazien, sondern realistisch und natürlich wirkende Frauen darstellen. Damit bricht Klinger bewusst mit der Tradition der Historienmalerei und öffnet dem Figurenbild mit Mitteln der Freilichtmalerei und des Symbolismus neue Wege. Die ›Blaue Stunde‹ ist eines der stärks-

ten elegischen Stimmungsbilder Klingers, das mit unterschiedlichen Lichteffekten und Körperhaltungen anhand der drei Frauen drei unterschiedliche Zustände der Melancholie vorführt: das In-die-Ferne-Entrückt-Sein, das Vor-sich-hin-Träumen und die stille Innenschau.

Die nur ein Jahr später entstandene »Kreuzigung Christi« ist eines der echten Skandalwerke Klingers. Als es 1893 in Dresden in einer Ausstellung gezeigt wurde, musste es nach wenigen Tagen abgehängt werden, und um es in München ausstellen zu dürfen, wurde Klinger gezwungen, die Blöße des Heilands mit einem Tüchlein zu bedecken, das erst spätere Restauratoren wieder entfernten. Klinger folgt in seiner Darstellung nicht der üblichen ikonografischen Tradition. Er zeigt Maria und Jesus isoliert in stillem Zwiegespräch im Zentrum des Bildes und Christus selbst ohne Blut und Wunden in kühler Gelassenheit des wissenden Siegers, der für seine Idee stirbt. Magdalena und Johannes bilden die Trauergruppe, zwei nackte Schergen stehen sich davon, und am linken Bildrand stehen die Pharisäer und zwei römische Figuren – äußerlich geschmückt, aber innerlich gänzlich unbewegt vom Geschehen, das wie auf einer Bildbühne vor einer italienischen Landschaft angeordnet ist.

1897 entsteht dann in Leipzig der »Christus im Olymp«, dessen monumentaler Aufbau mit seinen drei Teilen und einer Predella mit plastischem Figurenschmuck an einen Altar erinnert. In der Mitte sehen wir Christus mit den vier Kardinaltugenden (Gerechtigkeit, Weisheit, Tapferkeit und Besonnenheit) im Olymp vor Zeus, Psyche, Amor, Dionysos, Hermes, Hera, Athene, Aphrodite und Apoll mit Artemis im Arm. Im rechten Teilstück kommen noch Ares über Pluto und Persephone und im linken zwei sich davonstehende Bacchantinnen und die sich erhebenden Olympier dazu.

Klinger zeigt hier sein eigenes Ideal: Die antike Götterwelt und das Christentum stehen sich zwar als weltanschauliche Spannungsfelder gegenüber, aber durch Liebe und Schönheit erfolgt ein humaner Ausgleich. Die selbstlose Liebe der Psyche und die geistige Reinheit Christi überwinden vereinigt die Trennung von Körper und Geist des Christentums und unterstellen die Antike einem neuen Ethos, wodurch nach Meinung Klingers der ›neue Mensch‹ entstehen kann.

Die Musik in der Kunst

Auf der anderen Seite der Halle des ersten Stocks liegt der Beethovensaal, der einzige Ausstellungsraum mit einem rosafarbenen Terrazzofußboden und mit komplett farbiger Fassung von Wänden und Decke in einem sehr hellen Olivton. Dominiert wird der Raum von der gewaltigen Skulptur Beethovens auf seinem Wolkenthron. Klinger bezeichnete dieses Werk selbst als eines der wichtigsten seines Schaffens, das ihn mehr Zeit, Geld und Kraft als jedes andere gekostet habe.

Aus heutiger Sicht erscheint diese monumentale Porträtplastik eher klassisch. Und gerade das wirklich Klassische hat seinerzeit zu Aufruhr, Unverständnis, kontroverser Polemik, aber auch zu echter Begeisterung geführt. Da ist zum einen die Polychromie, welche durch die Grabungen des 19. Jh. erstmals wissenschaftlich für die Kunstwerke der Antike belegt wurde – von der man ja bis dato angenommen hatte, sie habe mit reinweißem Marmor gearbeitet. Klinger entwickelte eigens ein spezielles Verfahren, um verschiedene farbige Materialien zu ei-

nem homogenen Kunstwerk zu verschmelzen. Zum anderen verwirrte die für ihn typische Verschmelzung von Themen der griechischen Mythologie und der christologischen Heilslehre (an der Rückseite des Thrones). Vor allem aber seine schonungslose Radikalität wurde als anstößig empfunden. Er präsentiert hier den für ihn größten Genius der Musik vollkommen nackt – zur damaligen Zeit eine unerhörte Darstellungsweise.

Der Traum vom Gesamtkunstwerk

In dem sich anschließenden Raum begegnet uns Klinger als Künstler, der vor allem einen großen Traum hegte: den Traum vom Gesamtkunstwerk. Klinger hatte Erfolg als Maler, Grafiker und Bildhauer! Er war ein begabter Musiker und hatte als bildender Künstler auch ein hervorragendes Gefühl für Architektur. Ein Geschenk für ihn war daher der Auftrag der Ausgestaltung der Villa Albers in Berlin, von der hier noch einige Elemente zu sehen sind.

Die Rezeption Klingers

Im letzten Raum dieser Kabinettgruppe überrascht die Arbeit eines zeitgenössischen Künstlers, der mit Hilfe von Gipsmodellen und anderen Arbeiten Klingers sowie einigen Fotografien seines Ateliers ein wenig Atmosphäre des 19. Jh. zaubert. Doch sind solche oder wissenschaftliche Auseinandersetzungen mit dem Klingerschen Werk relativ selten. Der DDR galt dieser Genius des Fin de siècle als dekadenter Künstler einer bourgeoisen Kaste, im Westen hatte man wenig mehr als Spott übrig. Eine fundierte Darstellung seines Œuvres, eine große Werkschau in Hamburg, hat tatsächlich bis zu seinem 150. Geburtstag im Jahr 2007 auf sich warten lassen.

Zeit Mendelssohns und Schumanns ausgesehen hat, bevor die Industrialisierung ihr Antlitz grundlegend verändert hat. Die Dauerausstellung umfasst Glanzstücke aus der Wittenberger Cranach-Werkstatt, den Verlobungsring der Katharina von Bora, eine Handschrift des Sachsenspiegels mit schönen Initialen von 1461 sowie das einzige Originalporträt Johann Sebastian Bachs. Zusätzlich unterhält das Museum noch einen **Neubau** in der Böttchergasse, in dem Sonderausstellungen präsentiert werden.

Museum der bildenden Künste 24
s. S. 49

Direkt neben dem Neubau des Stadtgeschichtlichen Museums befindet sich der im Jahr 2004 eröffnete Bau des Museums der bildenden Künste. Der nach einem prämierten Entwurf des Berliner Architekturbüros Hufnagel, Pütz und Raffaelian gebaute Museumsneubau beherbergt eine der bedeutendsten bürgerlichen Kunstsammlungen Deutschlands.

Nachdem das Gebäude des Museums am Augustusplatz in der Bombennacht vom 3. zum 4. Dezember 1943 zerstört worden war, wurde die glücklicherweise nahezu vollständig erhaltene Sammlung viele Jahre im ehemaligen Reichsgericht (s. S. 179) unter zum Teil recht ungünstigen konservatorischen und ästhetischen Bedingungen präsentiert. Als nach der Wiedervereinigung beschlossen wurde, in jenem Gebäude das Bundesverwaltungsgericht unterzubringen, war klar, dass die Sammlung ein eigenes repräsentatives Haus bekommen sollte.

Heute dient der Erdgeschossbereich des Hauses als Informationsraum, in den drei darüberliegenden Obergeschossen wird die Sammlung von der Spätgotik bis zur zeitgenössischen Kunst in einer Dauerausstellung gezeigt. Das Untergeschoss wartet mit teilweise sehr aufwendig inszenierten Sonderausstellungen auf. Besondere Schwerpunkte der Sammlung sind die Künstler Max Klinger (s. Entdeckungstour S. 126) und Max Beckmann sowie die Kunst der Goldenen Zeitalters der Niederlande, deutsche Kunst des 19. Jh. und die Leipziger Schule (s. Entdeckungstour S.176).

Katharinenstraße

Verlässt man das Museum durch den Westhof an der Kunst-Buch-Handlung Dr. Kalusche und dem Mann mit Maske von Wolfgang Mattheuer vorbei, steht man in der Katharinenstraße. Durch den Krieg schwer beschädigt, präsentiert sie sich heute als halbierte historische Straßenfront, und bei genauerer Betrachtung wird selbst dabei einiges an Nachkriegsarchitektur offenbar. Doch ruft man sich direkt an der Straße einmal die frühere beidseitige Bebauung in Erinnerung, versteht man leicht, warum die Besucher der Stadt von den ›himmelwärts gebauten Häusern‹ sprachen, die ja in dieser Form schon seit dem 16. bzw. 17. Jh. die Straßen säumten. Besondere Höhepunkte sind die **Alte Waage** 25 am Marktplatz von 1555, das bis 1707 fertiggestellte **Fregehaus** 26 mit seinem wunderbaren Blumeninnenhof des **salto florale** 14 und das **Romanushaus** 27 als eins der pompösesten Stadtpalais von 1704.

Passagen und Kaffeehäuser

Eine der architektonischen Spezialitäten Leipzigs sind die zahlreichen Passagen und Durchgangshöfe in der Innenstadt. Auch in anderen Städten Europas sowie in den anderen Stadtteilen Leipzigs gibt es einzelne oder

Eingang zum Museum in der Runden Ecke

auch mehrere Exemplare dieser Spezies, aber nirgends ist die Dichte so hoch wie hier im Zentrum. Bereits im 16. Jh. entstanden aus pragmatischen Gründen die ersten Messehöfe, wie beispielsweise der Auerbachs Hof (s. S. 122), als sogenannte Durchhöfe: Man konnte mit einem Pferdefuhrwerk hineinfahren, die Waren abladen und ohne kompliziertes Wenden wieder hinausfahren. Diese Höfe weisen im Gegensatz zu den später entstandenen Durchhäusern und Passagen einen Mix an überdachten und offenen Teilen sowie hohen und niedrigen Durchfahr-

ten auf. Sie verbinden straßenunabhängig verschiedene Gassen, Plätze und Straßen, sind meist eine angenehme Abkürzung und darüber hinaus als semi-öffentlicher Raum eine lauschige Abwechslung zum allgemeinen Trubel des innerstädtischen Treibens.

In der Katharinenstraße hat man direkt gegenüber dem Museum der bildenden Künste die Wahl zwischen **Kretschmanns Hof** und dem **Großen Joachimstal** zwei Häuser weiter, um in die Hainstraße zu gelangen. In dieser wiederum bieten der **Jägerhof** 28 mit den **Passage Kinos** 5 und der Barthels

Hof mit dem gleichnamigen Restaurant und dem Theater fact (s. u.) gleich doppelt Gelegenheit, weitere beeindruckend gestaltete Exemplare dieser ›Spezialität‹ zu bestaunen.

Barthels Hof 29
Hainstr. 1

Der Barthels Hof ist der letzte noch erhaltene ›Durchhof‹ aus der Zeit der Warenmesse. Er wurde 1750 von Georg Werner barock umgebaut und ist nach seinem Auftraggeber benannt. Neben Mädler-Passage (s. S. 121) und Jägerhof (s. S.130) war er eine der großen Renommierimmobilien des Dr. Jürgen Schneider in Leipzig. Über 20 dieser sogenannten ›Schmuckimmobilien‹ besaß er bis zum Auffliegen seines Kartenhausimperiums allein in der Innenstadt. Heute führt eine Spezialtour der Leipziger Gästeführer auf den Spuren seines Immobilienkaufrauschs durch die Innenstadt und erklärt anhand der einzigartigen Gebäude sowohl die Geschichte der Stadt als auch der Schneiderschen Pleite.

Im Barthels Hof kann man wunderbar in die alte Zeit der Warenmesse eintauchen. Man kann sich vorstellen, wie die einzulagernden Waren mittels der heute noch vorhandenen Kranbalken und daran angebrachter Flaschenzüge nach oben befördert wurden, wie in den Verkaufsgewölben im Erdgeschoss reger Handel mit den herbeigeschafften Waren blühte, wie darüberliegend Büroräume für die Verwaltung, Wohnräume für die reisenden Kaufleute und Festsäle für die Erfolgreichen unter ihnen Platz und passende Rahmung fanden. Fliegende Händler und fahrendes Volk sowie eine gastronomische Einrichtung bereicherten den Alltag eines solchen typischen Messehofes so sehr, dass der zugereiste Händler keinen Grund hatte, ihn überhaupt zu verlassen. Eine

Erinnerung an diese Zeiten bilden heute das Restaurant **Barthels Hof** 12, das **Theater fact** (www.theaterfact.de) sowie zahlreiche Geschäfte, die hier untergebracht sind. Besonders eindrucksvoll ist die erhaltene Fassade des Vorgängerbaus von 1523, die durch ihren Erker mit dem Hauszeichen ›Zur goldenen Schlange‹, zahlreiche goldene Inschriften in Latein, Griechisch und Hebräisch sowie den imposanten Renaissancestaffelgiebel imponiert.

Mein Tipp

Beängstigend bis grotesk

Ein kleiner Abstecher vom Markt führt zum Museum in der Runden Ecke, das an authentischem Ort – einst Sitz der Bezirksverwaltung des Ministeriums für Staatssicherheit – die Totalüberwachung der gesamten Gesellschaft durch die Geheimpolizei der DDR dokumentiert. Der Name ›Runde Ecke‹ rührt von der Form des Altstadtrings, der hier dem Burggraben der Leipziggründer folgt.

Die Dauerausstellung »Stasi – Macht und Banalität« macht dies bis ins Detail anschaulich. Die Überwachungswut hatte groteske Züge: Mit verwanzten Telefonen wurden Ratsherren abgehört; in Konservengläsern wurden Geruchsproben möglicher Gegner gesammelt zur evtl. Verfolgung mit Hunden; auf dem Bahnhof wurde in einem eigenen Amtsraum alle aus dem Westen kommende Post geöffnet und untersucht. Fotoserien dokumentieren Observationsvorgänge.

Museum in der Runden Ecke 30: Dittrichring 24, www.runde-ecke-leipzig.de, tgl. 10–18 Uhr, Eintritt frei (s. S. 49)

131

Auf Entdeckungstour

Leipziger Kaffeehauskultur

Alles über Muckefuck, Bliemchenkaffee, die echte Kaffeekantate und das Lesen der Zukunft aus dem Kaffeesatz. Das Beste aber ist: Sie können fast alles gleich selbst ausprobieren!

Für wen: Für Liebhaber von Kaffee und natürlich auch alle Kuchenfans

Zeit: Dauer je nach Einkehrzeiten – ohne diese max. 1 Std.

Start: Zum Arabischen Coffe Baum 13

Öffnungszeiten: Kaffeemuseum: tgl. 11–19 Uhr, Kaffeehaus Riquet: tgl. 9–22 Uhr; Café Richter: Mo–Sa 10–20 Uhr; Ganos Kaffee-Kontor: Mo–Mi 10–19, Do, Fr 10–20, Sa 10–14 Uhr

Die Entdeckung, Einführung und Etablierung eines waschechten ›Modegetränks‹ des 17. Jahrhunderts – nämlich des Kaffees – kam einem fulminanten Siegeszug gleich. Das zunächst nur aus dem Orient eingeführte Kaffeegetränk entfaltete dabei in Sachsen einen Triumphzug der besonderen Art. Die sprichwörtliche ›Gemiedlichgeid‹ der Sachsen verträgt sich ja im Grunde überhaupt nicht mit der anregenden, belebenden und aufputschenden Wirkung von Kaffee, und doch wurde das ›Scheelchen Heeßer‹ – so die sächsisch-mundartliche Bezeichnung für eine Tasse Bohnenkaffee – eine Art Nationalgetränk im Fürstentum, wobei sich ihre Vorliebe für den Kaffee wohl eher von seiner ›kommunikativen‹ Wirkung ableiten ließ.

Kaffeesachsen

Die Sachsen bezeichnete man spaßeshalber auch gern als ›Kaffeesachsen‹. Dieser Begriff rührt angeblich aus der Zeit des Siebenjährigen Krieges her. Als die Sachsen, von Preußen besiegt, auf deren Seite kämpfen sollten und beim ersten preußischen Heeresfrühstück feststellten, dass es nur Zichorienkaffee, also Kaffee-Ersatz, gab, sollen sie den Dienst mit den Worten: »Ohne Gaffee gömmer nich gämpfen!« verweigert haben. Sie sollen sogar noch den Nachsatz »Und ohne Guchen bring mer geen um« angehängt haben. Eine Überlieferung, die allerdings ohne jeden urkundlichen Beleg auskommen muss und deshalb durchaus strittig ist.

Nicht zu bestreiten ist hingegen, dass 1697 durch den Rat der Stadt Leipzig die erste deutsche Kaffeehausordnung erlassen wurde. Auch die Erfindung des europäischen Porzellans durch Johann Friedrich Böttger (1692–1719) im Jahr 1708 und die Gründung der ersten europäischen Hartporzel-

lanmanufaktur 1710 in Meißen sind wichtige Punkte in der Geschichte sächsischer wie internationaler Kaffeekultur und -geschichte.

Zum Arabischen Coffe Baum

Der Kaffee eroberte rasch alle Bereiche des Lebens und der Kultur, wie man sehr anschaulich und unterhaltsam im Leipziger Kaffeemuseum im Haus **Zum Arabischen Coffe Baum** (s. S. 33) vorgeführt bekommt. Hier wird an die 1734 von Johann Sebastian Bach komponierte Kaffeekantate erinnert, die

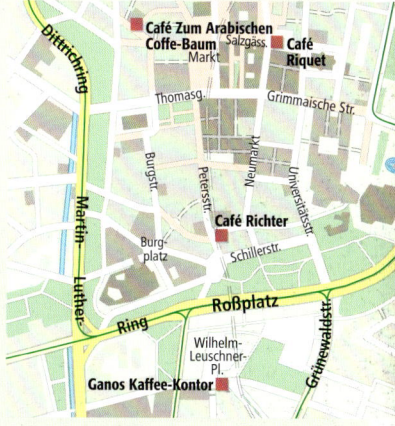

den Kaffee in Form einer wahrhaft panegyrischen Lobeshymne besingt: »Ey! wie schmeckt der Coffe siesse, lieblicher als tausend Küsse, milder als Muskatenwein …«, und natürlich auch die Geschichte des Hauses selbst erzählt, bei dem es sich um das älteste kontinuierlich betriebene Kaffeehaus Deutschlands handelt und das sich mit einer unglaublichen Liste von illustren Besuchern und Stammgästen schmücken kann. Hier werden auf unterhaltsame Art auch so profane Dinge erklärt wie beispielsweise der Begriff des

Blümchenkaffees oder wie man aus dem Kaffeesatz die Zukunft vorhersagen kann.

Einer der bekanntesten Wirte des Kaffeebaums ist der »sächsische Hofchocoladier« Johann Lehmann gewesen, dessen Witwe, Johanna Elisabeth Lehmann, das Unternehmen nach seinem Tod über 20 Jahre lang allein weiterführte. Ihr verdankt der Kaffeebaum angeblich auch die einzigartige namenstiftende Portalplastik. Bis heute ist nicht geklärt, woher die Plastik stammt, wer sie beauftragt und bezahlt hat. Man munkelt, das Relief sei ein Geschenk von August dem Starken an die Witwe für gemeinsam verlebte Schäferstündchen.

Erhaltene und nicht erhaltene Kaffeehäuser

Der Kaffeebaum war und ist allerdings nicht das einzige berühmte Kaffeehaus der Leipziger Innenstadt. Die Zerstörungen des Krieges überstanden neben ihm beispielsweise auch der Ausschank bei **Kaffee Richter** am Peterskirchhof und das berühmte, im Jugendstil errichtete **Kaffeehaus Riquet** am Schumachergässchen. Der aus dem frühen 20. Jahrhundert stammende Jugendstilbau, der eigens für diese Firmenrepräsentanz der Riquets in der Innenstadt errichtet wurde, spiegelt den Stolz der Firma auf ihren Ostasienhandel mit vielerlei Anspielungen auf den fernen Osten: die Pagode auf dem Dach, die Mosaiken mit Drachen, Geisha und blühenden Kirschzweigen sowie die beiden Elefantenköpfe über dem Eingang. Wer Kaffee zeitgemäßer und herstellungsnah erleben will, besucht das **Ganos Kaffee-Kontor.**

Im Krieg zerstört wurde hingegen das luxuriöse mehrgeschossige **Café Felsche** am Augustusplatz neben der Universitätskirche, die zwar noch den Krieg, nicht aber die DDR überstand.

Kaffeehaus Riquet am Schuhmachergässchen

Zum Arabischen Coffe Baum und Kaffeemuseum 13

Kleine Fleischergasse 4, www.coffe-baum.de, tgl. 11–19 Uhr, s. auch S. 132, 49

Verlässt man den Barthels Hof durch den anderen Zugang und wendet sich nach rechts, steht man direkt vor dem ältesten ununterbrochen betriebenen Kaffeehaus Deutschlands mit der Torbogeninschrift Zum Arabischen Coffe Baum, in dem sich auch das Kaffeemuseum befindet (s. Entdeckungstour S. 132), und im sogenannten ›Bermudadreieck‹ zwischen Klostergasse, Barfußgässchen und Großer Fleischergasse, in dem die eine oder andere Gast auf seiner Vergnügungstour schon für längere Zeit spurlos verschwunden sein soll. Alle drei Straßenzüge gehören zum Drallewatsch, der innerstädtischen Kneipenmeile, die auf kleinem Raum eine höhere gastronomische Dichte bietet als irgendwo sonst in der Stadt. Der Begriff ›Drallewatsch‹ steht dabei als ursächsisches Idiom für einen lustig-gemütlichen Kneipenzug. Messetradition, Kultur und Gastronomie gehen hier für ein bunt gemixtes Publikum Hand in Hand. Viele der Lokale sind in früheren Messehöfen und Passagen untergebracht, einige bieten ihren Besuchern zusätzlich zur Küche verschiedener Herren Länder auch Kabarett, (Sommer-)Theater, Livekonzerte und Disco-Veranstaltungen.

Rund um die Thomaskirche !

In der Klostergasse Nr. 9 befinden sich das rekonstruierte barocke Portal des ehemaligen Hôtel de Saxe und eine Gedenktafel, die an die sozialdemokratische Vergangenheit des Hauses

als Sitz des **Leipziger Arbeiterbildungsvereins** erinnert. Gegenüber sind die Eingänge zunächst zur Handwerkerpassage und etwas weiter zur Marktgalerie, die beide mit Gastronomie, Geschäften und Galerien locken und eine Verbindung zum Marktplatz schaffen.

Das Häuserensemble der Nummern 3–5, das sogenannte **Paulanerpalais,** ist einer der schönsten Barock- bzw. Rokokobauten, in welchem allerdings inzwischen nicht mehr der Namensgeber heimisch ist, sondern ein Lokal mit iberischem Flair und ebensolcher Küche: das **Cafe Madrid** 17. An der Ecke zum Thomaskirchhof schließt das wirklich pompös dekorierte Jugendstilgebäude des früheren **Kaufhaus Ebert** die Klostergasse ab und der Blick öffnet sich auf die freie Fläche vor der Nord- und Ostfront der Thomaskirche.

Thomaskirche 31

Tgl. 9–18 Uhr, www.thomaskirche.org

Die Thomaskirche geht auf den Beginn des 13. Jh. zurück: 1212 durch Dietrich von Meißen als Klosterkirche eines Augustiner-Chorherrenstifts gegründet, wurde schon gegen Ende des 15. Jh. (1482–96) über den alten Mauern eine spätgotische Hallenkirche errichtet, die allerdings in ihrer heutigen Gestalt vor allem durch die 1574 von Hieronymus Lotter eingebauten Emporen, die im 19. Jh. errichtete Sauerorgel auf der Westempore und die ebenfalls zur Hälfte im 19. Jh. eingebrachten Glasfensterarbeiten der Südfassade auf den Besucher wirkt. Alles an dieser Kirche scheint den Geist des ausgehenden Mittelalters zu atmen, und doch sind es vor allem die historisierenden Bemühungen des 19. Jh., die diesen Eindruck erwecken. Ihnen ist auch die Entfernung allen barocken Raumschmucks zuzurechnen. Wirklich

Motetten in der Thomaskirche [31]

Für die Motetten gibt es keine Karten im Vorverkauf, man erwirbt beim Eintritt in die Kirche (bis 45 Min. vor Beginn) lediglich ein aktuelles Programm für 2 €. Wenn man dabei allerdings unbedingt den weltberühmten Thomanerchor (www.thomanerchor.de) erleben möchte, sollte man sich in jedem Fall vorab informieren, denn die vielbeschäftigten Knaben des gefeierten Chores singen nicht zu jeder Veranstaltung.

Neben dem Dresdner Kreuzchor und den Regensburger Domspatzen zählt der Thomanerchor, sicher auch aufgrund seiner vielen Konzertreisen, zu den berühmtesten in Deutschland. Wer die Thomaner schon einmal vorab hören möchte, kann sich mit zahlreichen Audio-CDs einstimmen, wer sie vorher noch dazu sehen und vielleicht auch Kindern ein solches Konzert im Vorfeld schmackhaft machen möchte, hat mit der Neuverfilmung des Erich-Kästner-Romans »Das fliegende Klassenzimmer« von 2003 dazu unterhaltsame Gelegenheit.

mittelalterlich ist hier kaum noch etwas: Die bereits erwähnte romantische Orgel der Firma Wilhelm Sauer auf der Westempore stammt aus dem Jahr 1885, die Bachorgel der Firma Gerald Woehl auf der Nordempore wurde anlässlich der Feierlichkeiten zu Bachs 250. Todestag im Jahr 2000 zeitgleich mit den umfassenden Renovierungsarbeiten eingebaut. Sie ermöglicht aufgrund ihrer Bauweise ein authentisches Klangerlebnis Bach'scher Musik beispielsweise bei den Motetten (Fr 18 und Sa 15 Uhr) oder anderen Konzerten barocker Musik.

Bachdenkmäler

Direkt vor den südlichen Zugängen der Kirche dominiert die überlebensgroße Vollplastik Johann Sebastian Bachs den Kirchhof. Das vom Leipziger Bildhauer Carl Seffner geschaffene **Neue Bachdenkmal** wurde im Jahr 1908 an diesem Ort aufgestellt, wo bis dato ein Denkmal des berühmten Sohnes Leipzigs Wilhelm Leibniz stand (heute im Innenhof des Universitätscampus am Augustusplatz).

Bis dahin hatte lediglich ein wesentlich schlichteres, 1843 durch Felix Men-

delssohn-Bartholdy errichtetes Denkmal an den größten Thomaskantor erinnert. Dieses **Alte Bachdenkmal** ist heute noch in den Grünanlagen des Rings südwestlich der Thomaskirche zu besichtigen und erinnert daran, dass die Krönung barocken Musikschaffens vor allem durch die von Mendelssohn initiierte Bachrenaissance wieder ins Bewusstsein einer breiten Öffentlichkeit gelangen konnte.

Bach-Archiv und Museum [32]

Bach-Museum in Thomaskirchhof 14, Di–So 10–18 Uhr, Eintritt 6/4 €, bis 16 J. frei; weitere Infos unter www.bach-leipzig.de, s. auch S. 48

Das 1950 gegründete **Bach-Archiv** widmet sich der Zusammenführung und dem sachgerechten Erhalt von Bachautografen und Zeitdokumenten, die im Zusammenhang mit dem Leben des Musikers relevant sind. Seit 1998 widmet es sich als herausragende Forschungsstätte der wissenschaftlichen Aufarbeitung der weltweiten Bachforschung und deren Publikation.

Außerdem werden hier das **Bach-Museum** betrieben und das jährlich im Juni stattfindende Bach-Fest sowie der im Zwei-Jahres-Rhythmus ausgerichtete Bach-Wettbewerb organisiert. Das Bach-Archiv, das seit 2001 neben 19 anderen Institutionen im »Blaubuch« gelistet ist, zählt zu den »wichtigsten gesamtstaatlich bedeutsamen Kultureinrichtungen« in Ostdeutschland – in Leipzig neben dem Museum der bildenden Künste, dem Mendelssohn-Haus und dem Grassimuseum.

Sächsisches Apothekenmuseum 33
s. S. 49

Untergebracht in der allerersten homöopathischen Apotheke, findet der Besucher hier im ersten Obergeschoss ein kleines Museum, das in Schaukästen und -schüben altes Apothekerinstrumentarium, Rezepturen, Grafiken und andere Objekte präsentiert.

Erweitert wird das Angebot, das der Thomaskirchhof für Besucher bereithält, durch den **Thomasshop** 18, in dem man Tonmitschnitte aus der Thomaskirche und andere Bachdevotionalien kaufen kann, und durch ein abwechslungsreiches gastronomisches Angebot (Bach Stübl, Café Gloria und Johan S.).

Bei einem Abstecher über den Dittrichring hinaus findet man an der Ecke Gottsched-/Zentralstraße eine 2001 errichtete Installation, die neben einem 1966 enthüllten Gedenkstein an die Zerstörung der Großen Synagoge und die Novemberpogrome von 1938 erinnert.

Zum Neuen Rathaus

In der Burgstraße befinden sich das Restaurant Thüringer Hof, in dem gutbürgerliche fränkische und thüringische Küche serviert wird.

Durch die Burgstraße gelangt man zum rückwärtigen Zugang der modernen, elegant geschwungenen Passage

des **Petersbogens** 34 mit Kino und Casino auf der linken und dem 1994 als erstem Büroneubau der Leipziger Innenstadt errichteten **Bauwens-Haus** 35 (www.bauwenshaus.de) mit Figaro und Italiener auf der rechten Seite. Auch das Bauwens-Haus ist in Anlehnung an die Architektur der Leipziger Messehäuser als moderne Passage konzipiert.

Neues Rathaus 36
Martin-Luther-Ring 6, Mo–Do 9–18, Fr 9–15 Uhr

Passiert man beide Gebäude, steht man auf dem Burgplatz und direkt an der Rückfront des burgartig wehrhaften Monumentalbaus des Neuen Rathauses. 1905 wurde es nach Plänen des damaligen Stadtbaumeisters Hugo Licht gebaut. Es ist eine Art Mustermatrix des eklektizistischen Historismus. Alle für die Stadt bedeutungsvollen Epochen tauchen hier wieder auf: Ob es das wehrhafte Sockelgeschoss ist, das zum einen an den Vorgängerbau der Pleißenburg, aber auch an die barocke Glanzzeit der Stadt erinnert, als man nach ertragreichen Silberminenfunden im Erzgebirge schier nicht mehr wusste, wohin mit all dem Geld, oder ob man sich besonders an den zahlreichen Staffelgiebeln der Renaissance erfreut, die auf die Zeit der Verleihung des Reichsmesseprivilegs und den damit verbundenen Erfolg in der Handelsgeschichte verweisen. Bekrönt wird das Ensemble von extrem steil aufstrebenden Dächern, welche die Formensprache der Gotik rezitieren und damit an die Zeit der Stadtgründung erinnern wollen.

Auch der Jugendstil, der die eigentliche Entstehungszeit des Rathauses und die damals sich vollziehende Industrialisierung der Stadt und der Wirtschaft repräsentiert, ist, vor allem im Bereich der Bauplastik und der Innengestaltung, überall gegenwärtig. Man kann das Neue Rathaus im Rahmen einer Führung oder auf eigene Faust erkunden. Besonderen Reiz haben dabei der noch in Betrieb befindliche **Paternoster,** der für alle Kinder ein wahres Abenteuer darstellt, ein Aufstieg auf den 114 m hohen **Rathausturm** mit seiner sagenhaften Aussicht auf Stadt und Umland und die **Gebäudebrücke,** die das Rathaus mit dem 1912 fertiggestellten Stadthaus verbindet. Architektonisch ist sie der venezianischen Seufzerbrücke nachempfunden – die Leipziger nennen sie funktional-lapidar die ›Höhere Beamtenlaufbahn‹.

Vor der südwestlichen Ecke befindet sich das von Jenny Holzer und Martin Glier gestaltete **Goerdeler-Denkmal.** Es erinnert an den ehemaligen Bürgermeister Carl Friedrich Goerdeler. Goerdeler war während der Herrschaft der Nationalsozialisten als Bürgermeister zurückgetreten, nachdem 1936 die Statue von Felix Mendelssohn-Bartholdy vor dem Gewandhaus in einer Nacht-und-Nebel-Aktion von seinem NS-Stellvertreter entfernt worden war. Goerdeler war später auch am Hitler-Attentat vom 20. Juli 1944 beteiligt und wurde im Februar 1945 in Berlin-Plötzensee hingerichtet.

Essen & Trinken

Japanisch – **Goldene Kugel 1**: Richard-Wagner-Straße 10, S. 32.

Lauschig – **Ristorante Classico 2**: Nikolaistr. 16, Tel. 0341 211 13 55, www.classico-leipzig.de, Mo–Sa 12–14, 18–24 Uhr, Hauptgerichte um 17 €. Versteckt im idyllischen Hof eines alten Handelshauses; die italienische Küche und die Preise sind mittelständisch urban, ein Ort, wo man in Ruhe mit (Geschäfts-)Freunden essen und palavern kann.

Indisch – **India Gate 3**: Nikolaistr. 10, S. 32.

Schulspeisung – **Alte Nikolaischule 4**: Nikolaikirchhof 2, S. 30.

Begeisterndes Ambiente – **Sardinia 5**: Nikolaikirchhof 5, Tel. 0341 962 54 46, tgl. 11.30–24 Uhr, Menü 35–45 €. Wenn man erst einmal darauf aufmerksam geworden ist, findet man hier eine ausgefallene mediterrane Küche in wunderbarer Atmosphäre.

Jugendstilig – **Kaffeehaus Riquet 6**: Schuhmachergässchen 1, S. 32.

Michelin-gepriesen – **Stadtpfeiffer 7**: im Gewandhaus, S. 28.

Über allen – **Panorama Tower 8**: im City-Hochhaus, Augustusplatz 9, S. 30

Fausts Spuren – **Auerbachs Keller 9**: in der Mädler-Passage, S. 30.

In vino veritas – **Weinstock 10**: Am Markt 7, Tel. 0341 140 60 60, www.res taurant-weinstock-leipzig.de, tgl. ab 11 Uhr, Hauptgerichte 15–25 €, Menü 20–50 €. Vor dem Haus wächst einer der Weinstöcke der Stadt (wie an der Nikolaischule), dessen Trauben auch gekeltert werden. Drinnen herrscht behagliche Gemütlichkeit, und die Weinkarte macht mit über 150 Weinen dem Hausnamen alle Ehre.

Geschmackvoll – **Telegraph 11**: Dittrichring 18–20, S. 33.

Alter Messehof – **Barthels Hof 12**: Hainstr. 3, S. 28.

Der Klassiker – **Zum Arabischen Coffe Baum 13**: Kleine Fleischergasse 4, S. 33.

Schiffchenbar – **Mr. Moto Sushi-Bar 14**: Große Fleischergasse 21, S. 30.

Mosaiziert – **100 Wasser 15**: Barfußgässchen 15, S. 33.

Urig, sächsisch – **Zill's Tunnel 16**: Barfußgässchen 9, S. 30.

Das Barfußgässchen ist eine beliebte Ausgehmeile

Spanisch – **Cafe Madrid 17**: Klostergasse 3–5, S. 31.
Auch Tee – **Café Kandler 18**: Thomaskirchhof 11, S. 32.
Italienisch – **La Grotta Palazzese 19**: Ratsfreischulstr. 6, S. 32.
Steaks – **Escados 20**: Martin-Luther-Ring 2, S. 31.
Unter Lempicka – **Schiller 21**: Schillerstr. 3, S. 33.

Einkaufen

Plauener Spitzen – **Alw. Kießling Nachf. 1**: in der Brühlarkade, S. 36.
Alt und neu – **Porzellan Roth 2**: Nikolaistr. 38, S. 34.
Moderne Passagenarchitektur – **Strohsackpassage 3**: Nikolaistr. 10, Tel. 0341 129 83 00, www.strohsackpassage.de. In dieser Nachwendepassage wurden Stilelemente anderer Leipziger Passagen in moderner Adaption verwoben. Neben verschiedenen Geschäften für Hüte, Mode, Lebensmittel und anderes gibt es hier auch Restaurants und eines der vielen Kabaretts der Stadt (s. u.).
Endlich!!! – **Taschenkaufhaus 4**: Ritterstr. 9–13, S. 37.
Bollhagen Keramik – **Galerie am Nikolaikirchhof 5**: Ritterstr. 5, S. 36.
Leipziger Urgestein – **Connewitzer Verlagsbuchhandlung 6**: in Speck's Hof, S. 34, 114.
Klassik aus Leipzig – **Gewandhausshop 7**: im Gewandhaus, Augustusplatz, S. 35.
Für Gourmets – **Gourmétage 8**: in der Mädler-Passage (am Neumarkt), S. 36.
Mondän shoppen – **Mädler-Passage 9**: Grimmaische Str. 2–4, Tel. 0341 216 340, www.maedler-passage-leipzig.de. In der nach Mailänder Vorbild gebauten Vorzeigepassage der Stadt gibt sich auch die Konsumwelt der ansässigen Ladenlokale mit noblen Bou-

tiquen der großen Namen ganz weltstädtisch, S. 121.
Alles über Leipzig – **Bachmann 10**: im Alten Rathaus, Markt 1, S. 34.
Antiquitäten – **Sächsisches Auktionshaus Antiquariat 11**: im Alten Rathaus, Markt 1, S. 37.
Filigran – **Schmuckwerk 12**: im Alten Rathaus am Naschmarkt, S. 37.
Modernes Ambiente – **Marktgalerie & Breuninger 13**: Markt 11, S. 37.
Blumig idyllisch – **salto florale 14**: Katharinenstr. 11, Tel. 0341 149 89 23 im Innenhof des Fregehauses, www.salto florale-leipzig.de. Schon wenn man den Innenhof dieses Handelshauses aus dem 16. Jh. betritt, ist man verzaubert von dem geschlossenen architektonischen Ambiente, vor allem aber von den fantastischen Blumenarrangements von Birgit Steinhagen.
Nicht echt, aber gut! – **art5 15**: Hainstr. 10, S. 37.
Glaskunst aus Thüringen – **Jenaer Glas Shop 16**: im Barthels Hof, S. 37.
Festliche Mode – **Silke Wagler Couture 17**: Thomaskirchhof 20, S. 37.
Knabenstimmen – **Thomasshop 18**: Thomaskirchhof 18, S. 35
Holzschnitzerei vom Erzgebirge – **Zechendorf 19**: Ratsfreischulstr. 10, S. 36.
Für Globetrotter – **Reisefibel 20**: Markgrafenstr. 5, S. 35.
BioBio – **Macis 21**: Markgrafenstr. 10, S. 36.

Aktiv & Kreativ

Kindgerecht – Das **Stadtgeschichtliche Museum 23**, Böttchergässchen 3, Tel. 0341 965 130, www.stadtgeschichtliches-museum-leipzig.de/neubau) und das **Museum der Bildenden Künste (24**, Katharinenstr. 10, 0341 216 990, www.mdbk.de) bieten verschiedene museumspädagogische Programme für Kinder an.

Stadtinfotainment – **Leipzig Erleben GmbH** 1 : Katharinenstr. 8, in der Leipzig-Information, Tel. 0341 710 42 30, www.leipzig-erleben.com. Spannende und unterhaltsame Stadtralleys für Kinder und Jugendliche verschiedener Altersgruppen, wie Engelchentour, Löwenjagd oder Detektive in der Stadt. Aber auch für Erwachsene ist mit den vielen thematischen Führungen zu Fuß, auf dem Rad und im Bus ein weit gefächertes Angebot mit locker aufbereiteten Touren entstanden.

Abends & Nachts

Gay-Familiär – **Café Apart** 1 : Reichstr. 16, S. 40.

Lachmuskeltraining – **Leipziger Funzel** 2 : Strohsackpassage, Nikolaistr. 6–10, Tel. 0341 960 32 32, www.leipziger-funzel.de.

Orgelvesper – **Nikolaikirche** 6 : Nikolaikirchhof 3, S. 42.

Latin Sound – **Havanna Club** 3 : Goethestr. 2, Gay Bar, S. 40.

Unter Gewölben – **Moritzbastei** 16 : Universitätsstr. 9, S. 40.

Richt'sch scheen sächs'sch – **academixer** 4 : Kupfergasse 2, Tel. 0341 21 78 78 78, www.leipzig-online.de/acade

mixer. Eins *der* Kabaretts der hiesigen Szene. Mit Bernd Lutz-Lange und Gunter Böhnke sind hier zwei echte Leipziger Urgesteine zu erleben, und die gemütliche Gaststätte macht aus einem lustigen Abend einen ebenso gemütlichen.

In der Jägerhof-Passage – **Passage Kinos** 5 : Hainstr. 19 A, S. 43.

Jazz & Skiffle – **Spizz** 6 : Markt 1, S. 40, 123.

Früher Markt 9 – **Bar Fusz** 7 : Barfußgässchen 3–11, S. 38.

Distinguiert – **Kosmospolitan** 8 : Gottschedstr. 1, S. 39.

Discofeeling – **Night Fever und Sol y Mar** 9 : Gottschedstr. 4, S. 38, 39.

Provokante Inszenierungen – **Centraltheater** 10 : Bosestr. 1, S. 42.

Lachen bis die Tränen kommen – **Pfeffermühle** 11 : Katharinenstr. 17, 0341 960 31 96, www.kabarett-leipziger-pfeffermuehle.de. In Anlehnung an den berühmten Namensgeber mit Klaus und Erika Mann hat sich diese Kabarett-Truppe auch politisches Kleinkunsttheater auf die Fahnen geschrieben.

Bunt gemischt – **Nachtcafé** 12 : Peterstr. 39–41, S. 39.

Varieté – **Krystallpalast** 13 : Münzgasse 4, S. 42.

Mein Tipp

Nightlife im Schauspielviertel

Auf der anderen Seite des Dittrichrings beginnt die **Gottschedstraße,** die eine eigene kleine Kneipenmeile der Stadt darstellt. Für Leipziger ist sie inzwischen attraktiver als das nächtliche Gewimmel im Barfußgässchen. Neben Lokalen wie Barcelona, MagaPon oder der Wodkaria lädt die Straße auch mit Clubs und Diskotheken wie Kosmospolitan oder Night Fever ein. Das Areal wird auch ›Schauspielviertel‹ genannt, da sich hier das Centraltheater und die Skala befinden (s. S. 33).

Vom Grafischen Viertel bis Connewitz

Highlights!

Grassimuseum: Das wunderbare Art-déco-Gebäude beherbergt drei Museen, darunter das bedeutende Museum für Angewandte Kunst. **4** S. 147

Völkerschlachtdenkmal: Gewaltig der erste Eindruck, wenn man staunend davorsteht. Der größte Denkmalsbau Europas erinnert an die erste Massenschlacht der Neuzeit. **20** S. 157

Auf Entdeckungstour

Spaziergang auf dem Südfriedhof: Der ausgedehnte Parkfriedhof beeindruckt mit aufwendigen Grabbauten Leipziger Industrieller. Schön vor allem im Frühsommer, wenn 9000 Rhododendren ihn in ein Blütenmeer verwandeln. **23** S. 160

Kultur & Sehenswertes

Schumann-Haus: Die Wohnung des Künstlerehepaars Clara und Robert Schumann lädt mit Ausstellung und Konzerten zum Besuch ein. **7** S. 152

Russische Gedächtniskirche: Als Monument des Russischen Volkes für die Gefallenen der Völkerschlacht errichtet, findet man hier eine Ikonostase mit 78 Ikonen. **15** S. 155

Aktiv & Kreativ

Haus des Buches: Das breit gefächerte Programmangebot von Lesungen, Symposien und Ausstellungen soll zur Literatur (ver)führen. **9** S. 153

Zum Kakadu: Ab 22 Uhr können Sie Ihren Lieblingssong in Leipzigs angesagtestem Karaoketreff singen. **1** S. 159

Genießen & Atmosphäre

Duft- und Tastgarten des Botanischen Gartens: Ein wahres Paradies für die Sinne – hier könn(t)en Sie die Augen schließen, um sich allein von haptischen und olfaktorischen Impressionen leiten zu lassen. **14** S. 154

3'59 Amazonas im Panometer: Wenn Sie schon immer den südamerikanischen Regenwald besuchen wollten, Ihnen aber immer Zeit und/oder Geld fehlten, können Sie ihn hier auf sinnlich-virtuelle Art erleben! **24** S. 162

Abends & Nachts

Café Substanz: Besonders lauschig ist der Biergarten im Hof hinter dem Lokal. **2** S. 159

Von Büchern und Schlachten

Im Jahr der Völkerschlacht, 1813, hatte Leipzig den hier aufeinandertreffenden Massen von etwa 500 000 Soldaten aus ganz Europa lediglich 35 000 Einwohner gegenüberzustellen. Napoleon und der Rheinbund standen in einer der größten Schlachten der Weltgeschichte auf verschiedenen Schlachtfeldern in und um Leipzig den vereinigten Heeren von Preußen, Österreich, Russland und Schweden gegenüber. Nach der vier Tage währenden Schlacht waren 100 000 Gefallene zu begraben und beinahe noch einmal so viele Verwundete und Verstümmelte zu pflegen. Eine unglaubliche Aufgabe für die damals noch relativ kleine Stadt, die dann auch mehrere Jahre an den Folgen der Schlacht zu tragen hatte.

Ab 1850 ist ein stetiges, sich potenzierendes Anwachsen der Einwohnerzahl zu beobachten. Bereits 1864 wird Leipzig mit 100 000 Einwohnern offiziell Großstadt. In den Jahren von 1871 bis 1899 wuchs deren Zahl sogar von 107 000 auf 450 000, vervierfachte sich also. Diese Entwicklung setzte sich bis zum Zweiten Weltkrieg stetig fort. Industriell gesehen entwickelte sich Leipzig in den Bereichen der Textilindustrie mit den großen Spinnereien vor allem in Plagwitz und Lindenau, des Maschinenbaus und des industrieller Buchdrucks.

Im 19. Jh. waren in Leipzig fast alle namhaften deutschen Verlage beheimatet. Einige von ihnen waren hier gegründet worden, andere hatten aus logistischen Gründen ihren Firmensitz hierher verlegt. Es gab ›normale‹ Buchverlage wie Reclam, Teubner und Insel, es gab Lexikonverlage wie Brockhaus und Meyer, es gab Kunstverlage wie den E. A. Seemann-Verlag und Spezialverlage wie den berühmten Musikalienverlag C. F. Peters. Darüber hinaus arbeiteten hier natürlich auch zahlreiche Druckereien, Buchbindereien, Druckmaschinenhersteller, Verlagsbuchhandlungen und sogar Ausbildungsstätten für das Buchgewerbe. Im Jahr 1825 hatte sich hier in Leipzig der Börsenverein der Deutschen Buchhändler gegründet, 1899 bezog man das imposante Gebäude der Buchhändlerbörse am Gutenbergplatz, das leider im Zweiten Weltkrieg zum größten Teil zerstört wurde.

Bis zum Beginn des 20. Jh. hatten sich in Leipzig mehr als 2000 Unternehmen des Buchgewerbes niedergelassen. Und all diese Firmen hatten ihren Sitz in der Innenstadt und in der östlichen Vorstadt. Dieses Quartier wurde denn auch bald nicht mehr anders denn als Grafisches Viertel bezeichnet.

Dieser Name ist bis heute geblieben, wenn auch die Geschichte dem Viertel eine andere Entwicklung zugedacht

Infobox

Reisekarte: ▶ J–M 8–11

Ausgangspunkt

Das Mendelssohn-Haus in der Goldschmidtstraße. Teilabschnitte auf der Prager Straße können je nach gusto auch mit der Straßenbahn zurückgelegt werden.

Zurück in die Innenstadt fährt man vom Völkerschlachtdenkmal mit der Straßenbahnlinie 15, vom Panometer mit der Straßenbahn Linie 16 ab R.-Lehmann-/ Zwickauer Str.

Arbeitszimmer im Mendelssohn-Haus

hat. Im Zweiten Weltkrieg wurde hier nicht nur die Buchhandelsbörse, sondern bis zu 60 % der vorhandenen Bebauung zerstört. Das ist für Leipziger Verhältnisse außergewöhnlich viel, wo doch die Innenstadt zu lediglich 40 % und das gesamte Stadtgebiet sogar zu nur etwa 20 % in Trümmern lag. Der Grund für diese gezielten Bombardements: Die Alliierten wollten mit den Druckereien die Infrastruktur der nationalsozialistischen Propagandamaschinerie lahmlegen.

Der Glanz der Stadt als Buchmetropole ist heute gehörig verblasst. Institutionen und Veranstaltungen wie die Buchmesse, das Haus des Buches oder die Deutsche Bücherei halten die Erinnerung wach, eine echte Renaissance hat es indes in diesem Sektor für Leipzig nicht gegeben.

Jenseits vom Roßplatz

Mendelssohn-Haus **1**
Goldschmidtstr. 12, tgl. 10–18 Uhr, www.mendelssohn-haus.de, S. 42
Das Mendelssohn-Haus ist eine einzigartige und relativ gut erhaltene, authentische Musikerwohnstatt in Leipzig. In diesem spätklassizistischen Bau lebte und arbeitete Felix Mendelssohn-Bartholdy die letzten beiden Jahre seiner Leipziger Zeit (ab 1835) von 1845 bis zu seinem Tod im November des Jahres 1847. Es ist somit die letzte und darüber hinaus die einzige erhalten gebliebene private Adresse dieses großen Musikers.

Dem beispiellosen Engagement der Bartholdy-Stiftung ist es zu danken,

Mein Tipp

Matineen à la Mendelssohn

Atmosphärisch reizvoll sind die im Musiksalon des Mendelssohn-Hauses stattfindenden Sonntagsmatineen. Jeweils um 11 Uhr wird, genau wie zu Mendelssohns Lebzeiten, von verschiedenen Interpreten aufgespielt. Das Programm präsentiert vor allem Werke der romantischen Musik: Klänge von Liszt, Brahms, Grieg oder Schumann verzaubern etwa eine Stunde lang den Sonntagmorgen und lassen die Zeiten wieder auferstehen, in denen die Mendelssohns ebenfalls sonntags »nur zu Musik und nichts als Musik« in ihr Haus einluden.

dass der Bau nicht nur erhalten blieb, sondern aufwendig restauriert werden konnte. Überdies wurde ein Museum im Mendelssohn-Haus eingerichtet, welches das Wirken Mendelssohns als Komponist, Kulturpolitiker, Kapellmeister, Musiker und Maler anschaulich darstellt. Besonders schön ist dabei, dass durch eine Dauerleihgabe des Stadtgeschichtlichen Museums sogar ein Teil des Originalmobiliars der Familie aufgestellt werden konnte, wodurch man sich gut in die Zeit zurück-

versetzen kann, in der dieses Haus Ausgangspunkt für außergewöhnliche Impulse der europäischen Musik- und Geistesgeschichte war. Mendelssohn hat vor allem in seiner Leipziger Zeit mit seinen sogenannten klassischen Konzerten der Musik Bachs zu einer echten Renaissance verholfen.

Im Mendelssohn-Haus befindet sich übrigens auch die Musikwissenschaftliche Fakultät der Universität Leipzig. Darüber hinaus bildet es die zweite Station der **Notenspur-Tour,** die man individuell erfahren bzw. erlaufen kann. Hier im Grafischen Viertel liegen die Stationen 2 bis 8 dieser Tour zu bedeutenden Stätten der Leipziger Musikgeschichte (www.notenspur-leipzig.de oder www.ltm-leipzig.de).

Henriette-Goldschmidt-Schule **2**

Goldschmidtstr. 20,
www.goldschmidtschule-leipzig.de
Die Henriette-Goldschmidt-Schule beherbergt heute das Berufliche Schulzentrum für Sozialwesen. Hier wurde dank einer großzügigen Spende von Henri Hinrichsen 1911 die erste Hochschule für Frauen in Deutschland durch Henriette Goldschmidt gegründet, die schon 1865 mit anderen Frauenrechtlerinnen, wie etwa Auguste Schmidt und Louise Otto-Peters, den Allgemeinen Deutschen Frauenverein als erste überregionale, gesamtdeutsche Frauenorganisation gegründet hatte.

Nürnberger Straße

In der Nürnberger Straße in Richtung Johannisplatz kommt man vorbei am **Trattoria Amici 1**, einem Italiener mit landestypischer Küche und Urlaubsambiente, am **Basamo 2**, der afrikanischen Kultkneipe Leipzigs mit Tanzboden und einer kleinen Konzertbühne, und der gegenüberliegenden Wertpapierdruckerei **Giesecke & Devrient 3**.

Grassimuseum !

Nun öffnet sich der **Johannisplatz,** der bis zum Zweiten Weltkrieg von einem barocken Kirchenbau dominiert wurde, heute aber als weite Grünfläche vor uns liegt. Dadurch gewährt er einen wundervoll offenen Blick auf das Art-déco-Ensemble des **Grassimuseums** 4 . Bei Nacht, wenn der turmartige Aufbau, die ›Ananas‹, kunstvoll ausgeleuchtet alles überstrahlt, wird die Anmutung der 1920er-Jahre lebendig.

Franz Dominic Grassi (1801–80) entstammte einer alten mittelitalienischen Kaufmannsfamilie, die damals schon seit mehreren Generationen in Leipzig lebte. Er vermachte der Stadt den nicht unbeträchtlichen Betrag von 2 327 000 Mark, mit dem mehrere Bauten, Denkmäler und Projekte der Stadt, wie beispielsweise das Gewandhaus, das im Zweiten Weltkrieg zerstört wurde, oder das Bachdenkmal am Thomaskirchhof umgesetzt werden konnten. Das ›neue‹ Grassimuseum am Johannisplatz wurde Mitte der 1920er-Jahre mit dem Verkaufserlös für das ›alte‹ Grassimuseum finanziert, das 1895 von Grassis Geld am heutigen Wilhelm-Leuschner-Platz errichtet wurde und in dem jetzt die Stadtbibliothek untergebracht ist. Heute sind dort drei verschiedene Museen zu Hause, die auch durch verschiedene Träger gepflegt und verwaltet werden.

Museum für Angewandte Kunst
s. Grassimuseum S. 48, www.grassi museum.de/home.html, Di–So 10–18 Uhr
Nach den aufwendigen Sanierungsmaßnahmen war dies das letzte der drei Museen, das im Dezember 2007 wieder Einzug hielt. Die Sammlung geht zurück auf das 1874 gegründete Kunstgewerbemuseum, dessen Bestände trotz

Zerstörung des Gebäudes im Zweiten Weltkrieg erhalten blieben. Heute stehen nun wieder 33 Räume für die beiden Rundgänge ›Antike bis Historismus‹ und ›Asiatische Kunst‹ der außergewöhnlichen Sammlung zur Verfügung. Bis Ende 2011 kommt noch der Rundgang ›Jugendstil bis Gegenwart‹ in mehreren Räumen hinzu.

Die Pfeilerhalle, der zentrale Raum des Hauses, ist benannt nach zwölf im Grundriss dreieckigen Vitrinenpfeilern, die 2006 nach historischen Vorbildern rekonstruiert wurden und so das Flair der 1920er-Jahre wieder erstehen lassen. Sie dient für Veranstaltungen wie die 1920 vom damaligen Museumsdirektor Richard Graul ins Leben gerufene **Grassimesse** (www.grassimesse. de). Dabei stellen von einer Jury ausgewählte Designer und Kunsthandwerker

Mein Tipp

Erinnerungen an eine große Vergangenheit
Am nördlichen Ende der Inselstraße findet sich eine alternative Reminiszenz an die Geschichte des Viertels. Im Grafischen Hof finden Sie Designermode neben Originalgrafiken, eine Lithografiewerkstatt ebenso wie frische und getrocknete Kräuter neben den Produkten der Buchkinder e.V. (s. S. 189) und vieles andere mehr. Wer sich stärken möchte, dem sei die italienische Küche der Hof-Burg (www.hof burg-leipzig.de) empfohlen.
Grafischer Hof 1 : Reudnitzer Str. 1–7, Eingang um die Ecke in der Hans-Poeche-Straße, 0341 268 21 16, www.gra fischerhof.de.

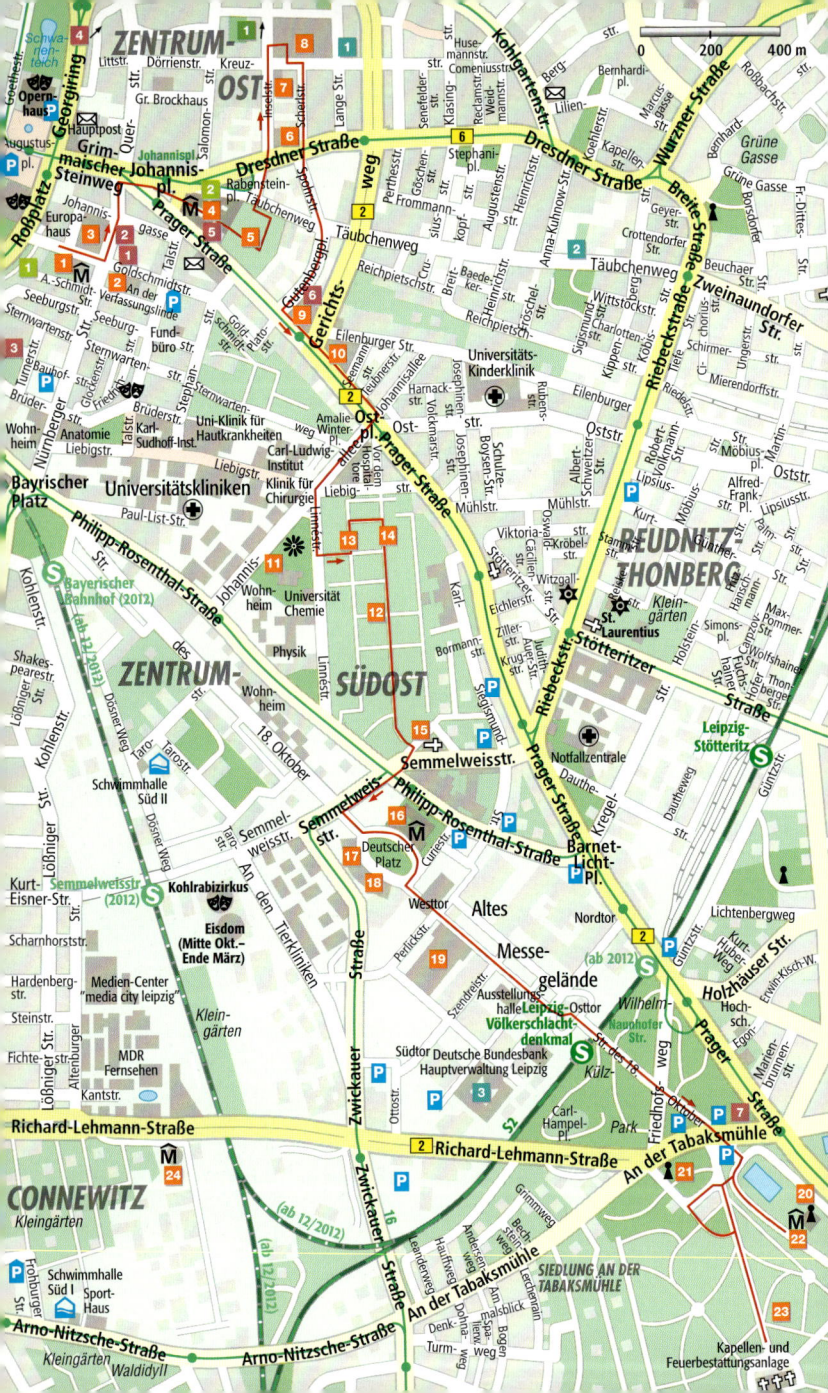

Vom Grafischen Viertel bis Connewitz

Sehenswert

1 Mendelssohn-Haus
2 Henriette-Goldschmidt-Schule
3 Giesecke & Devrient
4 Grassimuseum mit Museum für Angewandte Kunst, Museum für Völkerkunde und Museum für Musikinstrumente
5 Alter Johannisfriedhof
6 Oscar-Brandstetter-Haus
7 Schumann-Haus und Clara-Wieck-Schule
8 Reclam-Carrée
9 Haus des Buches
10 Seemann-Karree
11 Botanischer Garten
12 Friedenspark
13 Apothekergarten
14 Duft- und Tastgarten
15 Russische Gedächtnis- kirche St. Alexej
16 Deutsche Nationalbiblio- thek und Deutsches Buch- und Schriftmuseum
17 Max-Planck-Institut für Evolutionäre Anthropo- logie
18 Bio City Leipzig
19 Sowjetischer Pavillon
20 Völkerschlachtdenkmal
21 Napoleonstein
22 Forum 1813
23 Südfriedhof
24 Panometer

Essen & Trinken

1 Trattoria Amici
2 Basamo
3 Café Corso
4 Le Cochon
5 Michaelis im Grassi
6 Literaturcafé
7 Parkrestaurant am Völkerschlachtdenkmal

Einkaufen

1 Grafischer Hof

Aktiv & Kreativ

1 Karaoke-Club Zum Kakadu
2 Klanglabor im Museum für Musikinstrumente

Abends & Nachts

1 RosaLinde
2 Café Substanz
3 Volkspalast

aus, teils international anerkannte Künstler, teils Absolventen europäischer Fachschulen und Jungdesigner.

Mit seinem erstrangigen Bestand von weit mehr als 90 000 Stücken reiht sich das Museum weltweit unter die führenden Museen für Angewandte Kunst ein. Höhepunkte sind dabei das Refektorium aus dem Kloster Cori bei Rom aus der Spätrenaissance, die venezianische Kassettendecke aus der Villa Fritz von Harcks und die herrliche Piranesi-Galerie mit Prödelvase und Kupferstichen des Meisters vom antiken Rom, von dem das Haus übrigens einen fast vollständigen Bestand an Originalgrafiken besitzt. Die mitten im roten Salon in Szene gesetzte Vase aus dem 18. Jh. kann man übrigens auf einem der Stiche in fast identischer Form wiederfinden.

Museum für Völkerkunde

s. Grassimuseum S. 48, www.mvl-grassimuseum.de, Di–So 10–18 Uhr

Bereits seit 2005 residiert das Museum für Völkerkunde als Teil der Ethnografischen Sammlung des Landes Sachsen wieder an diesem neuen-alten Ort. Mit seinen über 200 000 Sammlungsobjekten und dem umfangreichen Foto-, Film- und Dokumentenbestand ist es eine der bedeutendsten Einrichtungen seiner Art nicht nur als Museum, sondern auch als Forschungsstätte. Seit 2009 lädt das Museum auf seinen beiden Etagen nach 100 Jahren Zwangspause wieder zu »Rundgängen in einer Welt« ein, welche die Völker und Kulturen aller Erdteile umfassen. Viele seiner kostbaren Bestände verdankt das Museum Freunden des Hauses, Mäzenen und Förderern und dem umsichtigen Handeln seiner Direktoren, so vor allem Hermann Obst und Karl Weule. Berühmte Persönlichkeiten wie Heinrich Schliemann, der Entdecker von Troja, die Verlegerdynastien Brockhaus und Meyer, zu denen auch der große Forscher und Erstbesteiger des Kilimandscharo Hans Meyer zählt, waren seinerzeit dem Museum für Völkerkunde zu Leipzig eng verbunden.

Auf dem Weg durch die nach Kontinenten gegliederte Sammlung spielt das Thema Wohnen und Alltagswelt vor allem in ländlichen Gebieten immer wieder eine große Rolle. So kann man beispielsweise neben einem Beduinenzelt und einer mongolischen Jurte auch einen tibetischen Tempel erleben. In allen Bereichen sind auch Objekte zum Mitmachen wie etwa Trommeln oder Alltagsgegenstände ausgestellt, man hört Klänge von fremdländischer Musik oder authentische Geräuschkulissen der jeweils präsentierten Gegenden, wodurch der Besuch auch für Kinder zur interessanten Entdeckungstour werden kann. Die geheimnisvollen Masken und mysteriös wirkenden Kultgegenstände tun dabei ein Übriges.

Museum für Musikinstrumente

s. Grassimuseum S. 48, http://mfm. uni-leipzig.de, Di–So 10–18 Uhr

Nebenan beherbergt das Musikinstrumentenmuseum als Teil der Universität Leipzig eine der größten Instrumentensammlungen der Welt. Dies kann umso beeindruckender erscheinen, wenn man erfährt, wie groß die Schäden und Verluste durch den Zweiten Weltkrieg auch in diesem Museum gewesen sind. Bei einem Rundgang durch die chronologisch aufgebaute Dauerausstellung des Hauses kann man anhand von europäischen und außereuropäischen Musikinstrumenten einen umfassenden Überblick über die Entwicklung von der Renaissance bis in die Gegenwart erhalten. Unter den Exponaten sind besonders hervorzuheben der älteste Hammerflügel der Welt und eine Orgel des Silbermannschülers Zacharias Hildebrandt, an der dessen Freund und Gönner Johann Sebastian Bach selbst gespielt hat. Das in

seiner Form an ein Schiffchen erinnernde Spinett des genialen und experimentierfreudigen Florentiner Instrumentenbauers Bartolomeo Cristofori (1655–1731) stattete dieser im mechanischen Innenleben mit einigen Vorzügen eines Cembalos aus.

Auch im Museum für Musikinstrumente laden immer wieder einzelne Objekte, vor allem aber das **Klanglabor** 2 zum Ausprobieren, Mitmachen und Musizieren ein. Hier können kleine und große Kinder nach Herzenslust Musik machen oder einfach mal richtig auf die Pauke hauen. Ein neu entwickeltes 3D-Soundsystem macht die Musik vergangener Jahrhunderte erfahrbar.

Das leibliche Wohl kommt übrigens auch in diesem Museum nicht zu kurz.

Grassimuseum, Museum für Angewandte Kunst

Das **Cafe & Bistro Michaelis im Grassi** 5 ist nicht nur Museumscafé, sondern beteiligt sich mit zahlreichen Aktionen direkt an den Veranstaltungen des Hauses. Wenn anschließend ein kleiner kultureller Verdauungsspaziergang auf dem Programm stehen soll, geht man einfach durch die rückwärtigen Tore des Hauses in die parkähnliche Anlage des Johannisfriedhofs.

Alter Johannisfriedhof

März–Okt. 10–18 Uhr, Nov.–Feb. 10–16 Uhr
Der **Alte Johannisfriedhof** 5 hinter der Johanniskirche und dem Johannisspital, außerhalb der Stadtmauern gelegen, war von seiner Eröffnung 1563 bis zu seiner Schließung 1883 die Begräbnisstätte der Leipziger. Unter schattenspendenden Bäumen finden sich hier sowohl auf den Rasenflächen als auch an den Mauern sehenswerte historische Grabsteine. Der Friedhof ist berühmt für seine Epitaphien, darunter einige stark verwitterte Renaissanceplatten und Epigramme auf barocken Grabsteinen. Das einzige erhaltene barocke Grufthaus unmittelbar hinter dem Grassimuseum wurde 1726 errichtet und 1825 vom Verlagsbuchhändler Friedrich Gotthelf Baumgärtner erworben. Auch der Stifter des Museums Franz Dominic Grassi hat auf diesem Gottesacker seine letzte Ruhestatt ge-

funden, ebenso Kätchen Schönkopf, der Schwarm des jungen Goethe, sowie Mutter und Schwester Richard Wagners.

Im südöstlichen Teil des Geländes befindet sich heute auch ein **Lapidarium** mit Grabmonumenten des säkularisierten neuen Johannisfriedhofs, dem heutigen **Friedenspark**. Hier stößt man auch auf die Grabstätten bedeutender Leipziger wie etwa Anton Philipp Reclams sowie der Verlegerfamilie Brockhaus, berühmter Bürgermeister wie Wilhelm Otto Koch und Carl Bruno Tröndlin oder von Kämpferinnen der Frauenbewegung wie Auguste Schmidt und Luise Otto-Peters sowie von Karl Erdmann Heine, dem Gründer des Elster-Saale-Kanal-Vereins und Förderers der Industrialisierung von Leipzig-Plagwitz (S. 205).

An den Friedhof grenzt östlich die 1929 gebaute ehemalige Ingenieurschule für Polygraphie und heutige Buchhändlerschule. An der nördlichen Mauer des Friedhofs befindet sich ein kleines Tor, das während der Öffnungszeiten den Austritt auf den Täubchenweg gestattet.

Im Grafischen Viertel

Oscar-Brandstetter-Haus [6]
Dresdner Str. 11–13
Das eindrucksvolle Oscar-Brandstetter-Haus wurde ebenso wie das Seemann-Haus von Curt Nebel entworfen. Hier hat heute die Handwerkskammer ihren Sitz. Am Eingang ist eine Broschüre erhältlich, die den reichen bildnerischen Schmuck des Hauses erläutert, der von der 500-jährigen Geschichte des Buchdrucks erzählt.

Schumann-Haus und Clara-Wieck-Schule [7]
Inselstr. 18, www.schumann-verein.de, Mi–Fr 14–17 Uhr, Sa/So 10–17 Uhr
Im Schumann-Haus hat der Robert-und-Clara-Schumann-Verein nicht nur seit 1995 seinen Sitz, sondern widmet sich auch der Pflege des kulturellen Erbes dieses wohl berühmtesten Künstlerehepaars des 19. Jh. Leipzigs. Einen der beiden Grundpfeiler bildet dabei die ständige Ausstellung in der ersten gemeinsamen Wohnung von Clara Wieck und Robert Schumann in der Beletage, den anderen das lebendige Veranstaltungsleben des Hauses: neben Lesungen und Gesprächen der »Inselreihe« mit herausragenden Persönlichkeiten des Musik- und Kulturlebens gibt es natürlich Konzerte im originalgetreu rekonstruierten Schumann-Saal.

Ins Haus ist außerdem die **Freie Grundschule Clara Schumann** eingezogen, in der die Kinder mit künstlerisch-musischem Schwerpunkt ausgebildet werden. Das Schumann-Haus ist heute Erinnerungs-, Begegnungs- und Erlebnisstätte in einem.

Reclam-Carrée [8]
Ein paar Schritte weiter die Inselstraße hinunter steht man direkt vor dem Reclam-Carée – heute äußerlich denkmalgetreu restauriert und im Inneren als zeitgemäßes Bürogebäude modernisiert, residierte hier einstmals der gleichnamige Verlag. Sein Begründer Philipp Anton Reclam hatte in der zweiten Hälfte des 19. Jh. mit der Herausgabe seiner »Universal-Bibliothek« Weltliteratur zu niedrigen Preisen einer breiten Leserschaft zugänglich gemacht. Heute sind hier verschiedene Firmen eingezogen, so auch die Leipziger Dependance des Reclam Verlags, es gibt

Wohnungen, Gastronomie- und Handelsflächen.

Am Gutenbergplatz kann man nun die Vorderfront der Buchhändlerschule im Stil der Neuen Sachlichkeit bestaunen, deren Rückfront zuvor als Begrenzung des Johannisfriedhofs erlebt wurde. Gegenüber erinnert der klägliche Rest einer reliefverzierten Ruine an das einstmals hier befindliche beeindruckende **Buchgewerbehaus.**

Haus des Buches 9

Gerichtsweg 28, www.haus-des-buches-leipzig.de, Mo–Fr 9–18 Uhr und zu den Veranstaltungen
An der Ecke zur Prager Straße wurde Anfang der 1990er-Jahre das Haus des Buches errichtet. Im Jahr 1996 wurde es eröffnet und dient seither als Treffpunkt für Leser, Autoren und Büchermacher. Eine Freitreppe, die vom im Haus befindlichen **Literaturcafé 6** in den Garten führt, ist die letzte noch sichtbare historische Spur des einst gewaltigen Neorenaissancegebäudes der Buchhändlerbörse, die repräsentativer Sitz des 1825 in Leipzig gegründeten Börsenvereins der Deutschen Buchhändler war. Auch dieses Gebäude wurde in der schweren Bombennacht vom 3. auf den 4. Dezember 1943 zerstört. Neben zahlreichen Ausstellungen und Veranstaltungen wird das Haus des Buches auch dadurch belebt, dass sich hier viele Vereine und das Kulturamt der Stadt Leipzig angesiedelt haben.

Seemann-Karree 10

Auf der dem Eingang gegenüberliegenden Ecke erhebt sich der imposante Bau des ältesten deutschen Kunstverlags Ernst Arthur Seemann. Auch hier erinnert der Bildschmuck an das Büchergewerbe, indem Reliefputten gezeigt werden, die mit der Herstellung von Büchern beschäftigt sind. Auch an diesem Gebäude sind die Zerstörungen des Zweiten Weltkriegs nachvollziehbar, denn es ist nur noch zum Teil in seiner ursprünglichen Form erhalten. Heute bildet es zusammen mit einem ergänzenden Neubau das Seemann-Karree mit Büro- und Geschäftsräumen.

Botanischer Garten der Universität Leipzig 11

Linnéstr. 1; die je nach Jahreszeit unterschiedlichen Öffnungszeiten erfährt man am besten vor Ort oder unter www.uni-leipzig.de/bota/home/ oeffnungszeiten
Der Botanische Garten der Universität Leipzig ist sicher nicht einer der größten, aber schon aus Gründen der Tradition – er ist mit seinen rund 450 Jahren der älteste Universitätsgarten Deutschlands – wird er sehr ambitioniert geführt und gestaltet. Er dient immer noch der Forschung und wird von Studenten und Gästen mit unterschiedlichen Ambitionen genutzt und demzufolge auch mit unterschiedlichen Augen betrachtet.

In den Gewächshäusern sind tropische, subtropische und mediterrane Pflanzen zu sehen. Mit Sonderveranstaltungen, wie z. B. dem »Schmetterlingshaus«, bei der in den Tropenhäusern Schmetterlinge sowie ihre Raupen und Larven zu bestaunen sind, lockt der Garten Besucher von weit her an.

Friedenspark 12

Immer geöffnet; Apothekergarten und Duft- und Tastgarten Öffnungszeiten wie Botanischer Garten (s. o.)
Nur wenige Schritte entfernt im gegenüberliegenden Friedenspark befindet sich der Eingang des zum Botanischen Garten gehörenden **Apothekergartens 13**. Ursprünglich waren ja

Vom Grafischen Viertel bis Connewitz

die meisten Universitätsgärten hauptsächlich dem Anbau von Heil- und Nutzpflanzen gewidmet, und mit der Wiedereinrichtung des Instituts für Pharmazie an der Leipziger Universität Anfang der 1990er entwickelte sich der Bedarf nach einer Sammlung von Heilpflanzen zur Ausbildung von Pharmazeuten. 2001 wurde dann der Apothekergarten eingeweiht, der einer Kooperation von Stadt und Universität zu danken ist. Besonders interessant ist der historische Teil des Gartens, der direkt hinter dem Eingang Hospitaltor liegt. Der Name erinnert an das nahe gelegene frühere Johannishospital.

Ein etwas lockerer gestalteter Teil jenseits der Pergola mit Rankpflanzen leitet über in den jenseits der Hauptwegeachse des Friedensparks gelege-

nen **Duft- und Tastgarten** 14. Hier ist ein barrierefreier Garten entstanden, der vor allem Blinde und Sehbehinderte zum Besuch einlädt, auf deren Bedürfnisse bei der Erstellung ganz speziell Rücksicht genommen wurde. 16 kleinteilige, mit unterschiedlichsten Materialien, Wasserspielen und Kleinarchitekturen ausgestaltete Themenfelder laden zum Entdecken und Verweilen ein.

Von hier folgt man der Hauptachse durch den Friedenspark, der sich auf dem früheren Gelände des neuen Johannisfriedhofs befindet. 1983 konnte die erste Ausbaustufe des ehemaligen Neuen Johannisfriedhofs mit verschiedenen Sport- und Spielanlagen als Friedenspark an die Leipziger Bevölkerung übergeben werden, die ihn immer noch rege nutzt und sich auch von den

Kartensammlung in der Deutschen Nationalbibliothek

wunderbar sozialistischen Realismus-
plastiken in den Blumenrabatten nicht
verunsichern lässt.

Rund um den Deutschen Platz

Russische Gedächtniskirche St. Alexej 15

Dez.–Feb. 10–16 Uhr, März–Nov.
10–17 Uhr, Mittagspause 13–14 Uhr,
Gottesdienst So 10–13 Uhr,
www.russische-kirche-l.de
Den Friedenspark auf der anderen
Seite verlassend, steht man direkt vor
der Russischen Kirche. Sie wurde als Er-
innerungsbauwerk im Gedenken an
den ruhmreichen Sieg des russischen
Heeres über Napoleon und die 22 000

gefallenen russischen Soldaten zum
hundertsten Jahrestag der Völkerschlacht bei Leipzig am 18. Oktober
1913 dem Heiligen Alexej geweiht. Die
Kirche wurde nach einem Entwurf des
russischen Architekten Wladimir Alexandrowitsch Pokrowski im Nowgoro-
der Stil als 16-seitige Zeltdachkon-
struktion erbaut. Mit ihrem nach oben
komplett geöffneten Innenraum beeindruckt die 55 m hohe Kirche durch
eine enorme Sogwirkung gen Himmel,
und die 18 m hohe Ikonostase tut ein
Übriges, diesen Sog zum ›Höchsten‹
durch Bildnisse der Heiligen und viel
Gold zu unterstützen.

Rechts und links des Eingangs zur
unten gelegenen früheren Winterkir-
che befinden sich zwei Tafeln, die in
russischer und deutscher Sprache er-
klären, wer mit wie viel Mann gegen
Napoleon im Feld stand und wie viele
Soldaten der jeweiligen Heere in der
Schlacht fielen. Zusammen mit den im
Inneren der Kirche ausgestellten zwei
Standarten und Memorialtafeln unterstreichen sie den Charakter der Kirche als Gedächtniskirche der Völkerschlacht. Eine Aufgabe, die auch
durch die mehrfache Darstellung sowohl des Heiligen Georg als auch des
Erzengels Michael ikonografisch un-
termauert wird, stehen doch beide ex-
plizit für den Kampf gegen das Böse,
als das man Napoleon damals ein-
stufte.

Deutsche Nationalbibliothek 16

www.d-nb.de, Mo–Fr 8–22, Sa 9–18
Uhr
Als 1912 das Königreich Sachsen und
der Börsenverein der Deutschen Buchhändler zu Leipzig einen Vertrag über
die Gründung der Deutschen Bücherei
schlossen, war klar, dass der Sitz einer
solchen Nationalbibliothek Deutschlands nur in Leipzig liegen konnte,
denn Leipzig war damals absoluter

Mittelpunkt des Buch- und Verlagswesens im Deutschen Reich. Aufgabe dieser Deutschen Bücherei sollte es sein, die gesamte vom 1. Januar 1913 an erscheinende deutsche und fremdsprachige Literatur des Inlands und die deutschsprachige Literatur des Auslands zu sammeln und – seinerzeit! – unentgeltlich für die Benutzung zur Verfügung zu stellen.

Das dafür vorgesehene Gebäude wurde in den Jahren 1914–16 in elegantem Schwung nach Entwürfen von Oskar Pusch am Deutschen Platz errichtet und in den Jahren 1934–36 und 1959–63 nach Puschs Entwurfsvorlagen homogen erweitert. Mit dem in den Jahren 1976–82 errichteten dritten Erweiterungsbau in Form eines Bücherturms wich man von diesem ursprünglichen Konzept vollkommen ab. Durch eine 55 m lange Röhre, die eine Büchertransportanlage birgt, wurde der Magazinturm mit dem Hauptgebäude verbunden.

Natürlich hatte man bereits kurz nach dem Kriegsende 1945 auch in den westlichen Sektoren über die Gründung einer adäquaten Institution für die nicht sowjetisch besetzten Zonen nachgedacht und 1946 denn auch die Deutsche Bibliothek in Frankfurt am Main gegründet. Zeitgleich mit der Wiedervereinigung wurden die beiden Bibliotheken rechtswirksam am 3. Oktober 1990 unter eine gemeinsame Verwaltung mit Sitz in Frankfurt gestellt. Seither teilt man sich die bis dato doppelt geleistete Archivierungsarbeit: In Leipzig werden die Druckerzeugnisse der neuen Bundesländer und Nordrhein-Westfalens katalogisiert und in Frankfurt die aus den übrigen Ländern.

Seit 2007 wurde nun der vierte Erweiterungsbau nach Entwürfen der Stuttgarter Architektin Gabriele Glöckler gebaut. Nach der Fertigstellung sind hier neben zusätzlichen Magazinräumen mit besten konservatorischen Bedingungen vor allem das früher noch im Haupthaus untergebrachte **Deutsche Buch- und Schriftmuseum** (s. S. 48) sowie das ehemals in Berlin beheimatete Musikarchiv eingezogen.

Max-Planck-Institut & Bio City

An der ovalen Anlage des Deutschen Platzes steht auch das 1997 gegründete **Max-Planck-Institut für Evolutionäre Anthropologie 17**, das zusammen mit dem Leipziger Zoo das Pongoland (S. 235) – die größte Menschenaffenanlage der Welt – betreibt und dadurch einzigartige Forschungsbedingungen hat. Nebenan wurde 2003 die **Bio City Leipzig 18** eingeweiht, die eine Vorreiterrolle im biotechnologischen Bereich Deutschlands einnimmt – sowohl in der Forschung als auch in der Produktion.

Alte Messe

Richtung Süden gelangt man zum Gelände der ehemaligen Technischen Messe, das allgemein **Alte Messe** genannt wird. Die meisten der früheren Messehallen sind in komplett neuer Nutzung unter verschiedenster Trägerschaft. Die 1913 von Wilhelm Kreis errichtete Kuppelhalle wird z. B. von der Diskothek **Volkspalast 3** genutzt.

Der auffällige **Sowjetische Pavillon 19** leuchtet dem Besucher mit seiner goldenen Spitze und dem roten Stern schon von Weitem entgegen. 1923/24 von Oskar Pusch und Carl Krämer unter dem Namen Achilleon Leipzig errichtet, diente er bis zu seiner Zerstörung im Zweiten Weltkrieg als Messehalle und Sportpalast. Heute wird das in den 1950er-Jahren zum Sowjetischen Pavillon umgebaute Gebäude hauptsächlich als Eventraum der besonderen Art genutzt.

Völkerschlacht-
denkmal !

Folgt man der Hauptachse über das ehemalige Messegelände, steht man nach einigen Stufen, einer Eisenbahnbrücke und einem kleinen Park direkt vor dem **Völkerschlachtdenkmal** 20 (s. S. 50). Das 91 m hohe Monument konnte nach 15-jähriger Bauzeit am 18. Oktober 1913, dem hundertsten Jahrestag des Sieges über Napoleon, mit kaiserlichem Pomp eingeweiht werden. In der Folgezeit wurde es immer wieder gern von den wechselnden Herrschaftsordnungen als titanische Aufmarschszenerie unter wechselnden Vorzeichen missbraucht. Der 1998 ins Leben gerufene Förderverein des Denkmals widmet sich deshalb nicht nur der Einwerbung von Spendengeldern für die Sanierung, die 2013 zur 200-Jahr-Feier abgeschlossen sein soll, er wirbt auch für die Bedeutung des Denkmals als »Mahnmal für Frieden, Freiheit, Völkerverständigung und europäische Einigung« (www.voelker schlachtdenkmal.de). Letztlich ist es ein Mahnmal für die etwa 100 000 gefallenen Soldaten dieser Schlacht.

Es besteht nicht nur aus dem hohen Mittelbau, sondern aus einer etwa 4 ha großen Anlage, die sowohl das zentrale Wasserbecken, die umgebenden Wallanlagen sowie die beiden Eingangspylonen und die beiden Seitenflügel des Hauptgebäudes zu einem gigantischen Gesamtensemble integriert. Im Inneren erwarten den Besucher eine Krypta mit 16 übergroßen ritterartigen Bewacherfiguren mit acht riesigen Totenmasken dahinter. Die darüberliegende Ruhmeshalle – die vor allem den Sieg über Napoleon feiern soll –, präsentiert gigantische Allegorien der vier ›deutschen Volkstugenden‹ Tapferkeit,

Volkskraft, Opferfreudigkeit und Glaubensstärke, und in der sich darüber schließenden Kuppel symbolisieren 324 fast lebensgroße Reliefreiter die heimkehrenden Krieger.

Der kolossale Denkmalsbau wurde in unmittelbarer Nähe von Napoleons Befehlsstand an der Quandtschen Tabaksmühle errichtet. An diesen erinnert heute noch der nahe gelegene **Napoleonstein** 21.

Forum 1813 22
s. S. 50

Den Sachsen, die seinerzeit an der Seite Napoleons verloren hatten und mit einer erheblichen Abgabe von Territorium an die Preußen bestraft wurden, war im Grunde überhaupt nicht daran gelegen, an diese Niederlage erinnert zu werden. Das erklärt wohl hinreichend, warum der Bau des Denkmals erst nach der Reichsgründung in Angriff genommen wurde.

Über die Historie der Schlacht und ihre Rezeption innerhalb der europäischen Geschichte geben sowohl eine Ausstellung in der Ruhmeshalle als auch das Forum 1813 im südlichen Seitenflügel Auskunft. Über 350 faszinierende Originalobjekte vermitteln einen Einblick in das Geschehen jener Epoche und zeichnen ein lebendiges Bild sowohl der Schlacht als auch der beteiligten Nationen.

Essen & Trinken

Bella Italia – **Trattoria Amici** 1: Nürnberger Str. 11, Tel. 0341 46 36 61 23, www.trattoria-amici.de, So–Fr 12–15, tgl. ab 17.30 Uhr, Hauptgerichte 7–20 €. Hier fühlt sich nicht nur der Gaumen wie in Italien umhegt, auch Service und Einrichtung lassen vom Süden träumen.
Afrikanisch – **Basamo** 2: Nürnberger Str. 11, www.basamo.de, tgl. ab 18 Uhr.

Hier kann man ganz nach Lust und Laune afrikanisch schlemmen, jammen und tanzen. S. 31.

Traditionelle Konditorei – **Café Corso 3**: Brüderstr. 6, S. 32.

Französisch – **Le Cochon 4**: Rosa-Luxemburg-Str. 4, S. 31.

Ambitioniert edel – **Michaelis Café und Bistro 5**: Johannisplatz 5–11, Tel. 0341 267 80, www.michaelis-leipzig.de, LVB 4, 7, 12, 15 Johannisplatz, Di–So 10–18 Uhr, Speisen um 15 €, zur Mittagszeit gibt es ein Lunchangebot für 7,90 €. Küchenchef Karsten Mitteldorf setzt seine Philosophie »Kochen ist eine Kunst!« natürlich in diesem Ambiente noch adäquater um: zuerst nur im Hotel Michaelis in der Paul-Gruner-Straße, inzwischen auch im Museum der Bildenden Künste und hier im Grassimuseum.

Zum Schmökern – **Literaturcafé 6**: Im Haus des Buches, Gerichtsweg 28, Tel. 0341 995 41 50, www.literaturcafe-leipzig.de, LVB 15 Gutenbergplatz, Mo–Fr 8–15 Uhr und zu den Veranstaltungen. Stiller Ort im Grafischen Viertel zum Lesen und Luftholen. Bei Sonne sitzt es sich besonders gut auf der angenehmen Terrasse zum Hof – mit Blick auf traditionsreiche Reste.

Ostalgisch – **Parkrestaurant am Völkerschlachtdenkmal 7**: Prager Str. 210, Tel. 0341 860 76 15, LVB 15 Völkerschlachtdenkmal, tgl. ab 10 Uhr, Hauptgericht 8–15 €. Gartenrestaurant im Külzpark. Im Sommer auf dem Freisitz eine gute Erholung von Kälte und Finsternis des Monuments. Drinnen DDR-Feeling wie früher.

Einkaufen

Bunte Vielfalt – **Grafischer Hof 1**: s. S. 147.

In der Ruhmeshalle des Völkerschlachtdenkmals

Aktiv & Kreativ

Im Blätterwald – **Haus des Buches 9**: Gerichtsweg 28, Tel. 0341 995 41 34, www.haus-des-buches-leipzig.de. Ausstellungen, Buchvorstellungen, Lesungen, Vorträge und Konzerte locken die Gäste auch außerhalb der regulären Öffnungszeiten am Abend und nachts ins Haus des Buches.

Fühlen, Riechen, Schmecken – **Duft- und Tastgarten 14**: S. 154

Schrill – **Karaoke-Club »Zum Kakadu« 1**: Roßplatz 4, Tel. 0341 211 92 11, www.kakadu-leipzig.de. Knapp 7000 Titel hält der Kakadu für Ihren großen selbst gesungenen Auftritt parat. Von Schlagern aus den 50ern bis zu den heutigen Topchartdauerbrennern können Sie sich an allem versuchen. Ein bisschen Mut braucht man allerdings schon, denn einige der Besucher sind hier Stammgäste und legen sowohl optisch als auch stimmlich ganz schön vor.

Tonakrobatik – **Klanglabor im Museum für Musikinstrumente 2**: S. 150

Abends & Nachts

Schwul-lesbisches Zentrum – **Rosa-Linde 1**: Lange Str. 11, S. 40.

Urig – **Café Substanz 2**: Täubchenweg 67, Tel. 0341 689 45 74, LVB 4, 7, 72, 73 Reudnitz Köhlerstr., tgl. ab 18 Uhr. In einem der schönsten Biergärten der Stadt kann man unterm Blätterdach entspannt den Abend genießen. Ein heißer Tipp für den kleinen Geldbeutel.

Spacig – **Volkspalast 3**: Puschstr. 10, auf der Alten Messe Halle 16, Tel. 0341 24 16 10, www.volkspalast.tv, LVB 16, 70 Richard-Lehmann-Straße. Ob zum Konzert, zur Disco oder einfach nur zum Chillen, das besondere Ambiente der 1912 erbauten Stahlbetonkuppel macht den Besuch zum Ereignis.

Auf Entdeckungstour

Spaziergang auf dem Südfriedhof

Der Südfriedhof 23 **ist einer der größten Parkfriedhöfe Sachsens. Aber auch die künstlerische Vielfalt beeindruckt alle Besucher.**

Zeit: etwa 1 1/2 Std.

Start: Osttor an der Prager Straße

Öffnungszeiten: April–Sept. 7–21 Uhr, Okt.–März 8–18 Uhr

Anfahrt: Straßenbahn Linie 15 Südfriedhof

Sobald man die lärmende Prager Straße und das Eingangstor des **Südfriedhofs** hinter sich gelassen hat, spürt man sofort einen Hauch von Frieden, von Weite, von Erhabenheit. Die Hauptachse führt direkt auf die neoromanische Kapellenanlage mit Krematorium und verschiedenen Trauerhallen von Otto Scharenberg zu, die mit ihrem 63 m hohen Glockenturm die gesamte Anlage dominiert.

Ideal der Renaissance

Die Grundkonzeption der Wege folgt der Form eines Lindenblatts, was an den slawischen Ursprung des Stadtnamens erinnern soll (s. S. 58). Durch diesen lebendigen Schwung wird der Spaziergang nie langweilig und die Blickachsen stecken immer wieder voll Überraschungen. Folgt man dem ersten geschwungenen breiten Weg nach links – der vierte Abzweig in diese Richtung – und wendet sich beim zweiten Abzweig wieder nach rechts, so steht man bald vor dem gewaltigsten Grabdenkmal des Südfriedhofs (Abt. XV).

Der Fabrikant Ernst Traugott Fritzsche (1852–1916) gab den Auftrag für dieses Mausoleum. Als Vorbild sollte Donato Bramantes Tempietto (1502) im Hof von S. Pietro in Montorio in Rom dienen, und auch die Baustoffe seien aus Italien zu beschaffen. Eine Vorgabe, an die man sich nach dem Tod Fritzsches aufgrund des Krieges nicht mehr halten konnte. Der Eingang zur Gruft entspricht übrigens nicht dem scheinbaren Portal, sondern liegt – nur wenigen bekannt – versteckt um einiges vom Grab entfernt.

Kolumbarium & Krematorium

Bei der Kapellenanlage befindet sich das über zwei Etagen ausgebreitete Kolumbarium des Südfriedhofs. Angelehnt an die römisch-altchristlich-by-zantinischen Baustil beeindruckt dieser 1911 hinzugefügte Bauteil vor allem durch die für Deutschland eher untypischen Wandnischen für die Urnenbeisetzung, die durch den 1909 fertig gestellten Bau des Krematoriums möglich geworden war.

Von dieser Anlage aus geht es hinunter zu dem kleinen Teich, von wo aus man einen herrlichen Blick auf die Rückfront der Kapellenanlage genießen kann.

Helden der Geschichte

Sich immer leicht rechts haltend gelangt man in die Abteilung X, die durch die Dichte ihrer monumentalen Grabbauten eher an eine Gräberstadt denken lässt. Der antikisierende Tempelwandaufbau wurde für Dr. Oskar Hase, einen Mitinhaber des Musikalienverlages Breitkopf & Härtel, errichtet. Die nur etwas entfernt gelegene kleine gotische Halle über einer prunkvollen Tumba erinnert an Edmund Reinhard, der einst eine der großen Leipziger Brauereien (Riebeck) betrieb, und nach wenigen Schritten steht man vor einer Pyramide aus Kalkstein, die sich die Verlegerfamilie Ullstein errichten ließ.

Geht man nun weiter um das Gebäude herum bis zum Haupteingang, steht man direkt am Ende der Hauptachse des Friedhofs, die sowohl im Mittelteil als auch an den beiden Seiten dem Gedenken an die Opfer des Zweiten Weltkriegs und des Nationalsozialismus gewidmet ist.

Der Friedhof hat jedoch noch viele interessante Geschichten und Details mehr zu bieten. Wer tiefer eintauchen möchte, dem sei eine der Publikationen (›Vom Südfriedhof erzählen‹, Verlag Kunst und Touristik Leipzig 1993) oder eine Friedhofsführung empfohlen (www.leipzigdetails.de).

Lieblingsort

Amazonasdschungel im Panometer

Für Fernwehgeplagte bietet Leipzig mit dem weltgrößten Panorama-Bild des Berliner Architekten und Künstlers Yadegar Asisi eine ganz außergewöhnliche Blüte. Wenn Sie schon immer mal den südamerikanischen Regenwald besuchen wollten, Ihnen aber stets Zeit und/oder Geld fehlten, können Sie hier auf virtuelle und doch sinnliche Art verreisen. Das riesige Panorama-Gemälde im alten Gasometer sorgt nebst entsprechender Licht- und Geräuschkulisse für (fast) echte Urwaldimpressionen – und zwar so perfekt und detailgetreu, dass man mit einem Fernglas auch die kleinsten Blüten, Blätter und Insekten erkennen kann. Eine echte Erholung vom Großstadtdschungel!

Panometer 24, Richard-Lehmann-Straße 114, 0341 355 53 40, www.asisi.de, Bus 70 Altenburger Straße, Di–Fr 9–19 und Sa, So 10–20 Uhr, Eintritt: 10 € (diverse Ermäßigungen), Führungen tgl. 11, 14, 15 Uhr (2 € p. P. zusätzlich).

Musikviertel

Auf Entdeckungstour

Auf den Spuren der Leipziger Schule: Kunstliebhaber und Galeristen aus aller Welt reißen sich auf den großen Messen in Basel, Miami und London um ihre Werke, die nicht nur dort, sondern auch auf Auktionen zu exorbitanten Preisen den Besitzer wechseln. Doch wer sind diese Künstler aus Leipzig und worauf gründet sich ihr derzeitiger Erfolg? S. 190

Kultur & Sehenswertes

Galerie für Zeitgenössische Kunst: 1998 eingeweiht, soll sie das aktuelle internationale Kunstschaffen zugänglich machen. **7** S. 170

Hochschule für Musik und Theater: Seitdem der prämierte Große Saal für Veranstaltungen 2001 eingeweiht wurde, finden in der Musikerschule beachtenswerte Konzerte statt. **11** S. 175

Bundesverwaltungsgericht: Als höchste juristische Instanz des Kaiserreichs erbaut, erlangte es unter den Nazis während des Reichstagsbrandprozesses fragwürdige Berühmtheit. **13** S.179

Aktiv & Kreativ

Schachzentrum im Clara-Zetkin-Park: Das bei Alt und Jung beliebte Schachzentrum wird in den Sommermonaten durch Veranstaltungen und Turniere zum Treffpunkt aller Freunde dieses Sports. **1** S. 182

Genießen & Atmosphäre

Kowalski: Unter wechselnder Kunst an den Wänden lässt sich in angenehmer Atmosphäre trefflich selbst gebackener Kuchen genießen. **5** S. 33, 181

Violino: Hervorragende italienische Leckerbissen und ein wirklich zuvorkommender Service. **6** S. 181

Abends & Nachts

Parkbühne: Freiluftbühne im Clara-Zetkin-Park für Theater, Rock und Pop – und die Wave- und Gothic-Fans während des Pfingsttreffens. **1** S. 170, 182

Tonelli's: Eigentlich ist in der ältesten Musikkneipe Leipzigs jeden Abend ab 20 Uhr was los. **2** S. 40, 183

Flower Power: Die Kultkneipe im Uni-Viertel bietet ein abwechslungsreiches Programm bis in die frühen Morgenstunden. **5** S. 183

Die Schulbänke der Musen

Fälschlicherweise werden Ihnen auch heute noch viele Leipziger, wenn man sie nach dem Namen des Viertels fragt, ›Musikerviertel‹ antworten. Diese Bezeichnung rührt von dem allgemein verbreiteten Irrglauben her, das Viertel sei so benannt worden, weil die Mehrzahl der hiesigen Straßennamen an berühmte Musiker erinnert. Fakt ist jedoch, dass das ›Musikviertel‹ seinen Namen den drei bzw. vier hier in der zweiten Hälfte des 19. Jh. angesiedelten wichtigsten Musikinstitutionen der Stadt verdankt: der Thomasschule als Ausbildungsstätte des Thomanerchors (1877), dem Alumnat als dessen Wohn- und Heimstatt (1881), dem Gewandhaus (1884) und der Musikhochschule (1887).

Zwar ist die heutige Thomasschule nicht mehr mit der ursprünglich in der Schreberstraße gebauten und im Zweiten Weltkrieg komplett zerstörten identisch, doch liegt der heute von ihr genutzte Bau des Thomasgymnasiums an der Hillerstraße in direkter Nachbarschaft. Auch wenn das Gewand-haus sich heute mit seinem Neubau am Augustusplatz befindet, ebenso wie das Orchester des MDR, sind mit der Hochschule für Musik und Theater und dem sich ständig weiterentwickelnden Forum Thomanum an der Bachstraße immer noch zwei das Musikleben der Stadt nachhaltig prägende Institutionen im Musikviertel verwurzelt. Hierauf sind die Anwohner ausgesprochen stolz, wie übrigens auch auf die historische Tradition und die außergewöhnliche Qualität der Architektur im Viertel. Davon zeugt der bereits 1990 gegründete Quartiersverein mit dem sinnfälligen Namen Musikviertel e.V. (www.musikviertel.de).

In den Clara-Zetkin-Park

Skulpturenpark

Gegenüber der gewaltigen Westfront des Neuen Rathauses streckt ein Ausläufer des Johannaparks seinen grünen Finger nach der Innenstadt aus. Ein etwas versteckt liegender **Gedenkstein** 1 erinnert an den berühmten Dichter der Befreiungskriege Theodor Körner.

Etwas weiter kommt man zum **Skulpturenpark Lotterstraße** 2 mit verschiedenen Werken Leipziger Künstler. Von diesem ruhigen, grünen Inselchen hat man einen schönen Blick auf das Neue Rathaus; eine Bodenskulptur des Architekten Bernd Sikora erinnert an die Leipziger Barockgärten. Bis zu ihrer Zerstörung im Zweiten Weltkrieg stand hier die katholische Kirche St. Trinitatis. Ein Neubau soll als Ersatz für den bautechnisch unsicher gewordenen Kom-

Im Sommer trifft man sich im Johannapark

plex der frühen 1980er-Jahre am Rosental (s. S. 247) ganz in der Nähe des ausgebombten Kirchenbaus entstehen – nämlich um die südwestliche Ecke des Rathauses herum – sinnigerweise am Martin-Luther-Ring.

Folgt man dem gleich nebenan wieder freigelegten Flusslauf der Pleiße in nördlicher Richtung, gelangt man, vorbei an einem nicht wirklich ansehnlichen Parkhaus, auf Höhe der Otto-Schill-Straße zum Eingang der **Kunsthalle der Sparkasse Leipzig** **3** (s. Entdeckungstour S. 178 und S. 49).

Johannapark **4**
Jenseits der Friedrich-Ebert-Straße kommt man in den **Johannapark**, der bis 1881 im Stil eines englischen Landschaftsgartens nach Entwürfen von Peter Joseph Lenné angelegt wurde. Er

erinnert an die nach unglücklicher Liebe früh verschiedene Tochter Johanna des Bankiers Wilhelm Theodor Seyfferth, der den Park für die Öffentlichkeit anlegen ließ und nach seinem Tod der Stadt vermachte.

An dieses großzügige Vermächtnis waren allerdings strenge Bedingungen geknüpft. Seyfferth verfügte, dass der 11 ha große Park auf immer den Namen seiner früh verstorbenen Tochter tragen solle und auch die Lenné'sche Planung nicht verändert werden dürfe. So ist es auch geschehen, zumindest was die Gartenanlage selbst anbelangt – ringsherum hat sich die Stadt stark verändert. Die wild-romantische Stimmung von leicht vernachlässigten Bürgergärten ist einer dichten Bebauung gewichen. Umso erfreulicher ist, dass man dank Seyfferths Zueignung auch

Musikviertel

Sehenswert

1 Theodor-Körner-Gedenkstein
2 Skulpturenpark
3 Kunsthalle der Sparkasse Leipzig
4 Johannapark
5 Albertpark (Clara-Zetkin-Park)
6 Pferderennbahn im Scheibenholz
7 Galerie für Zeitgenössische Kunst
8 Hochschule für Grafik und Buchkunst
9 Deutsches Literaturinstitut Leipzig
10 Universitätsbibliothek Albertina
11 Hochschule für Musik und Theater
12 Geisteswissenschaftliches Zentrum
13 Bundesverwaltungsgericht
14 Peterskirche
15 Bayerischer Bahnhof

Essen & Trinken

1 Apels Garten
2 Glashaus
3 Café Neubau/KAFIČ
4 Stereo-Bar
5 Kowalski
6 Violino
7 Piagor
8 Palermo
9 Gosenbrauerei Bayerischer Bahnhof

Einkaufen

1 Salumeria da Daniele
2 Comic Combo Leipzig
3 Ganos Kaffee-Kontor

Aktiv & Kreativ

1 Schachzentrum im Clara-Zetkin-Park
2 Spielplatz an der Pferderennbahn

Abends & Nachts

1 Parkbühne

2 Tonelli's
3 Duke
4 Hexenkessel
5 Flower Power

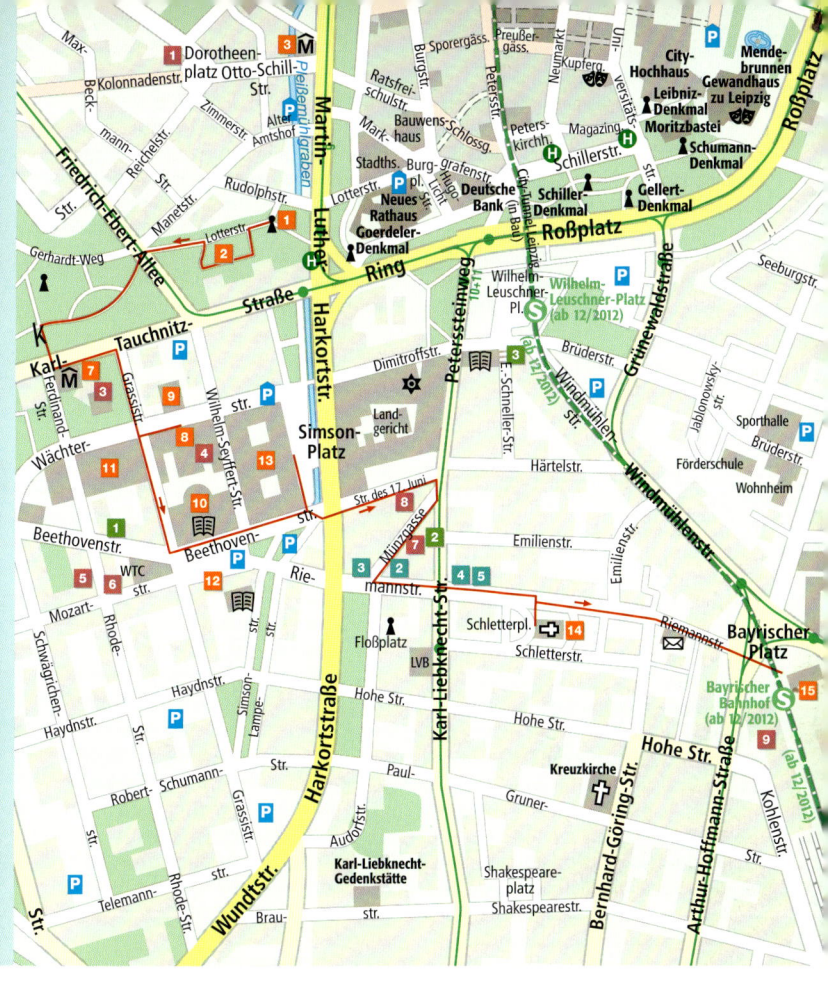

heute noch durch Parkanlagen bis direkt in die Innenstadt gehen bzw. von dort bis zu den Seen im Süden und den Wäldern im Norden gelangen kann.

Albertpark (Clara-Zetkin-Park) 5
Der Albertpark als Teil des Clara-Zetkin-Parks ist auf dem Areal der Sächsisch-Thüringischen Landesausstellung entstanden, die im Jahr 1897 von April bis Oktober mit einem unvorstellbaren Aufwand in Leipzig abgehalten wurde. Für dieses gigantomanische Projekt waren eigens sechs Architekten mit der Planung beschäftigt und schufen für 3500 Aussteller eine überbaute Ausstellungsfläche von etwa 60 000 m². Sogar zwei kleine Hügel entstanden auf dem Gelände – die Große Warze und die Kleine Warze nennt der Volksmund sie heute. Hier lernen die Kinder Leipzigs das Schlitten- und Skifahren, wenn es schneit.

Man baute damals an der heutigen Ferdinand-Lassalle-Straße das mittelalterliche Leipzig mit Altem Rathaus, Naschmarkt und Auerbachs Hof in Originalgröße nach, im Nonnenholz entstand ein ›Thüringer Dorf‹ mit Kirche, Mühle, Bauernhäusern und Gasthof, und zu allem Überfluss baute man ein komplettes deutsch-ostafrikanisches Bantudorf mit 100 ›Eingeborenen‹ auf, um die kolonialen Erfolge Deutschlands angemessen zu präsentieren. Es gab aber darüber hinaus riesige Ausstellungshallen für die Kunst, das Kunstgewerbe sowie für die damaligen Industriemaschinen und -erzeugnisse.

Durch die Ausstellung festigte Leipzig noch einmal seinen seinerzeit leicht angeknacksten Ruf als *die* Messestadt Deutschlands und konnte sich noch einmal für Jahrzehnte als Hauptort des Messegeschäfts behaupten. Heute sind lediglich die Parkanlagen von damals erhalten, die von den Leipzigern als Naherholungsgebiet sehr geschätzt werden.

Das Areal zeichnet sich durch eine besondere landschaftsgärtnerische Gestaltung aus. Es gibt künstlich angelegte Seen mit Fontänen, Brücken oder Inseln. Es gibt ein hervorragend ausgebautes Wegenetz und wunderbar angelegte Sichtachsen. Es gibt üppig gestaltete Blumenbereiche wie beispielsweise die **Dahlienterrasse** und behutsam eingepasste bauliche Elemente für die gastronomische Versorgung der Besucher, wie etwa das **Glashaus** 2, im Sommer mit Freisitz. Die gleich nebenan gelegene **Parkbühne** 1 sorgt in der wärmeren Jahreszeit mit Theateraufführungen und Konzerten für die Unterhaltung am Abend.

Pferderennbahn im Scheibenholz 6

www.galoppimscheibenholz.de
Weiter südlich schließt die 1867 als erste Galopprennbahn mit einer hölzernen Tribüne entstandene Pferderennbahn im Scheibenholz an. 1907 erfolgte der Neubau des bis heute erhaltenen massiven Tribünengebäudes. Nach der umfassenden Sanierung in den Jahren 2007/08 steht endlich wieder nicht nur die Rennbahn, sondern auch das dazugehörige Gebäude zur Verfügung. Im Sommer finden hier zusätzlich Aufführungen des Sommertheaters der Schauspielschule sowie Vorführungen des Freiluftkinos statt.

Der **Spielplatz an der Pferderennbahn** 2 südlich der Parkbühne ist einer der größten der Stadt und sorgt mit seinen speziellen ›Alterszonen‹ für abwechslungsreiches Spielvergnügen der großen und kleinen Kinder.

Rund um die HGB

Galerie für Zeitgenössische Kunst 7

s. S. 48
Direkt gegenüber vom Johannapark liegt die repräsentative frühere Herfurth'sche Villa, in der seit dem mehrfach prämierten Umbau durch Peter Kulka im Jahr 1998 die Galerie für Zeitgenössische Kunst untergebracht ist. Die Entstehung und das Wachsen der heutigen GfZK-1 sind aufs Engste mit der direkten Nachwendezeit und dem außergewöhnlichen Engagement des Kulturkreises der deutschen Wirtschaft im BDI e.V. verknüpft. Hinter diesem leidenschaftlichen Einsatz stand vor allem der Wunsch, einen im Ostteil Deutschlands lange aufs Schmerzlichste vermissten Referenzpunkt internationaler künstlerischer Positionen – und damit war vor allem Kunst aus dem damals nichtsozialistischen Ausland gemeint – zu schaffen.

Die Resonanz war schon damals enorm und ist stetig gewachsen, seit

Schaufenster für Kunst von heute – Galerie für Zeitgenössische Kunst

Ende 2004 der auch als GfZK-2 bezeichnete und ebenfalls mehrfach mit Architekturpreisen geehrte Neubau eröffnet wurde, der zusätzlichen Raum für Sonderausstellungen, ein Kino und ein Café, das derzeit unter dem Namen **KA-FIČ 3** firmiert und von Apolonija Šušteršič und Meike Schalk für eine Dauer von 912,5 Tagen ausgestaltet wurde, bietet. Durch die bewusste architektonische Öffnung wie auch durch die Nähe der Hochschule für Grafik und Buchkunst hat sich das Publikum wunschgemäß noch stärker verjüngt.

Hochschule für Grafik und Buchkunst 8
Wächterstr. 11, www.hgb-leipzig.de,
Galerie der HGB Di–Fr 12–18 Uhr,
Sa 10–15 Uhr

Bereits im Februar des Jahres 1764 wurde in Leipzig eine »Zeichnungs-, Mahlerey- und Architecturakademie« gegründet, als deren Leiter Adam Friedrich Oeser eingesetzt wurde. Zunächst unterrichtete er die 23 Schüler in seiner Privatwohnung, bereits zwei Jahre später zog die Institution in den Westflügel der Pleißenburg um, wo sie bis zur Fertigstellung des Neubaus an der Wächterstraße im Jahr 1890 verblieb. Die Hochschule ist eine der ältesten deutschen Kunsthochschulen überhaupt, seit Jahrhunderten wird hier größter Wert auf eine fachlich fundierte Ausbildung gelegt.

Im 20. Jh. machte die Schule vor allem durch die drei großen Namensträger der DDR-Kunst Werner Tübke, Bernhard Heisig und Wolfgang Matt-

Lieblingsort

Hauptsache, gut ›behütet‹ – Leipzigs Pferderennbahn 6

Was kann eine schönere Auszeit vom tristen Alltag bieten als mit einem schicken Kleid, völlig unpassenden Schuhen und einem ausgefallenen Sonnenhut zum Pferderennen zu gehen? Dabei zählt vor allem Sehen und Gesehenwerden! Es sei denn, Sie holen sich bei einem Glas Sekt ein wenig Mut und setzen auf Pferd und Jockey Ihrer Wahl … (s. auch S. 44, 170).

heuer von sich reden. Dabei ist wiederum bezeichnend, dass alle drei hier nicht nur studiert haben, sondern später selbst als Professoren bzw. Direktoren das Wesen der Hochschule entscheidend mitgeprägt haben.

Diese Tradition hat sich bis heute fortgesetzt (siehe Entdeckungstour S. 176), was auch für die Öffentlichkeit in der seit 1979 eingerichteten **Galerie der HGB** in wechselnden Ausstellungen direkt im Haupthaus dargestellt wird (s. S. 50).

Wen es nach einer kleinen Stärkung oder einem Kaffee verlangt, der ist in der hauseigenen **Stereo-Bar**  gut aufgehoben.

Deutsches Literaturinstitut Leipzig 9
Wächterstr. 34
Gegenüber dem Haupteingang zur HGB befindet sich mit dem Deutschen Literaturinstitut Leipzig eine von nur zwei Schriftstellerschulen in Deutschland. Das bereits 1955 gegründete Institut erhielt 1958 den Rang einer Hochschule und wurde ein Jahr später nach dem damaligen Kultusminister der DDR in Johannes-R.-Becher-Institut umbenannt.

Von den einen als Kaderschmiede DDR-konformer Journalisten und Schriftsteller als »Rotes Kloster« beschimpft, hielten andere der drohenden Schließung im Jahr 1990 entgegen, dass die Schule immer ein Ort des freien Denkens und der freien Meinungsäußerung und somit eine »Schule der Dissidenten« (Bernd Rump) gewesen sei. Mitte der 1990er-Jahre wurde das Institut unter seinem jetzigen Namen als Teil der Universität Leipzig neu eröffnet und bietet neben einem Studiengang der Universität Hildesheim derzeit die einzige Möglichkeit in Deutschland, Diplom-Schriftsteller zu werden.

Universitätsbibliothek Albertina 10
Beethovenstr. 6, www.ub.uni-leip zig.de, Mo–Fr 8–22 Uhr, Sa 10–19 Uhr, in der vorlesungsfreien Zeit reduziert
1887–91 nach Plänen von Arwed Rossbach errichtet und nach der Wiedervereinigung endlich durch eine sehr aufwendige Sanierung und Rekonstruktion all ihrer Kriegsschäden entledigt, präsentiert sich die Universitätsbibliothek Albertina wieder ganz in ihrem alten Glanz. Bereits kurz nach der Einführung der Reformation in Sachsen 1543 als Institution gegründet, ist sie damit die

Klassischer Rahmen für Geistesgrößen – das Treppenhaus der Albertina-Bibliothek

zweitälteste Universitätsbibliothek in Deutschland. Wirkliche Bedeutung erlangte sie jedoch erst im Laufe des 19. Jh. durch eine gezielte und konzertierte Ankaufpolitik, zahlreiche großzügige Schenkungen und die Beschäftigung wirklich fähiger Bibliothekare. Der wiederhergestellte und behutsam erweiterte, wahrhaft prachtvolle Neorenaissancebau von Rossbach mit seinem palastartig angelegten und wunderbar ausgemalten Treppenhaus bildet einen adäquaten Rahmen. Die Albertina mit ihren inzwischen 5,4 Mio. Medieneinheiten, rund 7200 laufenden Zeitschrif-

ten, fast 9000 Handschriften, 3600 Inkunabeln, vielen Autographen und Sondersammlungen diverser Art bildet das geisteswissenschaftliche Herz der Universitätsbibliothek.

Hochschule für Musik und Theater ⑪
Grassistr. 8
Um die Ecke der beiden bereits erwähnten Ausbildungsstätten befindet sich noch ein Meilenstein der musischen Hochschulausbildung: die Hochschule für Musik und Theater Felix Mendelssohn-Bartholdy. ▷ S. 179

Auf Entdeckungstour

Die Leipziger Schule

Schon zu DDR-Zeiten feierte die Leipziger Schule auch im Westen Erfolge. Heute sorgt ihre Nachfolgerin, die Neue Leipziger Schule, mit anderen großen Namen wie Neo Rauch oder Eigen & Art weltweit für Furore.

Zeit: ca. 3–5 Std.

Start: Museum der bildenden Künste in der Innenstadt (S. 129) oder

Kunsthalle der Sparkasse **3**. Zur Spinnerei mit Tram 14 oder Bus 60, 70 Plagwitzer Bahnhof; Tapetenwerk mit Tram 15, 8 bis Henriettenstraße; Galerie Schwind und Tübke-Stiftung Tram 12 bis Nordplatz und von dort zu Fuß.

Eintritt: MdbK 5–11 €, Kunsthalle 4 €, Galerien frei, Stiftung kleine Spende.

›Leipziger Schule‹ oder auch ›Neue Leipziger Schule‹ beschreibt keine Künstlergemeinschaft im herkömmlichen Sinn. Auch keine Stilkonformität oder ideologische Marschlinie, keine Sonderform der Kunst ist gemeint. Der Begriff steht vielmehr in der eigentlichen Bedeutung des Wortes Schule für das Werden und Wirken aus der Leipziger Hochschule für Graphik und Buchkunst (S. 171) heraus. Eine Schule mit einer ausgesprochen langen Tradition, da sie bereits 1764 gegründet wurde.

Impulsgeber der Leipziger Schule

In ihrer speziellen Eigenart reicht sie allerdings nicht ganz so weit in die Geschichte zurück. Die Anfänge liegen bei Max Klinger, Max Beckmann und Otto Dix. Wichtige Impulsgeber waren die großen Realisten vor allem des deutschen Impressionismus und Expressionismus wie Max Liebermann, Lovis Corinth und Ernst-Ludwig Kirchner. Mit Hans und Lea Grundig sowie Max Schwimmer entwickelte sich die Kunst in Leipzig weiter bis zu dem weltberühmten Dreigestirn der DDR-Malerei Werner Tübke, Wolfgang Mattheuer und Bernhard Heisig. Alle drei waren nicht nur Studenten, sondern später – zumindest zeitweise – auch Dozenten an der HGB.

Gemeinsam ist diesen dreien wie auch ihren Vorgängern und Nachfolgern eine handwerklich ausgesprochen anspruchsvolle, gegenständliche Auseinandersetzung mit der Gesellschaft sowie zeitgenössischen Themen und Ideen. Das ist teilweise sehr politisch, mitunter aber auch eher philosophisch angelegt, und in den meisten Fällen sind durchaus beide Ebenen da. Beispielsweise lässt sich das immer wiederkehrende Ikarus-Motiv bei Heisig natürlich eng gesehen mit dem Willen

zum Ausbruch aus der erzwungenen Gefangenschaft, dem Eingesperrtsein in den engen Normierungen der DDR deuten – darüber hinaus geht es hier aber auch um das Thema der Freiheit als solcher, um die absolute Befreiung von Geist und Seele des Menschen.

Alte Meister, junge Wilde

In Leipzig hat man nun die unvergleichliche Möglichkeit, sich auf vielfältigste Art mit dieser Kunst auseinanderzusetzen. Man beginnt diese Tour de force am besten im **Museum der bildenden Künste** in der Innenstadt (S. 129) und besucht dort die gehängte Konfrontation von Künstlern der Nachkriegszeit aus Ost- und West-Deutschland oder informiert sich über die neuesten Entwicklungen auf diesem Gebiet, denn die Leipziger Schule

ist auch einer der Sammlungsschwerpunkte des Hauses. Hier sind Werke von Tübke, Mattheuer und Heisig ebenso zu sehen wie solche von Gerhard Altenbourg oder Evelyn Richter. Auch wichtige Vertreter der mittleren Generation wie etwa Arno Rink, Sighard Gille oder Annette Schröter und die neuen Stars wie Neo Rauch, Thilo Baumgärtel oder Matthias Weischer sind im Kontext zu besichtigen.

Kunst in der Bank
Die Kunsthalle der Sparkasse Leipzig **3** (S. 167) zeigt Teile ihrer seit 1993 systematisch aufgebauten Sammlung, die es sich zum erklärten Ziel gesetzt hat, bildende Kunst der Region zu fördern, zu sammeln und zu präsentieren. Wechselnde ›Blicke in die Sammlung‹ bieten die zeitlich begrenzten Dauerausstellungen, in denen immer wieder andere Arbeiten aus der inzwischen etwa 2500 Werke umfassenden Sammlung zu sehen sind.

Hochschulkunst und Galerien
Als nächste Station sollte man die **Galerie der Hochschule für Grafik und Buchkunst** **8** nicht verpassen, in der die Kunst der heutigen Studenten,

aber auch die ihrer Professoren und Lehrmeister in regelmäßig wechselnden Ausstellungen gezeigt wird (S. 174).

Darüber hinaus bieten sich vielfältige Möglichkeiten, noch mehr von der Leipziger Schule zu sehen. Wer noch mehr Kunst sehen möchte, fährt entweder in die **Galerie Schwind** (S. 50), wo es vor allem Kunst der ›alten‹ Leipziger Schule zu sehen und zu kaufen gibt. Hier kann man auch gleich bei der **Tübke-Stiftung** (S. 50) im selben Haus schauen, wie Altmeister Werner Tübke gelebt und was er geschaffen hat.

Wer es doch lieber moderner will, begibt sich in die alte **Spinnerei** (s. Entdeckungstour S.222), wo die Bilder der Neuen Leipziger Schule teilweise frisch von der Staffelei in die Galerien kommen, oder in die junge Kunstszene der Galerien im **Westwerk** (S. 220) und in der **Tapetenfabrik** (S. 221).

Altmeister Werner Tübke in der Galerie Schwind

An der nach ihrem Begründer benannten Institution werden seit 1843 Musiker ausgebildet.

Ursprünglich im Hofgebäude des Hauses der Gewand- und Tuchmacher untergebracht, in dem auch das Gewandhausorchester logierte, bezog die Hochschule für Musik bereits 1887 diesen durch Hugo Licht errichteten Konservatoriumsbau in unmittelbarer Nachbarschaft zum Neuen Concerthaus (Gewandhaus) von 1884. Die räumliche wie auch strukturelle Nähe zum Gewandhaus Leipzig und seinem Orchester ist dabei schon immer ausdrücklich gewünscht. Viele Gewandhausmusiker unterrichteten und unterrichten an der Hochschule, viele Absolventen der Hochschule fanden und finden Lohn und Aufgabe im Gewandhausorchester. Diese enge Verzahnung von Aufführungspraxis und Lehre gilt als einer der Gründe für den besonderen und eigenen Klang des weltberühmten Leipziger Orchesters.

1992 wurden Teile der damals gerade aufgelösten Theaterhochschule Hans Otto integriert und dadurch auch neue Studienzweige wie Jazz, Popularmusik, Musical, Dramaturgie und Schauspiel hinzugewonnen. Seit 2001 ist der neue Große Saal für die Konzertpraxis der Hochschule in Betrieb. Da der alte Saal im Krieg zerstört worden war konnten bis dato nur kleinere Konzerte im Haus aufgeführt werden. Der Neubau erfüllt nicht nur alle akustischen Ansprüche an ein solches Gebäude, er ist auch in architektonischer Hinsicht ausgesprochen interessant, was bereits 2004 mit einem Preis vom Bund Deutscher Architekten belohnt wurde. Es lohnt also auch stets, einen Blick in das Aufführungsprogramm der Hochschule (www.hmt-leipzig.de unter Aktuelles) zu werfen, denn diesen Raum genießt man am besten bei einem der zahlreichen Konzerte.

Geisteswissenschaftliches Zentrum an der Uni Leipzig 12
Beethovenstr. 35
Direkt gegenüber der Albertina wurde 2002 der Neubau der Geisteswissenschaften der Uni Leipzig in Nutzung genommen. So müssen die Studenten nur noch die Straßenseite wechseln, um von ihren Seminaren und Vorlesungen in die Bibliothek zu gelangen.

Früher stand an diesem Platz der 1880–84 nach Plänen von Martin Gropius durch Heino Schmieden errichtete Gewandhausbau, der 1944 bei Bombenangriffen weitgehend zerstört wurde. Dessen Ruine wurde 1968 gesprengt. Eine Gedenktafel an der Wilhelm-Seyfferth-, Ecke Mozartstraße erinnert daran.

Zum Bayrischen Platz

Bundesverwaltungsgericht 13
Simsonplatz 1, www.bundesver waltungsgericht.de, Mo–Fr 8–16 Uhr
Seit 2002 residiert die vormals in Berlin angesiedelte höchste richterliche Instanz der deutschen Administration in Leipzig. Alle bundesweit relevanten Verwaltungsfragen Deutschlands werden hier letztinstanzlich geklärt. Das Bundesverwaltungsgericht ist in einen der schönsten Justizpaläste Europas eingezogen, dessen politische, gesellschaftliche und juristische Geschichte sich teilweise spannend wie ein Krimi gestaltete.

1888–95 wurde hier nach den Entwürfen der beiden seinerzeitigen Nobodies der Architektur Ludwig Hoffmann und Peter Dybwad die repräsentative Hülle des obersten Straf- und Zivilgerichts des Deutschen Kaiserreichs gebaut. Das ehemalige

Reichsgericht ist vor allem durch den Reichstagsbrandprozess bekannt geworden, in dem der niederländische Kommunist Marinus van der Lubbe rechtswidrig zum Tode verurteilt wurde, alle übrigen Angeklagten aber durch Freispruch der nationalsozialistischen Gerichtsbarkeit entkamen. Das im Haus untergebrachte **Reichsgerichtsmuseum** gibt Auskunft über die Geschichte des Gebäudes und seiner Gerichtsbarkeit unter den verschiedenen Gesellschaftssystemen und kann während der Öffnungszeiten des Gerichts kostenfrei besucht werden.

Auch äußerlich hat das im Stil der Neorenaissance errichtete Justizensemble einiges zu bieten. Dem Reichstag in Berlin durchaus architektonisch verwandt wird die bekrönende Kuppel nicht etwa von Justitia belebt – nein, über allem reckt Veritas, die Göttin der Wahrheit, ihre erhellende Fackel in den Himmel. Justitia spielt trotzdem die ihr zustehende ikonologische Rolle am Gebäude und hat ihren Platz im zentralen Giebelfeld über dem dem Platz zugewandten Hauptportal eingenommen. Zu DDR-Zeiten war hier der Eingang zum Georgi-Dimitroff-Museum, in dem auch die Sammlung des Museums der bildenden Künste bis 1997 untergebracht war.

Peterskirche 14

Schletterstr. 5, www.peterskirche-leipzig.de, Mo–Do 10–16, Fr 10–15 Uhr sowie zu den Gottesdiensten und Veranstaltungen

Vorbei am südlicher gelegenen Floßplatz, an dem in vergangenen Jahrhunderten das Nutz- und Bauholz für Leipzig in einem großen Becken auf der Pleiße angeflößt wurde, vorbei auch an den einladenden Restaurants und Cafés der Münzgasse, wie **Piagor**

7 und **Palermo** 8, sowie dem Sitz des lokalen Presseorgans Leipziger Volkszeitung im Petersteinweg (www.lvz-online.de), vorbei an den berühmtberüchtigten Kneipen wie **Tonelli's** 2, **Hexenkessel** 4 und **Flower Power** 5 in der Riemannstraße gelangt man zum Schletterplatz und steht vor dem gewaltigen neogotischen Portal der 1885 geweihten Peterskirche.

Ihr 88 m hoher Turm ist der höchste Kirchturm der Stadt, und auch sonst kann das Gotteshaus den Besucher allein durch seine Größe mächtig beeindrucken. Engagiert werden, je nach den vorhandenen finanziellen Mitteln, nach und nach die behutsame Sanierung der im Zweiten Weltkrieg erheblich beschädigten Kirche und der Neubau einer großen Orgel vorangetrieben.

Bayerischer Bahnhof 15

Bayrischer Platz 1, www.bayerischer-bahnhof.de, tgl. ab 11 Uhr

Die Riemannstraße mündet auf den Bayrischen Platz, der vom Portikus des Bayerischen Bahnhofs dominiert wird. Der 1842 gebaute und damit älteste erhaltene und aktive Kopfbahnhof der Welt wird heute vornehmlich als Restaurant genutzt, und in der Schalterhalle gibt es demgemäß auch keine Bahntickets zu kaufen, sondern die Produkte der hauseigenen Küche und Brauerei.

Das Bier, welches hier vom fränkischen Neuleipziger Thomas Schneider gebraut wird, ist eine der kulinarischen Spezialitäten der Stadt: die Gose. Bei ihr handelt es sich um ein obergäriges Bier, das dem Zusatz von Kochsalz und Koriander und einem hohen Anteil an biologischer Milchsäure seinen besonderen Geschmack und das typische Prickeln verdankt. Die Gose ist eine Art Nationalgetränk der Leipziger, auch wenn selbst eingefleischte Gosianer (so der Name bekennender Gose-Trinker) nicht vor ihrer ›durchschlagenden‹ Kraft gefeit sind, was Sprüche wie: »Trinke mit Bedacht die Gose! Einen geht sie in den Kopf, dem andern in die Hose« belegen.

Aufsehenerregend wurde der Portikus des Bahnhofs in einer einzigartigen Aktion am 10. April 2006 mit Hilfe spezieller Gleitlager um 30 m nach Osten verschoben. Nach Fertigstellung der City-Tunnel-Station für die S-Bahn am Bayerischen Bahnhof wurde er wieder an seine alte Stelle zurück verschoben. Der Bahnhof selbst wird mit Inbetriebnahme des City-Tunnels Ende 2013 wieder an das Eisenbahnnetz angeschlossen.

Essen & Trinken

Wo der Kaffeebaum blühte – **Apels Garten 1**: Kolonnadenstr. 2, S. 28.

Luftig – **Restaurant Glashaus 2**: Karl-Tauchnitz-Str. 1, Tel. 0341 962 78 73, www.glashaus-leipzig.de, tgl. ab 9 Uhr, Hauptgerichte 8–13 €. Der leicht geschwungene Bau entfaltet auch heute noch dank seiner Gestaltung einen ganz eigenen lichten Charme. Ein buntes Publikum von kuchenessenden Damenkränzchen über junge Familien und eingeschworene Cliquen bis hin zu verliebten Pärchen beim Tête-à-tête tummelt sich hier und macht es zu einem der beliebtesten Sommerausgehorte für die Leipziger. Hier bekommt man neben Kuchen und Eis auch ambitionierte Pasta und Fleischgerichte. Interessant sind die saisonalen Küchenaktionen, z. B. zur Pfifferlingszeit.

Café Kunst – **Café Neubau/KAFIČ 3**: Karl-Tauchnitz-Str. 9–11, Tel. 0341 140 81 20, www.gfzk-online.de, Mo–Sa 11–24, So 11–19 Uhr. Das Café im Neu-

bau der GfZK wird wechselnd durch einen Künstler oder eine Künstlerin gestaltet (s. S. 171). Hier kommen nicht nur gestalterisch verschiedene Kulturen zusammen. So ist ein Café der ganz besonderen Art entstanden, in dem sich vor allem junges und künstlerisches Publikum der nahen Hochschulen trifft.

Künstlermensa – **Stereo-Bar 4**: Wächterstraße 11 (im Hof bzw. Souterrain der Hochschule), Tel. 0341 594 99 83, www.enk-leipzig.de, LVB 89 Beethovenstraße, Mo–Fr 9–24 Uhr. Als nette Ergänzung zur HGB-Besichtigung kann man sich auf ein Käffchen in der Stereo-Bar niederlassen. Das Tagesgericht (meist Pasta um 3 €) schmeckt gut, allerdings darf man hier nicht zu spät kommen, sonst ist nichts mehr übrig.

Fusionküche mit Bücherwand – **Kowalski 5**: Ferdinand-Rodhe-Str. 10, S. 33.

Cucina italiana – **Violino 6**: Mozartstr. 4, Tel. 0341 212 62 77, tgl. 11.30–14.30 und 17.45–23.30 Uhr, Hauptgerichte mittags 5–9 € und abends 8–15 €. Einfach wunderbare klassisch-italienische Küche und sehr aufmerksames, freundliches Personal. Das Nachtischangebot ist ausnahmslos eine (Kalorien-)Sünde wert!

Erlesen – **Piagor 7**: Münzgasse 3, Tel. 0341 149 47 78, www.piagor.de, tgl. 18–1, Mo–Fr 11.30–14.30 Uhr, Hauptgerichte 16–24 €. Ambitionierte, mediterran angehauchte Küche aus ausgewählten Zutaten und liebevoll zubereitet in angenehm schlichter Atmosphäre.

Schick und stylisch – **Palermo 8**: Münzgasse 2, Tel. 0341 339 16 62, www.palermo-leipzig.de, Business-Lunch Mo–Fr 10–15 Uhr, Hauptgerichte ab 3,50 €, Menü ab 6,50 €. Moderne, stilvoll innovative Gestaltung des Innenraums geht hier Hand in Hand mit einer hervorragenden Küche. Leider nur zum Mittagstisch und zu besonderen Veranstaltungen.

Frisch Gebrautes – **Gosenbrauerei Bayerischer Bahnhof 9**: Bayrischer Platz 1, S. 30.

Einkaufen

Deli & Enoteca – **Salumeria da Daniele 1**: Beethovenstr. 12, S. 36.

Manga & Co. – **Comic Combo Leipzig 2**: Karl-Liebknecht-Str. 2, 0341 230 75 34, www.comic-combo-leipzig.de, Mo–Fr 10–19, Sa 10–14 Uhr. Comicfans kennen die Comic Combo sicher schon längst durch das Internet, denn seit Ende 2008 kann man sogar die hauseigenen Antiquariatsangebote online durchstöbern. Wer noch nie da war und ein Faible für Comics, Mangas, Trading Card Games oder eigenes Zeichenzubehör hat, sollte unbedingt im Ladenlokal von Sebastian Röpke vorbeischauen.

Koffein pur – **Ganos Kaffee-Kontor 3**: Wilhelm-Leuschner-Platz 9, S. 36.

Aktiv & Kreativ

Denken ist auch Sport – **Schachzentrum 1**: im Clara-Zetkin-Park an der Anton-Bruckner-Allee beim Springbrunnen. Das schon früher bei Alt und Jung beliebte Schachzentrum im Park wird vor allem im Sommer genutzt. Regelmäßig finden dann auch Veranstaltungen und Turniere dort statt, sodass es ein beliebter Treffpunkt aller Freunde dieses Sports ist.

Spielen, Toben, Burgen bauen – **Spielplatz an der Pferderennbahn 2**: Rennbahnweg 2, LVB 89 Telemannstraße. Durch die altersstufengerechte Einrichtung ist für große und kleine Kinder auf jeden Fall etwas dabei. Ob

Sandkasten, Kletterelemente oder Geschicklichkeitssportgeräte – hier haben alle Spaß. Sogar die Eltern auf den Bänken ringsum.

Abends & Nachts

Rockig bis theatralisch – **Parkbühne 1**: Karl-Tauchnitz-Str. 1 (etwa Höhe Haydnstr. im Park), Tel. 0341 48 40 00, LVB 89 Mozartstraße. Beim ersten Mal vielleicht etwas schwer zu finden. Ob internationale Klassiker aus Rock und Pop wie ZZ Top, Jethro Tull, Element of Crime, ob Newcomerbands oder Theater, ob Wave oder Gothic, die Park-

Braukessel blitzen im Bayerischen Bahnhof

bühne lädt alle ein, je nach Terminkalender.

Live-Musik – **Tonellis** : Riemannstr. 50, S. 40.

Hip – **Duke** : Riemannstr. 52 1/2, Tel. 0176 755 032 64, Mo–Fr ab 10, Sa/So ab 16 Uhr. Bodenständige, sehr volkstümliche Kneipe mit freiem Tischtennis, Kicker und WLAN-Angebot. Wer spätnachts den Weg nach Hause nicht mehr schafft, findet mit etwas Glück im Dukes Hostel um die Ecke noch einen Schlafplatz.

Eins, zwei, drei, 'ne Party schnell herbei! Hexhex – **Hexenkessel** : Riemannstr. 42, Tel. 0341 211 18 21, www.hexenkessel-leipzig.com, Di–Sa 20–5 Uhr. Jeder Anlass – eine Party. Und die hat es hier in sich! Ausgelassene Stimmung bei Karaoke, Verkleidungspartys oder einfach nur so. Und: bloß keine Wetten mit der Wirtin eingehen!

Hippiemäßig – **Flower Power** : Riemannstr. 42 (gleich rechts neben Hexenkessel), Tel. 0341 961 34 41, www.flower-power.de, tgl. ab 19 Uhr. Etwas anderes Ambiente, aber ein ähnliches Konzept wie der Hexenkessel. Livemusik, Karaoke und Partys machen das Flower Power mit seiner wirklich entspannten Atmosphäre zu einer der beliebtesten Kneipen des stadtnahen Südens.

183

Südvorstadt

Highlight!

Karl-Liebknecht-Straße: Die Karl-Lieb-knecht-Straße führt einmal längs durch das ganze Südvorstadt-Viertel. Sie ist die Hauptschlagader des Szene- und Kreativ-Viertels von Leipzig und wird meist nur schlicht KarLi genannt. Hier finden sich neben abwechslungs-reichen Einzelhandelsangeboten und internationaler Gastronomie auch die drei großen Kulturzentren der Krea-tivszene. S. 186

Auf Entdeckungstour

Die KarLi – Geschichte einer Straße: Die Südvorstadt ist eng verbunden mit der Geschichte der deutschen Arbei-terbewegung im 20. Jh. An der Karl-Liebknecht-Straße erinnern das Volks-haus und das Kulturzentrum naTo an eine Geschichte von Arbeiterbildung und Arbeiterwiderspenstigkeit. S. 190

Kultur & Sehenswertes

Kulturzentrum naTo: Seit den 1980er-Jahren eine Kult-Institution der alternativen Szene Leipzigs. **3** S. 41, 192

HTWK: Die Hochschule für Technik, Wirtschaft und Kultur ist hier in mehreren Gebäuden zu Hause. Architektonisch interessant ist der Lipsiusbau aus den 1920er-Jahren. **7** S. 196

Werk II: Eines der größten soziokulturellen Zentren Sachsens mit verschiedenen Werkstätten, kulturellen Veranstaltungen und gastronomischen Angeboten. **9** S. 197

Aktiv & Kreativ

»In aller Freundschaft«: Der MDR ist das erfolgreichste Dritte Programm der ARD. Die Tour über das Gelände gibt Ihnen die Möglichkeit, einmal hinter die Kulissen des Fernsehmachens zu schauen. **6** S. 196

Genießen & Atmosphäre

Café Grundmann: Hier kann man sich ganz dem Gefühl einer großen Kaffeehaustradition im Stil der 20er-Jahre überlassen. **3** S. 194

Zest: Wenn sich vegetarische Küche etwas anspruchsvoller gestalten soll als Gemüse mit Soja, ist man hier genau an der richtigen Adresse. **7** S. 32, 199

Abends & Nachts

Volkshaus: Eine der größten Kneipen im Süden mit Restaurant und legendären Partys, darunter Ü-30-Veranstaltungen, bei denen Eigentümer Andreas Bürger altersgerecht selbst die Platten auflegt. **1** S. 191, 199

Prager Frühling & Ilses Erika: Eines der wichtigsten Programmkinos der Stadt mit einem engagierten Angebot an Dokumentarfilmen und Autorenkino. Gleich nebenan bzw. untendrunter Tanzcafé und Club Ilses Erika. **3** S. 201

Szene, Shoppen, Subkultur

Der Leipziger Süden und die Südvorstadt bilden den Übergang in das Gebiet der neu entstehenden Seenplatte und die lieblichen Landschaften des südlichen Auwaldes. Hier hat sich der Mitteldeutsche Rundfunk auf dem ehemaligen Gelände des Städtischen Vieh- und Schlachthofes mit seiner Fernsehzentrale niedergelassen, von wo aus er das Regionalprogramm in die drei Länder Sachsen, Sachsen-Anhalt und Thüringen ausstrahlt. Natürlich werden hier auch Filme und Produktionen für das überregionale Programm der ARD, wie zum Beispiel der Leipziger Tatort, die beliebte Arztserie »In aller Freundschaft« oder die erfolgreiche Doku-Soap »Elefant, Tiger & Co« hergestellt. Darüber hinaus gibt es viele kleinere Gewerbe- und Dienstleistungsunternehmen, vor allem im Medienbereich, die das Viertel natürlich auch stark prägen.

Die Bevölkerungsstruktur ist so bunt gemischt wie in kaum einem anderen Viertel der Stadt: alteingesessene Südvorstädter wohnen Tür an Tür mit Lebenskünstlern und Studenten, Kleinunternehmer aller Branchen neben Medienschaffenden und jungen Familien. Sie alle schätzen den bunten Mix, die kulturelle und nationale Vielfalt, die das Viertel bietet, und die Freiheiten, die in Mode, Lebensgestaltung und Wohnkultur durch diese Mischung entstanden sind. Alternative Ideen haben Platz neben wertbeständigen Evergreens. Das gilt auch und besonders für die rege Nacht- und Kneipenszene, die hier wie überall in der Stadt von der fehlenden Sperrstunde profitiert.

Karl-Liebknecht-Straße!

Die KarLi ist die Lebensader des Südens und der Leipziger ›Szene‹. Das Bild bestimmen vorwiegend Häuser aus der Gründerzeit, die inzwischen fast alle saniert wurden. Wer hier wohnt – vor allem Universitätsmitarbeiter und Kreative aus der Medienbranche –, schätzt großzügige Altbauwohnungen und nimmt in Kauf, dass vor der Tür das Leipziger Leben lärmt. Die Spannbreite der Geschäfte umfasst hier, am Beginn des Spaziergangs, alles, was man für das tägliche Leben braucht – Lebensmittelläden, Droge-

Hippe Boutiquen säumen die KarLi

riemärkte oder Bäckereien. Zugenommen hat der Anteil der Läden für gehobene Ansprüche, die Delikatess- und Weinläden, Geschäfte für Designermode und Kunst. Dazwischen entdeckt man immer wieder (Fach-)Buchläden und IT-Bedarf, WLAN-Cafés sowie Spezialgeschäfte für Fahrrad-, Outdoor- und Tauch-Begeisterte.

Einkaufsquartier mit Charme

Etwa ab dort, wo sich die KarLi mit der Hohen Straße kreuzt, werden die Lebensmittelgeschäfte weniger und die alternativen Läden mehr. **Kunst- und Geschenkekontor** 1 zum Beispiel, in dem u. a. echte Kunst für den kleineren Geldbeutel nebst passender Rahmung angeboten wird (Nr. 16). Etwas weiter südlich hat, leicht zurückgesetzt in einem DDR-Flachbau, das **Bike Department Ost** 2 seine Heimat und begeistert alle Fahrradfreaks (Nr. 31). Noch bunter und origineller wird das Angebot etwas weiter stadtauswärts mit dem Perlen- und Schmuckbastelparadies **Perlentaucher** 3 und dem Verkauf maßgefertiger Schuhe im **Fußgänger** auf dem Gelände der **Feinkost Leipzig** 2 gegenüber. Sehenswerte Mode gibt es beim Klamotten-Laden MICMA gegenüber dem Feinkostgelände, beim Modeatelier **Graue Maus** 4 (S. 37) im Hinterhof hinter dem Kulturzentrum naTo (s. Entdeckungs-

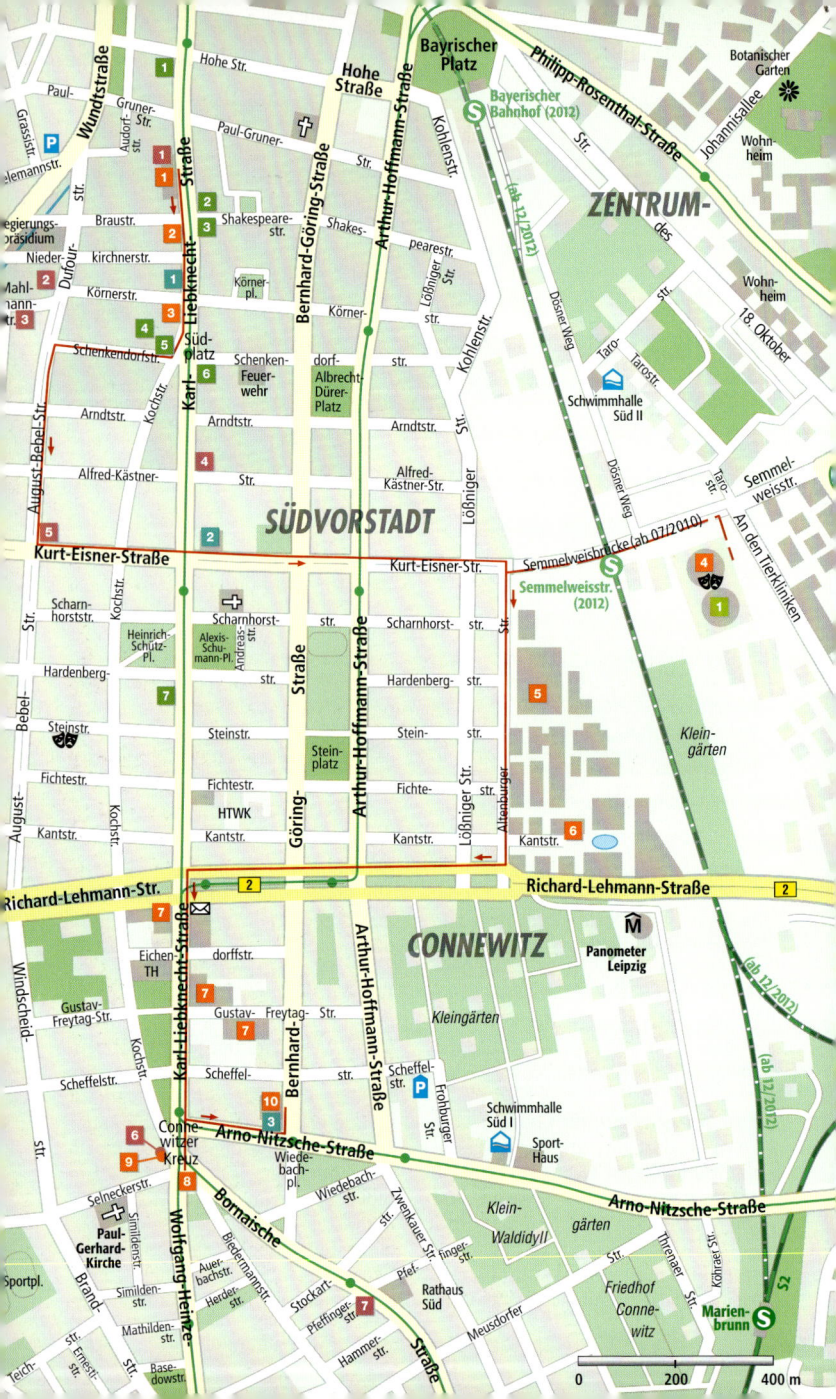

Südvorstadt

Sehenswert
1. Volkshaus
2. Feinkost Leipzig
3. Kulturzentrum naTo
4. Kohlrabizirkus
5. media city leipzig
6. Mitteldeutscher Rundfunk
7. Hochschule für Technik, Wirtschaft und Kultur
8. Connewitzer Kreuz
9. Werk II
10. Haus der Demokratie

Essen & Trinken
1. Restaurant im Volkshaus
2. La Romantica
3. Café Grundmann
4. McCormacks
5. Ariana
6. ConnSTANZE
7. Zest

Einkaufen
1. Kunst- und Geschenkekontor
2. Bike Department Ost
3. Perlentaucher Leipzig
4. Graue Maus
5. pussyGALORE/herMAN
6. Mangiare
7. Tee-Contor

Aktiv & Kreativ
1. Eisdom

Abends & Nachts
1. Killiwilly
2. McCormacks Ballroom
3. Kinobar Prager Frühling/Tanzcafé Ilses Erika

tour S. 190) und gleich im Nachbarhaus bei der Modeboutique **pussyGALORE** 5 mit einer Dependance auch für ihn (S. 37).

Damit ist man schon beim Südplatz, an dem sich einige nette Imbissstuben, Restaurants und Bars befinden. Abends ist neben **Volkshaus** 1 und **naTo** 3 (s. Entdeckungstour S. 191 und S. 192) der irischste aller irischen Pubs in Leipzig – so verspricht es zumindest die Werbung, und die verhältnismäßig vielen Iren scheinen das zu bestätigen – das **Killiwilly** 1 eine beliebte Adresse (S. 38). Im ›Whisk(e)y-Führer Deutschland 2008‹ wird das Lokal zu einer der besten Bars gewählt, und auch die Livekonzerte im Pub sind ein Erlebnis.

Feinkost Leipzig 2
Karl-Liebknecht-Str. 36
Das Gelände der früheren Brauerei und des späteren VEB Feinkost an der Ecke zur Braustraße wird seit 2007 von der Gewerbegenossenschaft Feinkost Leipzig e.G. entwickelt, die sich aus den vielen verschiedenen Nutzern des Geländes gebildet hat. Nachts blinkt und leuchtet die im Volksmund als ›Löffelfamilie‹ bekannte Leuchtreklame des VEB Feinkost Leipzig. Sie wurde 1973 an dieser Brandwand auf dem Firmengelände angebracht und im Jahr 1999 in Kooperation von naTo, Moritzbastei, dem Mobilen Büro für Erdangelegenheiten und dem Leipziger Honky Tonk saniert.

Auf dem Gelände finden sich neben dem Sommer-Freiluftkino und der Kinobar »Prager Frühling« der Schuhmacherladen für Maßanfertigungen Fußgänger (s. S. 200), der Veranstalter und Computerreparateur Absturz (www.absturz.com), die etwas anderen Textilstores mit nicht nur außergewöhnlicher Bekleidung Mrs. Hippie (www.hippie.de) und Shankali (www.shankali.de), der Kräuterladen der Kräuterhexe »Kräutermeise« und mit Skarabäus (www.scarabe.de) ein Geschäft für ägyptische Importwaren.

August-Bebel-Straße
Die westlich parallel verlaufende August-Bebel-Straße ist eine Art feine Schwester der Karl-Liebknecht-Straße. Alles ist hier ein bisschen vornehmer, gediegener, prunkvoller. Besonders augenfällig ist dies bei der Architektur, die hier im Rahmen des ▷ S. 193

Auf Entdeckungstour

Die KarLi – Geschichte einer Straße

Leipzigs Alternativ- und Kreativ-
meile, die Karl-Liebknecht-Straße ist
nicht nur über ihren Namensgeber,
sondern durch wichtige Bauten mit
der Geschichte der frühen deutschen
Arbeiterbewegung verbunden.

Start: Kreuzung mit Riemann- bzw.
Hohe Straße

Anfahrt: Tram 10, 11 Hohe Straße

Manche Straßen schreiben schon mit ihren Namen Geschichte. Die Karl-Liebknecht-Straße hieß ursprünglich mal Südstraße, da sie den direkten Weg aus der Stadt nach Süden wies. 1933 wurde daraus die Adolf-Hitler-Straße. Als 1945 die Amerikaner Leipzig befreit hatten, gaben sie der Straße den alten Namen zurück, aber schon im August wurde sie von der neuen Stadtverwaltung – nun unter sowjetischer Besatzung – nach dem KPD-Mitbegründer Karl Liebknecht benannt. Dieser, eine der umstrittenen Gestalten der deutschen Arbeiterbewegung, war hier um die Ecke in der Braustraße 15 am 13. August 1871 als Sohn eines politischen Freundes von August Bebel geboren und hatte einige Jahre in Nr. 69 dieser Straße gewohnt. Getauft wurde er übrigens in der Thomaskirche zu Leipzig. Bis 1917 Mitglied der Sozialdemokratie, trat er wegen der Zustimmung seiner Partei zu den Kriegskrediten zur Linksabspaltung USPD über und wurde 1919 von Reichswehrsoldaten ermordet.

Aufgrund des dreifachen Namenswechsels in einem Jahr nannten die Leipziger die Straße zu DDR-Zeiten mit ironischem Unterton auch gern die Adolf-Südknecht-Straße. Interessanterweise war aber eine sehr große Mehrheit dagegen, als im Jahr 2002 der Vorschlag aufkam, sie in ›Straße des 17. Juni‹ umzubenennen. Die Bezeichnung Karl-Liebknecht-Straße findet also bei allen Altersstufen eine große Akzeptanz, was auch die liebevoll gemeinte neuere umgangssprachliche Koseform KarLi belegt.

Vom Volkshaus zum Tanzhaus

Wie kaum ein anderes Gewerkschaftsgebäude spiegelt das **Volkshaus** 1 an der Karl-Liebknecht-Straße 30, kurz vor der Braustraße, die wechselvolle Geschichte der deutschen Arbeiterbewegung vom Kaiserreich bis heute. 1905 legten hier Gewerkschaften, SPD und Leipziger Arbeiterverein den Grundstein für den Bau eines der größten Volkshäuser in Europa. Bereits durch die Gründung des ›Gewerblichen Bildungsvereins‹ 1861 unter Beteiligung von August Bebel war Leipzig ein Zentrum der Bildung der Arbeiter geworden. Das eigene Haus sollte Gewerkschaftsbüros, Veranstaltungsräume, die Zentralbibliothek, Übernachtungsmöglichkeiten, aber auch Lokale bereitstellen. Dafür hatte die Leipziger Arbeiterschaft jahrelang Spendengroschen gesammelt.

Während der Novemberrevolution 1918 gründete sich im zugehörigen Volksgarten der Leipziger Arbeiter- und Soldatenrat. Im Gefolge des monarchistischen Kapp-Putsches 1920 zerstörten Reichswehreinheiten das Gebäude durch Brandstiftung vollständig. Mit den Spenden in- und ausländischer Gewerkschaften wurde das Haus neu errichtet und am 1. Mai 1923 unter Anwesenheit von 50000 Demonstranten eingeweiht. Die in die Fassade eingemeißelte Losung »Trotz alledem« stand für die Solidarität und Einsatzbereitschaft der Leipziger Arbeiterschaft, die sich weder durch Krieg noch Rechtsputsch von ihrem Ziel abbringen ließ. Anfang Mai 1933 besetzte die SA das Volkshaus und verhaftete die Gewerkschaftsfunktionäre, neuer Eigentümer wurde die Deutsche Arbeitsfront der Nationalsozialisten.

Kurz vor Kriegsende wurde das Haus bei einem Bombenangriff zerstört. Nach vierjährigem Wiederaufbau übernahm der Freie Deutsche Gewerkschaftsbund es unter dem Namen Ernst-Thälmann-Haus. Nach dem Ende der DDR zogen 1990 die Einzelgewerkschaften des DGB in das Volkshaus ein.

Der DGB ist immer noch hier ansässig, wenn auch inzwischen als Mieter, denn die DGB-Spitze hat dieses Haus Ende 2006 zusammen mit mehreren anderen Gewerkschaftshäusern im Osten trotz großer Proteste Leipziger Gewerkschafter an eine Investmentgesellschaft verkauft. Daneben sind Firmen und Geschäfte ansässig, etwa die Film Galerie Alpha 60, das Naturkost-Kontor, ein Geschäft für Holzspielzeug, ein Wasserbetten-Studio und der Gastronomiebetrieb **Restaurant im Volkshaus** 1. Letzteres erfreut sich durch seinen lauschigen Biergarten großer Beliebtheit bei Alt und Jung, neben Kneipe und Restaurant werden die Tanzpartys viel besucht (S. 39, 201).

Von der SED zur Alternativszene

Kaum 100 m weiter südlich, auf der Ecke zur Körnerstraße, bildet das **Kulturzentrum naTo** 3 den zweiten großen Fixpunkt der Leipziger Kultur ›von unten‹. Das Gebäude Karl-Liebknecht-Straße 46 duckt sich eingeschossig zwischen die danebenliegenden hohen Wohnhäuser. Hier wurde 1949 in einer Bomben-Lücke ein Holzpavillon für die ›Nationale Front für Einheit und gerechten Frieden‹ errichtet – das war ein von der SED gelenkter Zusammenschluss aller Parteien der DDR. In der Folge diente er zumeist als Versammlungs- und Diskussionszentrum. Am 17. Juni 1953 brannten die Aufständischen den Bau nieder, der danach geschichtssicher in Stein neu wiederaufgebaut wurde. In den 1960ern und 1970ern rückten die soziokulturellen Aspekte und die Jugendbildung in den Vordergrund, man traf sich hier zur Tanzstunde und zum Kino.

Als 1982 schließlich Götz Lehmann als Hausmeister eingestellt wurde, etablierte sich das Haus mit Happenings, Performances, Jazzkonzerten und Experimentalfilmen als Veranstaltungsort alternativer Kultur in der DDR, ein Geheimtipp auch über die Grenzen Leipzigs hinaus. Aus der Abkürzung NaFro machte der Szenejargon – warum auch immer – naTo.

Das Haus stand mit seinem Programm keinesfalls in Fundamentalopposition zum realsozialistischen Mainstream, Götz Lehmann saß in seinem Büro zeitweise Tür an Tür mit SED-Leuten und Stasi-Mitarbeitern. Vielmehr konzentrierte sich in den 80er-Jahren in der Leipziger Südvorstadt eine Szene unangepasster, junger Kreativköpfe mit Verbindungen in die ganze DDR und auch nach Westberlin, der es eher um eine Kultur der persönlichen Selbstentfaltung nach westlichem Vorbild ging als um den Sturz des Regierungssystems.

Nach 1989 war die naTo denn auch einer der ersten Veranstaltungsorte in Leipzig, die den welthungrigen Menschen französische oder japanische Theatergruppen, Musiker aus Brasilien oder der Schweiz geboten haben. Ihr ganz eigener Kulturmix macht die naTo auch heute zum buntesten kulturellen Highlight des Leipziger Südens. Neben dem anspruchsvollen Musik-, Theater- und Kinoprogramm bietet die Kulturkneipe einen urigen Ort für das abendliche kühle Blonde (S. 41).

Legendär sind heute auch die drei Sommer-Veranstaltungen der naTo: im Mai das Seifenkistenrennen am Fockeberg, im Juni das Badewannenrennen mit Fischerstechen im Teich vor dem Völkerschlachtdenkmal und im September der Paul-Fröhlich-Cup auf der Festwiese vor dem Zentral-Stadion. Bei allen zählt neben dem wachen Sportsgeist vor allem auch teamorientierter Gemeinschaftssinn und kreatives Gestaltungsvermögen bei der Vorbereitung der Wettkampfausstattung.

bürgerlichen Wohnhausbaus des ausgehenden 19. Jh. gehörig auftrumpft. Übrigens: je weiter stadtauswärts man vordringt, desto ausgefallener und aufwendiger werden die kreativen Einfälle der Bauherren. Aber auch die Nutzung ist hier gänzlich anders als in der parallel verlaufenden KarLi.

Es finden sich kaum Ladenlokale, ab und an taucht eine Arzt- oder Physiotherapie-Praxis auf, und es gibt wenige, handverlesene gastronomische Angebote wie beispielsweise die exzellente italienische Küche und Weinkarte von **La Romantica** 2 stadteinwärts am Übergang zur Dufourstraße oder etwas stadtauswärts an der Kurt-Eisner-Straße die afghanische Küche mit indischen und iranischen Spezialitäten des **Ariana** 5.

Die Media City

Die Kurt-Eisner-Straße mündet ganz im Osten rechts abknickend in die Altenburger Straße. Der gesamte Straßenzug wird auf der linken Seite vom Gelände des ehemaligen **Städtischen Vieh- und Schlachthofs** bestimmt. Hier ist Mitte der 1990er-Jahre sowohl die Media-City als auch die Sendezentrale des Fernsehens des Mitteldeutschen Rundfunks entstanden. Vom alten Schlachthof ist leider nicht mehr allzu viel übrig geblieben, sodass der Gesamteindruck des Ensembles heute nur noch partiell nachempfunden werden kann.

Kohlrabizirkus 4

Jenseits der neu entstehenden S-Bahn-Station sieht man die gewaltige Doppelkuppelanlage der früheren **Frischmarkthalle**, die 1929/30 durch den Stadtbaurat Hubert Ritter errichtet worden war – damals galten die spek-

takulären Stahlbetonkuppeln als die größten der Welt. Im Volksmund hieß der 1994 geschlossene Frischmarkt sinnigerweise ›Kohlrabizirkus‹. Das übernahm die jetzige Besitzergesellschaft, die hier eine private Veranstaltungslocation betreibt, kurzerhand. Heute finden im **Kohlrabizirkus** (www.kohlrabizirkus-leipzig.de) Ausstellungen, Galas, Betriebsfeste und auch Opern, Musicals und Zirkusgastspiele statt. Unter der zweiten Kuppel liegt der **Eisdom** 1, Deutschlands größte Indoor-Eisfläche (www.eisdom.de).

media city leipzig 5

Schon Mitte der 1990er-Jahre wurde die media city in mehrreihiger Kammbebauung errichtet. Über 60 Firmen haben sich hier angesiedelt und bieten modernste Bedingungen für zeitgemäße Medienproduktionen. Es gibt darüber hinaus genug Platz für mehrere Studios, einen eigenen Fundus, Kulissenwerkstätten und als besonderes architektonisches wie auch infrastrukturelles Zentrum der Anlage den gläsernen **Mediengarten,** der auch als Studio genutzt werden kann.

Mitteldeutscher Rundfunk 6

Das Gelände der Sendezentrale des MDR-Fernsehens grenzt direkt an die media city an. Schon Anfang der 1990er-Jahre fiel die Entscheidung für den Standort in Leipzig, und nur wenige Jahre später war der Umzug hierher weitestgehend abgeschlossen. Bis dahin war das Fernsehprogramm hauptsächlich von Dresden aus gesendet und auch dort produziert worden. Zusätzlich zu diesem Leipziger Standort hat die Dreiländeranstalt natürlich auch noch Landesfunkhäuser in den jeweiligen Landeshauptstädten Erfurt, Magdeburg und Dresden. Die Zentrale des Hörfunks sitzt im nahe gelegenen Halle an der Saale.

Lieblingsort

Art déco mit Flair – Café Grundmann **3**

Schon der Freisitz vor dem Lokal an der August-Bebel-Straße 2 versprüht ein ganz eigenes Flair. Das Publikum ist, obwohl nur wenige Meter von der Karl-Liebknecht-Straße entfernt, ein gänzlich anderes, daher entsteht auch eine ganz andere Atmosphäre, ein Gemisch aus Kaffeekränzchengemütlichkeit, wirtschaftlicher Bodenständigkeit und intellektueller Kaffeehaustradition. Und so gibt es hier nur eines: Lassen Sie sich ein, tauchen Sie ganz und gar ein in die Art-déco-Einrichtung dieser alteingesessenen Institution und genießen Sie bei Frühstück, Timelunch, Kaffee und Kuchen oder zum Abend den Raum und die ganz besondere Stimmung (s. auch S. 199)!

Am Connewitzer Kreuz

Blick hinter die Kulissen
Die **MDR-Studiotour** über das Gelände des **Mitteldeutschen Rundfunks** 6 gibt Ihnen die Möglichkeit, einmal hinter die Kulissen des Fernsehmachens zu schauen. Bei einem kleinen Zwischenstopp in der 13. Etage des Sendehochhauses ist nicht nur der MDR, sondern auch ganz Leipzig und der Südraum zu überblicken. Bei diesem Rundgang wird nicht nur der MDR selbst mit Studios, Werkstätten und den Lagerhallen des Fundus vorgestellt, sondern auch die verschiedenen Einrichtungen der benachbarten media city leipzig. Damit das alles nicht nur graue Theorie bleibt, gibt es auch die Gelegenheit, aktiv mitzumachen und zumindest einmal im Leben vor der Kamera zu stehen (Teilnahme nur nach Voranmeldung unter Tel. 0341 35 00 25 00 oder www.mdrdiestudiotour.de, pro Person 10 €).

In Leipzig wird hauptsächlich das Regionalprogramm produziert, hier entstehen aber auch überregional bedeutende Produktionen für die ARD, arte, 3sat und andere Sender.

Überregional bekannt sind vor allem die Produktionen und Filme für das ARD-Programm, wie zum Beispiel der Leipziger Tatort, die beliebte Krankenhausserie »In aller Freundschaft« oder die erfolgreiche Doku-Soap »Elefant, Tiger & Co«. Aber auch die Leipziger Ausgabe von »Titel, Thesen, Temperamente« und die Sendung »brisant« im wochentäglichen Vorabendprogramm kommen aus den MDR-Studios.

Hochschule für Technik, Wirtschaft und Kultur (HTWK) 7

Das Hauptgebäude dieser über mehrere Gebäude verteilten, vielgestaltigen Hochschule liegt direkt an der Ecke Karl-Liebknecht-/Richard-Lehmann-Straße. Es wurde 1913 als Königlich-Sächsische Bauschule fertiggestellt und weist architektonisch sowohl Elemente des Jugendstils als auch des Historismus auf. Die bereits 1838 von Albert Geutebrück initiierte Vorgängerinstitution – die Baugewerkeschule – war bis dato in der Pleißenburg am Ort des heutigen Neuen Rathauses untergebracht gewesen.

Inzwischen ist die HTWK allerdings keine reine Baufachschule mehr, neben dem Fachbereich Bauwesen gibt es die Bereiche Medien, Elektro- und Informationstechnik, Sozialwesen, Informatik, Mathematik und Naturwissenschaften, Maschinen- und Energietechnik sowie Wirtschaftswissenschaften. Im Bereich Medien kann man hier Bibliotheks- und Informationswissenschaften, Buch- und Verlagswirtschaft, Druck- und Verpackungstechnik, Museologie, Medientechnik und Verlagsherstellung studieren. Etwa 5000 der Leipziger Studenten sind allein an dieser außeruniversitären Hochschule eingeschrieben.

Dieser inhaltliche und zahlenmäßige Umfang erklärt auch die Ausbreitung der HTWK über mehrere Gebäude. Der Sitz der Hochschulverwaltung befindet sich beispielsweise in dem Gebäude Karl-Liebknecht-Straße 145. Dieses ursprünglich 1926 als Oberpostdirektion eingeweihte Bauwerk von Willibald Seckt gehört zu den wenigen Beispielen expressionistischer

Geschäftshausarchitektur in Leipzig. Besonders auffällig ist hier der siebenachsige auskragende Mittelrisalith mit seiner starken farbigen Gestaltung und den wuchtigen eingestellten Säulen, die ungewöhnliche Zackenkapitelle aufweisen.

Weichbildzeichen Connewitzer Kreuz 8

Direkt auf dem kleinen Wiesendreieck an der Bornaischen Straße steht das einzige erhaltene ›Weichbildzeichen‹ der Stadt in Form einer etwa 5 m hohen Säule aus Porphyrtuff mit einer Tafel aus Sandstein, die neben einem Andreaskreuz und der Jahreszahl 1536 auf der stadtabgewandten Seite auch ein Kruzifix mit Stadtwappen und Totenkopf zur Stadt hin zeigt.

Weichbildzeichen waren im Mittelalter eine Art Landmarken, die den Bereich bezeichneten, in dem das jeweilige Stadtrecht Geltung hatte. Dieses hier am Connewitzer Kreuz war sicher zum einen Namensgeber der örtlichen Bezeichnung und darüber hinaus die südliche Gemarkungsgrenze des Leipziger Stadtgebietes, auch wenn die Bebauung bis vor zirka 100 Jahren keinesfalls bis hierher reichte, so galt doch die städtische Gerichtsbarkeit genau bis hierhin.

Werk II 9

Kochstr. 132, www.werk-2.de

Auf dem Gelände des ehemaligen VEB Werkstoffprüfmaschinen befindet sich eins der größten soziokulturellen Zentren Sachsens mit vielen verschiedenen Werkstätten, kulturellen Veranstaltungen und gastronomischen Angeboten. Betrieben wird es seit 1992 vom Verein Werk II – Kulturfabrik Leipzig e.V. Auf einer Fläche von knapp 8000 m² sind neun Vereine und vier Künstler mit ihren Büroräumen, Werkstätten und Ateliers aktiv. Zielsetzung ist neben

Kultur und Szenetreffpunkt im Werk II

Wave-Gotik-Treffen am Connewitzer Kreuz

Mindestens einmal im Jahreslauf sind um das Connewitzer Kreuz herum und in ganz Leipzig jede Menge mehr Kruzifixe zu sehen. Um das Pfingstwochenende verwandelt sich die Stadt durch ein mehrtägiges Festival in das Mekka der Fans düsterer Musik wie Wave, Gothic und Industrial. Die ganze Stadt ist dann auf den Beinen, um die ausgefallene Kostümierung der internationalen Fan-Gemeinde zu bestaunen.

Zwischen den Polen ›wahre Augenweide‹ und ›erschreckendes Extrem‹ schwanken die Zuschauer von Bewunderung bis hin zu Abscheu. Auf jeden Fall wird die Stadt in diesen Tagen von einer ganz eigenen ›schwarzen‹ Stimmung erfasst, und das Aussehen Leipzigs verschiebt sich durch Reifröcke, Rüschen, Lack, Leder und Turmfrisuren total (www.wave-gotik-treffen.de).

kreativen und sozialen Angeboten vor allem die kulturelle und integrative Arbeit in Stadtteil, Stadt und Region.

Werk II hat mit Workshops und Kursen zu Keramik, Filzen, Glasblasen und Drucken, mit Computerkursen für Senioren sowie mit Konzerten, Theater und Kabarett ein vielfältiges Angebot, das für jeden Kunst-, Kultur- und sozial Interessierten etwas bietet.

In der werkseigenen Gastronomie **ConnSTANZE** 6 kann man durchaus eine Überraschung erleben, denn die Küche ist bei fairen Preisen überdurchschnittlich gut – und die Atmosphäre stimmt auch.

Haus der Demokratie 10
Bernhard-Göring-Str. 152, www. hddl.de
Als Waisenhaus 1903 in Betrieb genommen, wurde das Gebäude Ende der 1920er-Jahre nach einem Umbau für drei Jahre als Lehrlingswohnheim genutzt, danach wieder zum Kinderheim umfunktioniert und während der Kriegsjahre – bis zur Bombardierung 1943 – teilweise auch als Lazarett genutzt. Nach dem notdürftigen Wiederaufbau 1957 gab es dem VEB Konstruktions- und Ingenieurbüro Chemie ein Zuhause, und von 1983 bis zur Wende residierte hier die Bezirksleitung der SED.

Seit 1990 wird es vom Haus der Demokratie Leipzig e.V. verwaltet. Zahlreiche Vereine, von den Aktiven Senioren über den Behindertenverband und die Umweltbibliothek bis zur Zukunftswerkstatt, sind im Haus eingemietet. Inhaltlich ist das Zentrum vor allem sozial ausgerichtet, wenngleich die Zielgruppen sehr stark differenziert sind. Jeder ist willkommen, gefragt ist das Interesse, an der Gesellschaft Anteil zu nehmen und sie mitzugestalten. Regelmäßig finden Vorträge und Ausstellungen statt.

Über einen Seiten- bzw. Hofeingang gelangt man zu einem der schönsten Gartenlokale der Stadt: die **Kinobar Prager Frühling** **3**. Hier kann man neben Getränken auch Kleinigkeiten vom Grill in freundlicher Gesellschaft entspannt genießen. Durch den Garten geht's zum engagierten Programmkino.

Essen & Trinken

Volksnah – **Restaurant im Volkshaus** **1**: Karl-Liebknecht-Str. 30–32, Tel. 0341 212 72 22, www.volkshaus-leip zig.de, LVB 10, 11 Südplatz, tgl. ab 10 Uhr, Hauptgerichte um 9 €. Kneipe, Restaurant und eine der großen Party-Locations im Viertel. Auf den beiden großen Freisitzterrassen im Hof und zur Straße hin findet man fast immer ein Plätzchen, wenn das Wetter schön ist. Für Raucher gibt es einen abgetrennten Bereich im Gastraum. Neben seiner lockeren Atmosphäre sind es vor allem die regelmäßigen Ü-30-Partys, die die Besucher begeistern. Die Musik passt für (fast) jeden tanzwilligen Geschmack, und so ist hier an den meisten Samstagen viel los.

Klassisch italienisch – **La Romantica** **2**: Dufourstr. 36, Tel. 0341 149 56 87, www.laromantica.biz, LVB 89 Schenkendorfstraße, Mo–Fr 11.30–14.30 und 18–24, Sa 18–24 Uhr, Hauptgerichte ab 9 € (Business-Lunch ab 5 €). Umgeben von italienischen Landschaftsfresken kann man hier den zuvorkommenden Service, die gute Küche und die Angebote der ausgesuchten Weinkarte in gediegener Atmosphäre genießen.

Wiener Kaffeehaus – **Café Grundmann** **3**: August-Bebel-Str. 2, Tel. 0341 222 89 62, LVB 89 Schenkendorfstraße, Mo–Fr 8–1, Sa 9–1, So 9–22 Uhr. Ein besonderes Angebot ist der TIMELUNCH

– Essen nach Zeit (nur Mo–Fr 11–15 Uhr): Sie bezahlen dabei den Betrag der Bestellzeit, z. B. Sie geben Ihre Bestellung um 11.14 Uhr auf, dann bezahlen Sie auch nur DM 11,14. (Jetzt natürlich mit Euro-Umrechnung: DM 11,14 entsprechen 5,70 €). S. 194.

Gemütlich irisch – **McCormacks** **4**: Karl-Liebknecht-Str. 75, Tel. 0341 301 97 96, LVB 10, 11 Südplatz, tgl. ab 16 Uhr bis open end. Reichliche Burger, die lecker schmecken und den Geldbeutel schonen, Kirschbier und Englischquiz sind echte Alleinstellungsmerkmale. Nicht verwechseln mit McCormacks Ballroom in der Kurt-Eisner-Straße!

Afghanisch-iranisch – **Ariana** **5**: Kurt-Eisner-Str. 15, Eingang von der August-Bebel-Str. aus, Tel. 0341 306 85 30, www.ariana-restaurant.de, LVB 89 August-Bebel/Kurt-Eisner-Straße, Mo–Fr 11–22, Sa 11–23 und So 11.30–23 Uhr, Hauptgerichte um 8 €. Das Ariana lockt vor allem durch eine außergewöhnliche Karte und die gute Qualität seiner Küche in eine angenehm ruhige Souterrain-Atmosphäre.

Szenig rustikal – **ConnSTANZE** **6**: Kochstr. 132, Tel. 0341 391 57 94, LVB 10, 11, 28, 60, 89 Connewitzer Kreuz, Hauptgerichte ab 5 €, So–Fr ab 11, Sa ab 18 Uhr. Die Atmosphäre ist urig, gemütlich, Publikum und Bedienung sind freundlich und locker, die Karte ist überschaubar, aber das Essen dafür umso leckerer und sehr preiswert.

Vegan-Vegetarisch – **Zest** **7**: Bornaische Str. 54, S. 32.

Einkaufen

Gut gerahmt – **Kunst- und Geschenke- kontor** **1**: Karl-Liebknechtstr. 16, 0341 217 82 83, www.kunst-und-geschenke kontor.de, LVB 10, 11 Hohe Straße. Papeterie und Originalgrafiken.

Südvorstadt

Zweirad total – **Bike Department Ost** : Karl-Liebknecht-Str. 31, 0341 689 33 34, www.bdoleipzig.de, LVB 10, 11 Südplatz. Auf der Site gibt's auch Infos zu Ausfahrten und anderen interessanten Dingen.

Perlenparadies – **Perlentaucher Leipzig** : Karl-Liebknecht-Str. 51, Tel. 0341 260 16 97, www.perlentaucher-leipzig.com, LVB 10, 11 Südplatz. Verschiedene Farben, verschiedene Formen, zum Mitnehmen oder Fädeln vor Ort. Einfach schön anzusehen.

Schuhe nach Maß – **Fußgänger:** auf dem Gelände der **Feinkost Leipzig**  (s. S. 189), Tel. 0341 149 96 66, LVB 10, 11 Südplatz. Wer seinen Füßen etwas Besonderes gönnen möchte, ist bei Peter Hartwig in erfahrenen ›besten Händen‹.

Gar nicht gewöhnlich – **Graue Maus** : Karl-Liebknecht-Str. 50, S. 37.

Grün und bunt – **pussyGALORE** : Karl-Liebknecht-Str. 52, S. 37.

Italien in Leipzig – **Mangiare** : Karl-Liebknecht-Str. 73, Tel. 0341 301 13 11, www.mangiare-leipzig.de, LVB 10, 11 Südplatz, Mo–Fr 10–19, Sa 9–13 Uhr. Das beste Geschäft, um italienische Leckereien zu kaufen – mit frisch im Laden gebackenem italienischem Brot und riesigem Sortiment an Schinken und Salami. Aber auch Olivenöl, Grappa und diverse Dolci der feinsten Sorte.

Sinnenschmaus – **Tee-Contor** : Karl-Liebknecht-Str. 100, Tel. 0341 391 73 92, LVB 10, 11 Kurt-Eisner-Straße. Gleich wenn man reinkommt, riecht

Italienische Kultur in Leipzig: Delikatessenladen Mangiare

es wunderbar. Von Klassiker bis Original gibt's hier Tee, soviel das Herz begehrt.

nen, das Angebot im Eisdom ist breit gefächert.

Aktiv & Kreativ

Eislaufen – **Eisdom Leipzig** **1**: An den Tierkliniken 42, Tel. 0341 149 67 44, www.eisdom.de, Mitte Oktober bis Ende März Mo–Do 14–22, Fr 14–24, Sa 10–24 und So 10–22 Uhr. Unter der zweiten Kuppel des Kohlrabizirkus (der alten Frischmarkthalle, S. 193) sorgt modernste Technik dafür, dass von Oktober bis März optimale Bedingungen für flotte Kufen herrschen. Ob Eislaufschule, Kindergeburtstag, Eisstockschießen auf abgetrennten Bah-

Abends & Nachts

Abtanzen für alle – **Partys im Volkshaus** **1**: Karl-Liebknecht-Str. 30–32 (S. 199). Jeweils alle 6 Wochen im Wechsel Beat Crazy (80er-Jahre), Be Here Now (Britpop und Alternative), Black Donuts (Soul, Funk & Black Disco) und Ü30-Exquisit, wobei letztere einen geradezu legendären Ruf haben.

Absolut irisch – **Killiwilly** **1**: Karl-Liebknecht-Str. 44, Tel. 0341 213 13 16, www.killiwilly-pub.de, LVB 10, 11 Südplatz. Ein typisch irischer langer Tresen, drumherum rustikale Tische, und einen Raucherraum gibt es auch. Neben allein 13 Fassbieren gibt es auch Wein, Cocktails und jede Menge Whiskeys. Regelmäßig treten Sänger oder kleinere Gruppen auf. S. 38.

Kultkultur – **Kulturzentrum naTo** **3**: Karl-Liebknecht-Str. 46, S. 41, 192.

Gute Laune pur – **McCormacks Ballroom** **2**: Kurt-Eisner-Str. 43, S. 41.

Kult(ur)fabrik – **Werk II** **9**: Karl-Liebknecht-Str. 132, S. 42. Veranstaltungsprogramm s. www.werk-2.de. S. 197.

»Kinobar« & Grillstation – **Prager Frühling** **3**: Bernhard-Göring-Str. 152, Tel. 0341 306 53 33, www.kinobar-leipzig.de, LVB 10, 11, 28, 60 Connewitzer Kreuz, Gartenlokal Mai–Sept. tgl. ab 16 Uhr. Anspruchsvolles Programmkino im Souterrain des Hauses der Demokratie (von dort aus auch behindertengerechter Zugang möglich). Der Biergarten ist im Sommer eine der gemütlichsten Adressen für eine entspannte Abendgestaltung, und wer nicht nur Durst, sondern auch Hunger verspürt, bekommt Gebrutzeltes vom Grill ab 4 €. S. 43, 199.

Club Dancing – **Tanzcafé Ilses Erika** **3**: Bernhard-Göring-Str. 152, S. 39.

Plagwitz und Lindenau

Highlight!

Baumwollspinnerei: Die ehemalige Leipziger Baumwollspinnerei lockt unter dem Slogan ›From Cotton to Culture‹ nicht nur Kunstinteressierte und Kunstkenner aus aller Welt nach Leipzig, der zweimal im Jahr stattfindende Galerierundgang gerät inzwischen mit Volksfeststimmung schon fast zum Rundum-Stadt-Event. Und natürlich kommt auch der Liebhaber alter Industriearchitektur auf dem riesigen Spinnereigelände auf seine Kosten. **17** S. 220

Auf Entdeckungstour

Auf Wasserwegen unterwegs: Ob auf der Weißen Elster oder auf dem Karl-Heine-Kanal – vom Boot aus bieten sich einzigartige An- und Einsichten in die Plagwitzer Seele aus der Zeit der Industrialisierung. S. 208

From Cotton to Culture: Die ehemals größte Baumwollspinnerei Europas ist zu einem in jeder Hinsicht beeindruckenden Kunst- und Kreativzentrum entwickelt worden. S. 222

Heines Gleisnetz in Plagwitz: Als Karl Heine die Erschließung von Plagwitz in Angriff nahm, ließ er alle Grundstücke mit Gleisanschlüssen versehen. S. 228

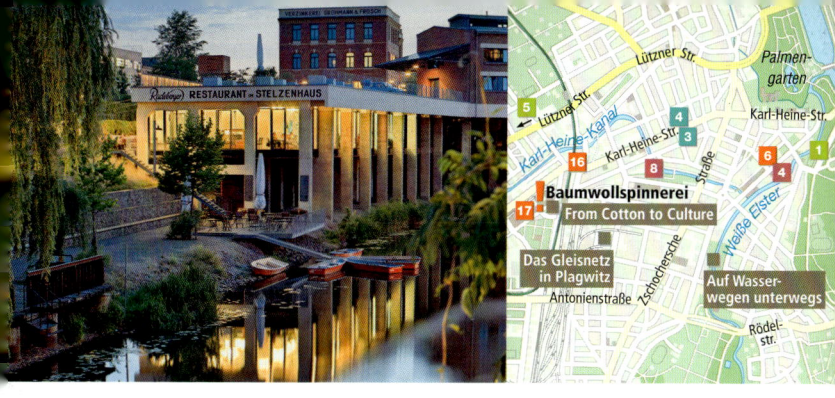

Kultur & Sehenswertes

Werkstatt-Museum für Druckkunst: In die Verlagsstadt Leipzig gehört auf jeden Fall auch ein ordentliches Museum für Druckkunst. 6 S. 212

Liebfrauenkirche: Der Anfang des 20. Jh. errichtete Kirchenbau beeindruckt durch Glasfensterarbeiten und Ausstattungsgegenstände der 1920er- und 1930er-Jahre. 16 S. 217

Aktiv & Kreativ

Museumsfeldbahn in Lindenau: Auf dem etwa 2 km langen Gleisnetz sind in unmittelbarer Nähe zum Hafen die historischen Lokomotiven und Wagen nicht nur zu sehen, sondern auch in Fahrt zu erleben. 5 S. 220

Bootsverleih & Beachvolleyball: Gleich neben dem Bootshaus am Klingerweg kann man zur Wasserwanderung starten oder aber zum Volleyballspiel aufschlagen. 1 S. 227

Genießen & Atmosphäre

Da Vito: Ob im lauschigen Innenhof oder direkt über der Weißen Elster – draußen ist es besonders schön. Für Romantiker ist sogar eine Gondelpartie möglich. 4 S. 211

Stelzenhaus: Die zu einem Restaurant umfunktionierte frühere Produktionshalle scheint dank zahlreicher Betonstützen über dem Karl-Heine-Kanal zu schweben. 8 S. 214

Abends & Nachts

Noch besser leben: Außergewöhnliche Live-Auftritte. 3 S. 231

Schaubühne Lindenfels: Gastronomie, Theaterbühne und Programmkino. 4 S. 231

Vom Arbeiterviertel zum In-Quartier

Das 19. Jh. war für Leipzig wahrscheinlich eine der glücklichsten, ganz sicher aber eine der reichsten Phasen seiner Geschichte. Bis zur ersten Hälfte des 19. Jh. war die Stadt vor allem ein Handelsplatz. Dann kam eine Veränderung ganz anderer Art – die Industrialisierung. Eine entscheidende Rolle übernahm, neben anderen Unternehmerpersönlichkeiten der Stadt, der Jurist Dr. Karl Erdmann Heine (1819–1888).

Die westlich der Innenstadt gelegenen Vororte führten damals ein gemächliches Dasein, waren sie doch durch den mehrmals im Jahr überfluteten und dadurch unpassierbaren Auwald oftmals nahezu abgetrennt. Karl Heine ging nun daran, diese westlichen Areale großflächig aufzukaufen und durch Flussbegradigungen und Flusseinfassungen, durch Entwässerungsschleusen und den Einbau von Wehren weitestgehend trockenzulegen. Mit dem Bau von Straßen und Brücken sorgte er für die Erschließung dieser Quartiere, zu denen auch die Westvorstadt und das Waldstraßenviertel (S. 247) gehörten. Der absolute Clou gelang ihm jedoch mit der Erschließung des bis dato unbedeutenden Weilers Plagwitz mit seinen rund 150 Einwohnern. Heine erwarb Land und Höfe, ließ Wohnhäuser bauen, Straßen anlegen und 14 Brücken über die Weiße Elster konstruieren.

Die Ansiedlung von Industriebetrieben im Leipziger Westen ließ nun nicht mehr lange auf sich warten. Bereits 1867 begann Rudolph Sack die Ansiedlung von Betrieben in diesem Stadtteil, wobei zu erwähnen ist, dass auch er zunächst mit nur 4 Mitarbeitern begann, seine später berühmt gewordenen Landmaschinen zu bauen. Weitere Betriebe waren unter vielen anderen das Versandhaus Mey & Edlich (1869), die aus Philadelphia in den USA übergesiedelte Firma Brehmer Brothers (1873), die Kammgarnspinnerei Tittel & Krüger (1875) und der Konsumverein (1884). 1888 gab es in Plagwitz bereits 105 Fabriken mit insgesamt ca. 6000 Beschäftigten. Als Plagwitz am 1. Januar 1891 nach Leipzig eingemeindet wurde, zählte es bereits knapp 14 000 Einwohner. Bereits 1895 hatte das Plagwitzer Industriegebiet mit 30 % einen erheblichen Anteil am Industriepotenzial Leipzigs.

Infobox

Reisekarte: ▶ E–G 9/10

Ausgangspunkt
Das Karl-Heine-Denkmal an der Klingerbrücke. Eine wunderbare Alternative zum doch recht langen Fußmarsch ist, die Tour mit dem Fahrrad zu absolvieren. Auf jeden Fall empfiehlt es sich, nicht unbedingt mit dem Auto zu kommen, da sich an zahlreichen Stellen nur schwer Parkplätze finden lassen.
Wer mit der Straßenbahn kommt, nimmt die Linien 1 oder 2 bis Clara-Zetkin-Park. Unterwegs gibt es keine Möglichkeit, die LVB zu nutzen.
Zurück zur Innenstadt geht es ab Endhaltestelle Plagwitzer Bahnhof mit der S-Bahn.

Stimmungsvolle Industriedenkmäler wie die Könneritzbrücke prägen Plagwitz

Nach der Wiedervereinigung gab es in diesem Industrieviertel allerdings ein enormes soziales Konfliktpotenzial. Allein zwischen 1989 und 1991 wurden über 16 000 Beschäftigte in der Produktion freigestellt. Viele von ihnen sind heute als Langzeitarbeitslose immer noch ohne neue Arbeit. Was die Stadt und das Engagement einzelner Bürger und Investoren auf stadtplanerischem Gebiet aus dem ruinösen Plagwitz der Vorwendezeit gemacht haben, kann sich jedoch sehen lassen.

Vor allem die Kunst schafft sich neue, ungewöhnliche Räume in den ehemaligen Produktionshallen und Konsumgalerien des Leipziger Westens. Nach der Wende standen die Zeichen auch in diesem Bereich auf Sturm, Schwarzseher prophezeiten bereits

das Ende der HGB. Doch ganz im Gegenteil erregten die jungen Leipziger Künstler auf internationalen Messen großes Aufsehen. Die Neue Leipziger Schule wurde ebenso zum festen Begriff wie die Leipziger Schule der 1970er-Jahre, und ihre Hauptvertreter wie etwa Neo Rauch sorgten auf dem Kunstmarkt für Furore.

An der Weißen Elster

Karl-Heine-Denkmal [1]

An der Kreuzung von Klingerweg, Käthe-Kollwitz- und Karl-Heine-Straße steht ein Denkmal, das den »Erschließer des Leipziger Westens« würdigt. Das Karl-Heine-Denkmal wurde 1896

Plagwitz und Lindenau

Sehenswert

1. Karl-Heine-Denkmal
2. Klingerhain
3. Karl-Heine-Villa
4. Könneritzbrücke
5. Mey & Edlich
6. Werkstatt-Museum für Druckkunst
7. Buntgarnwerke
8. Heilandskirche
9. Plagwitzer Rathaus
10. Ehemaliges Post- und Telegrafenamt
11. Karl-Heine-Bogen
12. Stadtteilpark
13. Konsum Zentrale
14. GaraGe
15. Da Capo – Oldtimermuseum
16. Liebfrauenkirche
17. Leipziger Baumwollspinnerei
18. Tapetenwerk
19. Güterbahnhof

Essen & Trinken

1. Paulis Cafeteria
2. Mai Tai
3. Heine
4. Da Vito
5. Thiseas
6. Plagwitzer Ratskeller
7. Sonnen-Hof
8. Restaurant Stelzenhaus
9. Café Nora Roman
10. Peking-Haus
11. Versorgungsanstalt
12. Restaurant im Goetz-Haus

Einkaufen

1. Christine Lachée

Aktiv & Kreativ

1. Bootshaus Klingerweg
2. Tanzschule Jörgens
3. Rad- und Wanderweg am Karl-Heine-Kanal
4. Delikatessenhaus
5. Museumsfeldbahn

Abends & Nachts

1. Westwerk
2. Cineding
3. Noch besser leben
4. Schaubühne Lindenfels
5. Musikalische Komödie
6. LOFFT und Theater der Jungen Welt

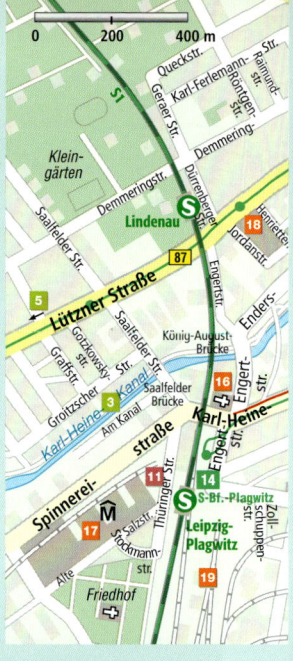

durch einen Freundeskreis, der eigens zu diesem Zweck gegründet worden war, finanziert und beim damals sehr gefragten Leipziger Bildkünstler Carl Seffner in Auftrag gegeben. Seffner schuf u. a. auch das Bachdenkmal am Thomaskirchhof (S. 136) und die Plastik des jungen Goethe auf dem Naschmarkt (S. 122).

Karl Heine wurde am 10. Januar 1819 in Leipzig geboren. Er besuchte die Thomasschule und studierte an der Universität Leipzig Rechtswissenschaft. Nach seinem Studium war er kurze Zeit als Rechtsanwalt tätig, wurde jedoch schon sehr bald zu einem der erfolgreichsten und bedeutendsten Unternehmer der Stadt.

Von seiner Verwandtschaft mütterlicherseits hatte er das Grundstück von Reichelts Garten geerbt, das in etwa dem Areal um die heutige Kolonnadenstraße entspricht. Zu diesem Grund kaufte er ab 1844 zunächst die übrigen, westlich des Dittrichrings gelegenen Gärten hinzu und erweiterte nach und nach seinen Grundbesitz bis in das Dorf Plagwitz, das damals von Leipzig aus nur über Lindenau und die heutige Jahnallee regulär und ganzjährig zu erreichen war, da dort ein aufgeschütteter Wall und eine Brücke den oft unpassierbaren Auwald überwindbar machten. Natürlich waren diese Gelände günstig zu haben, war doch rechts und links der Elster nur sumpfi-

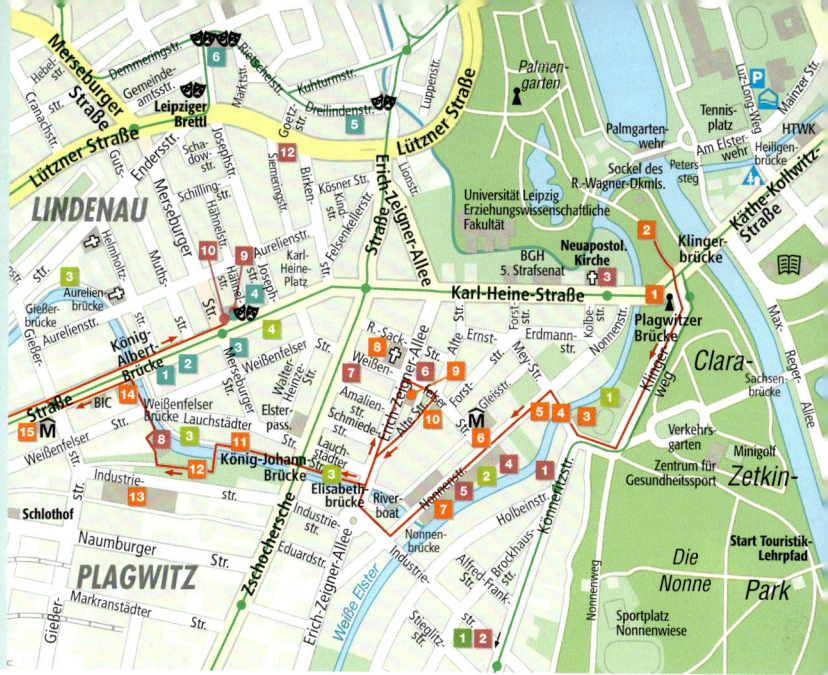

ges Gelände anzutreffen. Heine erwarb diese Ländereien jedoch nicht nur, um sie aufgeteilt weiterzuveräußern, sondern er kümmerte sich um eine umfassende Erschließung durch Trockenlegung, Straßenbau und die Ansiedlung fremder und eigener Unternehmen in diesem Areal, was ihm später den Weiterverkauf der einzelnen Parzellen gehörig vergoldete und erleichterte.

Heine war ein Mann mit zukunftsweisenden Visionen und dem für deren Durchsetzung notwendigen Engagement. In Plagwitz ließ er 1876 den ersten Güterbahnhof Europas und ein Schienennetz anlegen, das teilweise bis in die noch zu bauenden Fertigungshallen seiner zukünftigen Investoren reichte (S. 228). Unter dem Motto: »Von der Elster an die Alster« gründete Heine im Jahr 1881 den Elster-Saale-Verein, um eine schiffbare Verbindung zwischen Elster und Saale

zu schaffen, von der heute nur noch knapp 2 km fehlen (S. 209).

Klingerhain 2

Der Name ›Klingerhain‹ erinnert an den berühmten Leipziger Künstler Max Klinger (1857–1920), der hier ganz in der Nähe groß wurde und später auch sein Atelier unterhielt. Klingers Villa und das dahinter liegende Atelier sind im Krieg komplett zerstört worden, als authentischer Lebensort hat lediglich sein Elternhaus (Karl-Heine-Str. 2) überdauert und nach langem Dornröschenschlaf auch endlich einen Investor gefunden.

Bootshaus Klingerweg 1

s. S. 227

Den Klingerweg entlang durchs Grüne kommt man nach einigen Schritten zum Bootshaus am Klingerweg. Vor über 125 Jahren, im Juni 1883, wurde der Ruderverein »Sturm-   ▷ S. 211

Auf Entdeckungstour

Auf Wasserwegen unterwegs

Ob auf der Weißen Elster, der Luppe, dem Elsterflutbett oder dem Karl-Heine-Kanal – vom Boot aus bieten sich einzigartige An- und Einsichten in die Plagwitzer Seele aus der Zeit der Industrialisierung.

Bootsverleih: Bootsherold, Antonienstr. 2, www.bootsbau-herold.de, Tram 1 und 2, Bus 60 Rödelstraße, tgl. 10–18 Uhr (Ostern–Ende Oktober), Preis: individuell 4–9 € pro Stunde und Boot oder geführte Motorboottour für 10 € pro Pers. (Anmeldung: Tel. 0341 480 11 24).

Vom Wasser aus erlebt, scheint jede Stadt noch mal so schön. In Leipzig gibt es – entgegen der landläufigen Meinung – ausgesprochen viele Flüsse und Gewässer. Zwar kann Leipzig kein Stadtpanorama mit Fluss vorweisen wie das benachbarte Dresden, doch die Vielfalt der Leipziger Gewässer entschädigt dafür auf den zweiten Blick umso mehr. Als sogenannter ›Gewässerknoten‹ liegt die Stadt im Gebiet des Zusammenflusses von Weißer Elster, Pleiße und Parthe. Mit den kleineren Flüssen, Bächen und Gräben kommen allein im Stadtgebiet beachtliche 211 km Fließgewässer zusammen. Große Seen wie der Cospudener oder Kulkwitzer See und kleine Teiche und Tümpel in den zahlreichen Parks der Stadt mit einer Wasserfläche von 85 ha sowie die insgesamt 284 Brücken ergänzen das Bild eines ›Klein-Venedig‹, das sich dem Besucher vom Wasser aus bietet. Diese Gewässer sollen einmal alle miteinander verbunden sein.

Vom Wasser aus

Wer sich einen lebendigen, ganz persönlichen Eindruck davon verschaffen will, mietet sich am besten bei Bootsherold ein Boot, um von hier aus zunächst den Lauf der Weißen Elster zu erkunden. Achtung: Der Ausgangspunkt der Tour ist gleichzeitig ihr Endpunkt – Sie müssen also die zurückgelegte Strecke auch wieder zurück! Nach ca. 1 km auf dem Fluss kommt man zu einem schmalen Abzweig, der den Einstich des Karl-Heine-Kanals markiert.

Der unvollendete Kanal

Hier biegt man direkt in den Kanal hinein nach links ab und fährt unter der Nonnenbrücke, dem ehemaligen Riverboat und an der »Casa Rossa« mit Anlegesteg vorbei den Kanal entlang.

In kurzer Folge werden nacheinander drei weitere Brücken unterquert, und nun ist der Blick frei auf das beeindruckende Stelzenhaus. Auf über 100 Betonstützen wurde hier vor etwa 100 Jahren eine Wellblechverzinkerei errichtet, die heute als Wohn- und Arbeitsgebäude sowie als **Restaurant Stelzenhaus** [8] genutzt wird (s. S. 214). Wer einkehren möchte, legt hier einfach an und genießt eine Pause.

Ab Leipzig war die Weiße Elster, die hier wie erwähnt mit der Pleiße und der Parthe zusammenfließt, strecken-

weise stark verlandet und wegen Untiefen und Sandbänken nicht mehr schiffbar. Deshalb gab es bereits im 17. Jh. Pläne zum Ausbau eines schiffbaren Anschlusses an die Gewässer der Region. Allerdings vergingen noch einige Jahre, bis 1856 Karl Heine unter dem Motto »Von der Elster an die Alster« mit dem Bau des **Elster-Saale-Kanals** begann. Über den Anschluss an die Saale hätte man von Leipzig aus auch die Elbe und damit einen der großen Welthäfen erreichen können. Leider

Per Boot die Wasserläufe im Westen Leipzigs entdecken

wurde dieses Projekt nicht vollendet. In den 1930er-Jahren wurde noch einmal am ›Kanal‹ gebaut, und der **Lindenauer Hafen** mit großen Speichergebäuden entstand. Doch wurden sie nie wirklich genutzt, da dem Kanal immer noch knapp 2 km zur echten Wasserstraße fehlen.

Gondeln, Kajaks, Ruderboote
Heute ist es vor allem der Ausflugsverkehr, der das Leben bzw. die Nutzung des Kanals und der angrenzenden Gewässer hauptsächlich bestimmt. Am Ende des Kanals muss man wenden und die ganze Strecke bis zur Weißen Elster zurückrudern.

Wer sich an der Wasserkreuzung noch fit genug fühlt, wendet sich nach links und folgt dem Lauf der Elster, unter der beeindruckenden Bogenkon-

struktion der **Könneritzbrücke** 4 hindurch, bis rechter Hand das alte **Boots-haus am Klingerweg** 1 (s. S. 227) und links schließlich die **Klingervilla** auftaucht.

Vorbei am Flutbett im Palmengarten kommt man zur Einmündung in den Luppekanal. Wer jetzt noch weiterfahren will und sich nach rechts ins Flutbecken wendet, muss unbedingt darauf achten, dem Palmengartenwehr nicht zu nahe zu kommen. Auch sollten alle Freizeitkapitäne daran denken, dass sie den ganzen Weg auch wieder zurück müssen!

Als deutlich weniger anstrengende Variante kann man mit seiner Liebsten auch mit eigenem Gondoliere in einer echten venezianischen Gondel des Restaurants **Da Vito** 4 (s. S. 211) den Fluss erleben.

vogel« als einer der ersten seiner Art in Deutschland gegründet. Erst 1904 konnte der inzwischen enorm gewachsene Verein in das Domizil am Klingerweg umziehen, wo er bis heute logiert, wenn auch unter einem neuen Namen. Nach aufwendiger Sanierung erstrahlt das Bootshaus in neuem Glanz. Man kann hier Boote mieten oder an einer Bootsrundfahrt über Leipziger Gewässer teilnehmen. Es gibt Beachvolleyball- und Grillplätze, die gemietet werden können, und überhaupt ist das Angebot des Bootshauses sehr lebendig und einladend.

Karl-Heine-Villa ❸
Könneritzstr. 1
Geht man um das Areal des Bootshauses herum, kommt man über eine Brücke über den Lauf der schon seit Jahrzehnten trockengelegten Rödel zur sogenannten Halbinsel Schleußig. Der Name erklärt sich durch jenen trockengelegten Wasserlauf auf der einen und die Weiße Elster auf der anderen Seite eines überschaubaren Dreiecks, das zwischen den beiden an seinem Ende zusammenfließenden Gewässern lag. Auf diesem herrlichen Fleckchen Natur hatte sich Dr. Karl Erdmann Heine 1874 seine Stadtvilla im Stil des Historismus nach Vorbildern der italienischen Renaissance errichten lassen. Die Karl-Heine-Villa wurde nach der Wiedervereinigung aufwendig restauriert, sodass sie wieder im alten Glanz erstrahlt.

Könneritzbrücke ❹
Direkt neben diesem Prachtstück von Villa erhebt sich die Könneritzbrücke, ein Kleinod der Ingenieurskunst. Die 1869 gebaute und in ihrer heutigen Form 1899 erneuerte Stahlfachwerkbrücke wurde im Jahr 2002 aufwendig saniert, wobei die gesamte Konstruktion mit einem Spezialkran herausge-

hoben, an anderer Stelle überarbeitet und danach wieder per Kran in die ›Lücke‹ über der Weißen Elster eingesetzt wurde.

Mey & Edlich ❺
Rechts und links der über die Brücke laufenden Ernst-Mey-Straße erstreckt sich auf dem Areal am gegenüberliegenden Ufer bis über die Nonnenstraße hinaus das ehemalige Gelände der Firma Mey & Edlich. 1870 verlegte der Fabrikant Ernst Mey, der damals schon seit einem Jahr zusammen mit

Mein Tipp

Gaumenfreuden und Gondelspaß
Durch eine wunderbar imposante Toreinfahrt gelangt man in einen ersten Hinterhof mit einem flacher gehaltenen ehemaligen Gewerbegebäude. Wenn man durch die zweite Durchfahrt geht, gelangt man in den zweiten, diesmal komplett umschlossenen Innenhof und in den Freisitz, der zum italienischen Restaurant Da Vito gehört. Hier warten auf den Italienfreund nicht nur hervorragende italienische Küche und eine Weinkarte, die sich sehen lassen kann – für die Riege der Italienwehgeplagten und die hoffnungslosen Romantiker unter uns liegen hier auch zwei original venezianische Gondeln am Anlegesteg, die mitsamt Gondoliere zur Rundfahrt auf Flüssen und Kanälen in Plagwitz bereitstehen.
Da Vito ❹: Nonnenstr. 11b, Tel. 0341 480 26 26, www.da-vito-leipzig.de, LVB 14 Nonnenstraße oder 1, 2 Holbeinstraße, Sa–Do, 11.30–24, Fr 18–24 Uhr, Pasta um 10, Fleischgerichte um 17 €.

seinem Jugendfreund Bernhard Edlich unternehmerisch als Mey & Edlich firmierte, den Firmensitz seiner Papierkragenherstellung von Paris nach Plagwitz bei Leipzig. Durch die Herausgabe eines illustrierten Warenkatalogs im Jahr 1886 gilt Mey als der Begründer des Versandhandels in Deutschland. 1903 nahm die Firma sogar weltweit den Spitzenplatz der Versandhandelsgeschäfte ein.

Nach den großflächigen Zerstörungen des Zweiten Weltkriegs und der Enteignung durch die Sowjets 1945 wurde der Firmensitz nach München verlegt, wo das Unternehmen bis 2005 ansässig war. Heute ist der traditionsreiche Herrenausstatter ganz zeitgemäß unter seinem Namen rund um die Uhr und die Welt online zu erreichen. Der Firmensitz befindet sich geschichtsträchtig wieder in der Ernst-Mey-Straße 1a in Leipzig. Ansonsten wird das ehemalige Firmengelände heute ausgesprochen vielfältig genutzt. Ein Großteil der sanierten bzw. neu errichteten Bauten dient als Wohngebäude, aber auch das Grünflächenamt, ein Restaurant, ein Eiscafé und sogar ein städtisches Umspannwerk sind hier ansässig.

Werkstatt-Museum für Druckkunst 6

s. S. 49

Der Name des Hauses verrät neben dem Inhalt der hier vorgestellten Sammlung auch gleich einiges über die verwaltungstechnische Konstruktion und die Beschaffenheit der Ausstellung. Denn eigentlich ist die 1995 in Leipzig zum ersten Mal von Eckehart Schumacher-Gebler vorgestellte private Sammlung, die 2000 in die Form einer Stiftung überführt wurde, nämlich gar kein Museum: Alle hier vorgeführten Geräte, Werkzeuge, Hilfsmittel und Maschinen des Druckgewerbes

sind voll funktionsfähig und werden nicht nur still und stumm präsentiert, sondern auf Verlangen auch *in medias labora* zum Mitmachen und Begreifen, im wahrsten Sinne des Wortes, vorgeführt. Wen wundert es da noch, dass sich das Druckkunst-Museum besonders bei Kindern und Jugendlichen großer Beliebtheit erfreut? Im Museumsshop sind neben hier hergestellten Glückwunschkarten und Geschenkpapieren auch besondere Bücher und Kunstdrucke zu erstehen.

Buntgarnwerke 7

Ein Teil der Nonnenstraße wird beherrscht von der monumental und geschlossen wirkenden Gebäudefront der ehemaligen Buntgarnwerke. Ursprünglich als Färberei und Kammgarnspinnerei der Herren Tittel & Krüger in etwa zeitgleich mit dem Unternehmen Mey & Edlich gegründet und hier in Plagwitz angesiedelt, ist dieses Ensemble eins der wenigen, die über einen Zeitraum von mehr als 50 Jahren immer weiter im gleichen Baustil erweitert wurde.

Nach der Wiedervereinigung ging man daran, auch für diese riesige Industrieimmobilie ein neues Nutzungskonzept zu entwickeln, was sich aufgrund der Lichtverhältnisse in den etagengroßen Hallen der beiden größten Gebäude als ausgesprochen knifflig erwies. Am Ende wurden hier sowohl in das Gebäude an der Holbeinstraße 14 als auch an der Nonnenstraße 21 Lichthöfe ins Innere des Baukörpers geschnitten, und die enormen Raumhöhen sind durch den Einbau von zweigeschossigen Loftwohnungen mit Galerieaufgang attraktiv genutzt.

Auf dem inzwischen weitestgehend erschlossenen Areal tummelt sich ein bunter Nutzungsmix aus Schulamt, Post, Supermarkt, Tante-Emma-Laden, Büdchen, Ärztehaus und Apo-

Alle technischen Geräte im Museum für Druckkunst sind noch funktionsfähig

theke, verschiedenen Firmen und Vereinen, Restaurants und Kneipen, einem kleinen Spielplatz, Bootsanlegern und natürlich den bereits erwähnten Wohnungen mit den heute beinahe schon obligatorischen Parkhäusern im Souterrain.

Das alte Plagwitz

Nur wenige hundert Meter von diesem neuen Zentrum liegt der alte Ortskern mit der an der Erich-Zeigner-Allee liegenden Grundschule gleichen Namens, der 1886–88 vom Berliner Architekten Johannes Otzen im neogotischen Stil projektierten imposanten **Heilandskirche** 8 und der inzwischen durch Sanierung wieder charmanten Polizeistation.

Das Zentrum des bis 1891 eigenständigen Ortes gruppiert sich um den früheren Dorfanger herum. Hier sticht heute vor allem noch der mit dem Hieronymus-Lotter-Preis für gelungene Restaurierung ausgezeichnete **Plagwitzer Ratskeller** ins Auge, in dem man einkehren und übernachten kann.

Das ehemalige **Rathaus** 9 wird heute nur noch zum Teil administrativ genutzt, und das frühere **Post- und Telegrafenamt** 10 wurde nach der Sanierung zum schlichten Büro- und Geschäftshaus umfunktioniert.

Karl-Heine-Kanal

Rad- und Wanderweg 3
Der Alten Straße nach Südwesten folgend, gelangt man an den Karl-Heine-Kanal. Ursprünglich von Karl Heine als Elster-Saale-Verbindungskanal konzipiert, trägt dieses erste Teilstück inzwi-

Über den Wassern – Stelzenhaus

Vom Kanal aus betrachtet, scheint das Stelzenhaus wie von Geisterhand über dem Wasser zu schweben. Der Schein trügt, und das Schweben ist ein durchaus gewichtiges Gelagertsein auf etwa 100 Betonpfeilern. Heute findet sich in der umfunktionierten ehemaligen Verzinkerei der Firma Grohmann & Frosch ein bunter Mix aus Wohnen, Arbeiten und Gastronomie. Das Restaurant Stelzenhaus bietet in der Produktionshalle und auf der Terrasse über dem Kanal junge Cross-over-Küche in angenehmer und stilvoller Atmosphäre.

Restaurant im Stelzenhaus 8: Weißenfelser Str. 65/Eingang Industriestr., Tel. 0341 492 44 45, www.restaurant-stelzenhaus.de, LVB 3 Felsenkeller oder Elsterpassage, Mo–Sa ab 10, So ab 9 Uhr, Hauptgerichte um 20 €.

schen schon lange den Namen seines Initiators. Die schiffbare Verbindung zwischen Elster und Alster via Saale und Elbe, wie sie sich Heine einst erträumte, ist jedoch noch immer nicht Wirklichkeit geworden.

Seit Mitte der 1990er-Jahre wird jedoch im Bereich dieses Teilstücks ein anderes Projekt lebhaft genutzt: Entlang dem Karl-Heine-Kanal wurde ein Rad- und Wanderweg gebaut, sodass man heute an den Ufern des inzwischen umfassend gereinigten und sanierten Kanals auf einer Länge von über 3 km trefflich flanieren oder auch Rad fahren kann (s. Entdeckungstour S. 228). Dabei sind 15 Brücken zu unterqueren, die bis auf zwei noch aus der Zeit Karl Heines stammen und auch von ihm initiiert wurden. Eine der beiden Ausnahmen ist der **Karl-Heine-Bogen** 11 – eine im Jahr 2000 errichtete Brückenkonstruktion aus Hochleistungsbeton.

Stadtteilpark 12

Über eben diesen Karl-Heine-Bogen gelangt man auf die andere Seite des Kanals und in den Stadtteilpark von Plagwitz. Ursprünglich befand sich hier das Zentrum von Karl Heines Industriegleisnetz mit vielen zusammenlaufenden Gleisen und einer Verladestation für kleinere Unternehmen, doch wurde Ende der 1990er-Jahre beschlossen, einem der dringlichsten Wünsche der Plagwitzer Bürger nachzukommen und mehr Grün ins Quartier zu bringen.

In einem vormals durch die Industrie geprägten Stadtteil, der seit der Wende vor allem durch die Schließung zahlloser Betriebe zu einem der sozialen Brennpunkte der Stadt geworden war, verwunderte es zunächst, dass sich die hier lebenden Menschen laut einer Umfrage vor allem zwei Dinge wünschten: die Möglichkeit, in ihrem

Quartier kostengünstig einzukaufen, und eine Gelegenheit, um ohne lange Wege im Grünen auszuspannen. Beides hat man noch vor der Teilnahme als dezentraler Standort der EXPO 2000 in Plagwitz umgesetzt. Für den Wocheneinkauf gibt es seit 1999 die Elster-Passagen in der Zschocherschen Straße und zum Entspannen in gezähmter Natur den Stadtteilpark, der auch gestalterisch an die Vergangenheit als Verladestation erinnert. So wurden beispielsweise Wegeinfassungen und Handläufe der Treppen aus ehemaligen Schienen gestaltet, die Treppenstufen aus den Schwellen.

Das Gebäude der Verladestation ist heute Heimstatt des Vereins Wasser-Stadt-Leipzig e.V., der sich für eine Verbindung des Karl-Heine-Kanals mit dem Elster-Saale-Kanal und der Saale stark macht und dadurch die Vision des Anschlusses Leipzigs an die Weltmeere zu realisieren sucht.

Konsum Zentrale 13

Direkt an der Industriestraße, die den Stadtteilpark nach Süden hin begrenzt, erhebt sich die eindrucksvoll horizontal gegliederte Fassade der Konsum Zentrale. 1929–32 von Fritz Höger entworfen und gebaut, ist sie der einzige Industriebau in Plagwitz, der von einem auch über die Stadtgrenzen hinaus bekannten Architekten geplant wurde.

Höger war vor allem durch seine expressiven Bauten in Hamburg, wie dem Chilehaus oder dem Sprinkenhof, bekannt geworden. Für die Konsumgenossenschaft schuf er ein Gebäude, das sich durch die Verwendung von nahezu lückenlos aneinandergereihten Schüsselglasfenstern, simsartigen Bändern zwischen den einzelnen Geschossen und der kontrapunktischen Vertikalbetonung des Treppenhauses endlos in die Länge zu ziehen scheint. Das

Gebäude wird in Teilen auch heute noch von der Konsumgenossenschaft als Verwaltungssitz genutzt, die Bedeutung als Lagerzentrale für die gesamte Region hat es aber verloren.

Wer Muße und Neugier auf noch mehr Industriearchitektur und deren sinnige Umnutzung hat, kann sich auf eigene Faust in die Parallelstraßen wie Naumburger Straße oder Markranstädter Straße aufmachen. Dort finden sich zahlreiche Sanierungs- und Umnutzungsmodelle für die früheren Arbeitshallen, die heute Kunst, Kommerz, Start-up-Büros, städtische Verwaltung, Gewerbehöfe und eine Gokart-Bahn beherbergen.

Karl-Heine-Straße

GaraGe 14
s. S. 48
Auf über 5000 m^2 bietet das Technikmuseum GaraGe einen wunderbaren Überblick über Maschinen und Unternehmen aus der Zeit der Industrialisierung in Plagwitz und anderswo. Wegen der offenen Gestaltung in Form einer großen Garage, wegen der vielen, z.B. in Spinden untergebrachten zusätzlichen medialen Informationsmöglichkeiten und wegen der integrierten Aktivbereiche, in denen man alte und neue Technologie auch selbst ausprobieren darf, ist es besonders bei Kindern und Jugendlichen sehr beliebt. Zu den Highlights zählen die Porsche-Werkstatt, die Offset-Druckerei und das Tonstudio (S. 231).

Da Capo – Oldtimermuseum 15
s. S. 48
Geht man am **BIC,** dem von der Stadt initiierten Business & Innovation Centre für Existenzgründer mit technologieorientiertem Ansatz, vorbei, sieht man schon nach wenigen Schritten

eine alte Iljuschin 18 auf dem Dach eines Flachbaus. Das darin untergebrachte Oldtimermuseum präsentiert sich seit 2007 mit einer komplett neuen Sammlung. In der verspiegelten Ausstellungshalle sind aber auch weiterhin glänzende Oldtimer aus über 100 Jahren Automobilgeschichte zu bestaunen.

Bekannte und unbekannte Automobilmarken aus England, Amerika, der Tschechischen Republik und Deutschland werden hier zusammen mit stilechter Mode aus den 1920er- bis 1950er-Jahren präsentiert. Einige der ausgestellten Oldtimer können angemietet werden, auf Wunsch sogar mit Chauffeur. Man betritt das Museum durch das **Da Capo,** einen der beliebtesten Eventräume in Leipzig.

Schaubühne Lindenfels 4
Die Schaubühne Lindenfels ist eines der auffälligsten Gebäude in der oberen Karl-Heine-Straße. Das liegt zum einen an der imposanten Jugendstil-

Mein Tipp

Sakrales Kontrastprogramm
Am Ende der Karl-Heine-Straße (Nr. 112) befindet sich die **Liebfrauenkirche** 16. Sie beherbergt eine der wenigen katholischen Kirchengemeinden der Stadt (www.liebfrauen-lindenau. de). Der Anfang des 20. Jh. im neoromanischen Stil errichtete Bau beeindruckt von außen durch die wuchtige gedrungene Dreiturmanlage – innen hingegen ganz unerwartet durch Glasfensterarbeiten und Ausstattungsgegenstände der 1930er-Jahre (nur zu sakralen Veranstaltungen geöffnet).

Karl-Heine-Straße beim ›Westbesuch‹

Architektur, in der es errichtet wurde, zum anderen aber auch an der etwas niedrigeren Höhe des Hauses sowie an dem in den Straßenverlauf auskragenden Eingangsbereich mit Treppenaufgang.

Auch im Inneren beeindruckt das inzwischen teilweise sanierte Bauwerk durch prunkvolle Jugendstilelemente vor allem im Bereich der Türen. Der hinter dem **Café Nora Roman** 9 gelegene große Saal, der früher als Kino und noch früher als Tanzsaal genutzt wurde, konnte bisher noch nicht umfassend saniert werden, was seinem Charme jedoch überhaupt keinen Abbruch tut. Ganz im Gegenteil verdanken ihm die heutigentags hier stattfindenden Aufführungen sicher einen Teil ihrer Ausdruckskraft.

Galerien des ›Westbesuchs‹

Seit im Mai 2006 der erste ›Westbesuch‹ und im Sommer desselben Jahres das erste ›Westpaket‹ stattgefunden hatte, war klar, dass eine so erfolgreiche Initiative nicht einfach im Sande verlaufen sollte. Also überlegten die Initiatoren, wie sie eine sichere Plattform für die Belebung der Karl-Heine-Straße bzw. des Quartiers installieren könnten, und der Verein Westbesuch e.V. (Lützner Str. 17, www.westbesuch.com) wurde gegründet. Die Gründungsmitglieder sind alle mehr oder weniger eng mit dem Leipziger Westen verbunden. Sie leiten die ortsan-

Kunstrummel

Zweimal im Jahr (Anfang Mai und Anfang September) verwandelt der **Galerierundgang** nun schon seit Jahren nicht nur das Gelände der Spinnerei mit ihren inzwischen 14 Galerien in ein Mekka der Kunst, sondern auch die umliegenden Galerien und Projekte. Besucher aus nah und fern reisen dann in so großer Zahl auf das Areal der früheren Baumwollspinnerei sowie zu den Kunstaktionen im Tapetenwerk und auf der Karl-Heine-Straße an, dass man mitunter eher an eine große Messe denkt als an das Resultat einer spontan geborenen Idee, die um die Jahrtausendwende versuchsweise verwirklicht wurde. Der während des Rundgangs herrschende Volksfestcharakter tut dem Kunstgenuss in keiner Weise Abbruch. Die zahlreichen Sonderaktionen zeigen zudem viele Bezüge der zeitgenössischen künstlerischen Positionen untereinander auf.

sässigen Galerien und Kultureinrichtungen oder gehören dem Quartiersmanagement Leipziger Westen an. Ziel des Vereins ist es, die Stadtteile Plagwitz und Lindenau generell zu beleben. Dies gilt vor allem im kulturellen und wirtschaftlichen Bereich. Die Mittel, um diesem Ziel näher zu kommen, sind vertiefte Kooperationsstrukturen der Kulturakteure und Firmen im Viertel untereinander, und diese wiederum werden vor allem bei der Vorbereitung und Durchführung des alljährlich stattfindenden Kultur- und Stadtteilfestes WESTBESUCH und des quartalweise organisierten Bürgerfestes WESTPAKET gestärkt.

Im Rahmen beider Festivitäten eröffnen in den hier heimisch gewordenen Galerien **Delikatessenhaus** 4, in

der **galerieKo** (Karl-Heine-Str. 77, www.galerieko-leipzig.de, Di–Fr 16–20, Sa 11–16 Uhr) und in der **ditorei Galerie** des NBL (Merseburgerstr. 25, www.nochbesserleben.com/ausst.htm, tgl. ab 12 Uhr) neue Ausstellungen, die natürlich auch noch über den begrenzten Zeitrahmen der Aktionen zu den regulären Galerieöffnungszeiten und nach Vereinbarung besucht werden können.

Es gibt aber auch Künstlervereinigungen und -gruppen, die diese Events zum Anlass nehmen, ihre Arbeiten teils fest stationiert, teils an wechselnden Orten zu zeigen. Hierzu gehören beispielsweise die Künstler der Gruppe holosweet, die in der **essentiel exis- tence gallery** (EEG) im **Westwerk** `1` (Karl-Heine-Str. 93, Tor B, www.eexis tence.de, Mi–Fr 14–20, Sa 10–20 Uhr) konstant ausstellen, oder die Künstler der **Gruppe K5h1** (Karl-Heine-Str. 51, www.k5h1.de) oder die der **Tmp.Gale- rie KH54** (Karl-Heine-Str. 54, nur zu be- sonderen Veranstaltungen).

Besonders anregend ist ein Besuch natürlich während der oben genann- ten Feste, deren aktuelle Daten man am einfachsten auf www.westbesuch. com erfahren kann. Die ganze Straße

strömt über vor Leben und verbreitet eine fröhlich-ausgelassene Stimmung. Die Kunst bekommt auf diese Art und Weise einen wirklich würdigen und le- bendigen Rahmen, der ihre Relevanz im Alltag in ein besonderes Licht zu rü- cken vermag.

Lindenau

Leipziger Baumwollspinnerei ❗ `17`
s. S. 222

Die Spinnerei breitet sich auf einem Areal von etwa 10 ha am Rande des Stadtteils Lindenau aus. Hier, so finden einige, zeigt Leipzig sein wahres Ge- sicht. Ein Gesicht, das nach vorn den leicht ruinösen Charme ehemaliger Fa- brikhallen und damit sowohl Geschich- te als auch Wandel gleichermaßen aus- stellt und das nach hinten eine uner- wartete Lebendigkeit und Kreativität versprüht, die weit über den üblichen Kulturrummel von traditionellem Bachfest, historischer Buch-Messe- Stadt und Neubau des Museums der bildenden Künste hinausgeht (s. Ent- deckungstour S. 222).

1884 wurde die später einmal größ- te Baumwollspinnerei des europäi- schen Kontinents gegründet. Zunächst wurden nur fünf Spinnmaschinen auf- gestellt, aber schon im März des da- rauffolgenden Jahres startete die Garnproduktion mit 30 000 Selfaktor- spindeln durch, und in kürzester Zeit stieg die Spinnerei zum direkten Kon- kurrenten der Unternehmen Englands und der Schweiz auf. Innerhalb eines Vierteljahrhunderts entstanden 20 Ge- bäude für Produktion und Verwaltung dieser riesigen Fabrikstadt. Es gab ei- nen werkseigenen Kindergarten, Wohnhäuser und eine Kleingarten- siedlung für die Fabrikarbeiter und ihre Familien sowie eine Villa für die Besitzer. Bis zu 4000 Menschen haben hier im Dreischichtbetrieb gearbeitet, bis die Produktion nach der Wiedervereinigung zunächst rapide heruntergefahren und einige Jahre später komplett eingestellt wurde.

Seit 1992 wird die Spinnerei vorwiegend kreativ genutzt. Künstler, Galerien, Werkstätten und Ateliers sind eingezogen und bilden mit Kleingewerbe, Büros und Gastronomien einen bunten Mix, der zweimal im Jahr zu den Galerierundgängen im Frühjahr und Herbst zu wirklich außerordentlichem Leben erwacht.

Tapetenwerk 18
s. S. 50

Auf dem Gelände der ehemaligen Tapetenfabrik haben sich, ähnlich wie in der Spinnerei, Künstler, Ateliers, kleinere Werkstätten und Gastronomie angesiedelt (www.tapetenwerk.de). Das etwa 4400 m² große Gelände verfügt noch heute über die gründerzeitliche Industriearchitektur. 1883 durch die Brüder Robert und Adolf Langhammer gegründet, entwickelte sich diese Fabrik zur zweitgrößten Tapetenfabrik Deutschlands. Nach dem Krieg entstand hier der volkseigene Betrieb VEB Tapetenwerk, und nach der Wende wurden hier bis 2006 von der Leipziger Tapeten GmbH weiter Tapeten und Platzdeckchen für die Lufthansa hergestellt.

Die heutigen BesitzerInnen Jana Reichenbach-Behnisch und Heiko Behnisch erwarben das Tapetenwerk von der Treuhand Liegenschaftsgesellschaft GmbH mit der Absicht, hier ein individuell gestaltetes, in sich abgeschlossenes Stadtquartier zu entwickeln, das tagsüber auch der Öffentlichkeit als Treffpunkt und Kulturinsel zur Verfügung stehen sollte. Entwicklung und Gestaltung erfolgten mit Rücksicht auf die erhaltene architektonische Substanz aus dem 19. Jh. Dafür

Das Zentrum für Zeitgenössische Fotografie (ZZF)

2006 gründeten Fotografen, Kuratoren und Wissenschaftler den gemeinnützigen Verein Zentrum für Zeitgenössische Fotografie, das jungen Fotografen eine Plattform für künstlerische Fotografie bietet. Jährlich (meist im Juli) wird das Foto-Festival F/Stop organisiert, zu dem im vierten Jahr der Ausrichtung bereits 6500 Besucher kamen. Aber auch mit Wettbewerben, Ausstellungen, Symposien und anderen Veranstaltungen sorgt der Verein für Aufmerksamkeit (ZZF, Karl-Heine-Str. 61, Tel. 341 604 98 14, www.zzf-leipzig.de).

wurden »nachhaltige Mieter« ausgewählt, die das Konzept von einer Kunst-, Wohn- und Arbeitsgemeinschaft mittragen würden.

Inzwischen sind neun KünstlerInnen, acht Architekturbüros, zwei Handwerksbetriebe und drei Galerien sowie sieben Medienfirmen im Tapetenwerk eingezogen. Neben den üblichen Galeristengalerien bildet die **Galerie Hoch + Partner** (www.hoch-und-partner.com) als Produzentengalerie und Werkstatt eine interessante Ausnahme. Hier besteht fast immer die Gelegenheit, mit einer oder einem der sechs beteiligten KünstlerInnen ins Gespräch zu kommen, ihnen beim Schaffen zuzuschauen oder auch an einem Holzschnittkurs teilzunehmen (s. S. 231).

Essen & Trinken

Bäckerei mit Bootsanleger – **Paulis Cafeteria 1**: Könneritzstr. 14, Tel. 0341 480 52 69, LVB 1, 2 Holbeinstraße, Di–Sa ab 7.30, So ab 12 Uhr.   ▷ S. 226

Auf Entdeckungstour

»From cotton to culture« auf dem Spinnereigelände

Die alte Baumwollspinnerei 17 ist der heißeste Spot der Leipziger Kunstszene, der selbst mit Weltmaßstäben gemessen auf den vorderen Plätzen rangiert. Kunstkenner kommen deshalb regelmäßig vorbei.

Für wen: Liebhaber zeitgenössischer Kunst, Architekturfans.

Zeit: 2–5 Std.

Start: Spinnereigelände (▶ E 10), LVB 14, 60 Plagwitzer Bahnhof plus ca. 10 Min. Fußmarsch.

Öffnungszeiten: Galerien Di–Sa 11–18 Uhr, manche Sa auch nur bis 16 Uhr. Auch alle Läden sind So und Mo geschl., Sa einstündige Führungen über das Gelände (Infos und sehr zu empfehlende Voranmeldung unter Tel. 03 41 498 02 22).

Wer heute am Eingang des Geländes steht, bekommt schon allein durch die schiere Größe einen Eindruck von der Potenz des früheren Unternehmens. Hier gab es nicht nur Hallen für die Produktion, Kesselhäuser für die Energieerzeugung und repräsentative Bauten für die Verwaltung, sondern eben auch einen eigenen Kindergarten, werkseigene Wohnhäuser und eine zur Fabrik gehörende Schrebergartensparte, wie eine Schautafel verdeutlicht.

Vom Werk zum Kunst-Werk

In der DDR entwickelte sich ›die Spinne‹, wie der Volksmund die Fabrik nannte, als VEB zur größten Spinnerei des Landes mit etwa 4000 Arbeitern. Kurz nach Wende und Wiedervereinigung erfuhr auch sie ein nämliches Schicksal wie viele andere Industriebetriebe der ehemaligen DDR. Seit 1992 ist der Ort einem ständigen Wandel unterzogen. Vor allem Künstler, von denen mittlerweile über 100 ihre Ateliers in der Spinnerei haben, waren die Pioniere der Wiederbelebung, darunter auch internationale Größen wie Neo Rauch und Tilo Baumgärtel, die noch heute hier arbeiten.

Seit 2001 wird das Gelände systematisch und doch behutsam durch die Leipziger Baumwollspinnerei Verwaltungsgesellschaft mbH entwickelt (www.spinnerei.de). Neben bildenden Künstlern konnten auch Musiker, Tänzer, Handwerker, Architekten, Händler, Drucker und Designer und viele andere Sparten für die altehrwürdigen Backsteinhallen der Spinnerei begeistert werden. Und zuletzt, als die Spinnerei schon längst ein Kunstzentrum war, gelang 2004/05 der große Coup, auch zahlreiche renommierte Galerien Leipzigs auf dem Gelände der Spinnerei anzusiedeln, wo-

durch für den Besucher eine Art Schaufenster zur Kunst geschaffen wurde, durch das er einen Blick auf die Produktion aus den hiesigen Ateliers werfen kann, die ihm ja ansonsten verschlossen bleiben.

Galerien statt Baumwolle

Das zunehmend internationale Interesse an der Leipziger Kunst lockte weitere Akteure auf das Areal. Mittlerweile sind 14 Galerien und Ausstellungsflächen, darunter Galeristen aus Chicago und Amsterdam, in der Spinnerei heimisch geworden und bilden gemeinsam mit den Künstlern und der gemeinnützigen Stiftung Federkiel in Halle 14 mit ihren oft gegen den Strich kuratierten Ausstellungen einen »Kosmos der Kunst« in Leipzig, der weltweit seinesgleichen sucht.

Zu den Galerien gehören so namhafte wie die Galerie EIGEN+ART des mindestens ebenso bekannten Hausherrn Gerd Harry ›Judy‹ Lybke (www.eigen-art.com), die Dogenhaus Galerie von Jochen Hempel (www.dogenhaus.net) oder die Galerie Kleindienst von Matthias Kleindienst (www.galerie kleindienst.de). Den besten Überblick über das vielfältige Angebot des Geländes verschafft man sich im Archiv massiv (www.spinnerei.de/spinnerei-archiv-massiv), wo es neben der Kunstpräsentation auch das Angebot eines kleinen museal-historischen Bereichs gibt, der die Geschichte von Gelände und Unternehmen erzählt. Hier werden auch Führungen über das Gelände organisiert, die zeigen, wie man hier den Sprung ins postindustrielle Zeitalter von der Baumwolle zur Kultur erfolgreich mit Bravour und Vorzeigeeffekt geschafft hat. Aber auch wer individuell unterwegs sein möchte, bekommt hier wertvolle Tipps für die ›Kunst-Werks-Besichtigung‹.

Lieblingsort

Sinnenoase – Café/Bistro Versorgungsanstalt

Der Reiz, den Garten und Lokal auf dem Gelände der Baumwollspinnerei ausstrahlen, rührt nicht nur vom lauschigen Ambiente her. Es ist auch nicht allein der Umstand, dass man hier manchmal zufällig berühmte Künstler bei Kaffee und Kuchen treffen kann. Die ›Versorgung‹, wie das Café von seinen Liebhabern auch kurz genannt wird, überzeugt darüber hinaus durch das liebevoll gestaltete Angebot an selbst gemachten Speisen. Sie können zwischen Suppen (ab 2,50 €), einfachen Gerichten (um 5 €) und anspruchsvolleren Speisen (um 9 €) auswählen. **Versorgungsanstalt** 11: Spinnereistraße 7, Tel.: 034 351 37 75, versorgungsanstalt@web.de, LVB 14 Bahnhof Plagwitz, Mo 8.30–18, Di–Sa 8.30–22, Sa 10–22 Uhr.

Tanzperformance oder Autorenkino – die Schaubühne Lindenfels bietet allerhand

Gemütliches Café an einer Bäckerei mit Freisitz im Garten an der Elster und eigenem Floß für Fahrten auf dem Fluss.

Thailändisch – **Mai Tai** **2**: Könneritzstr. 38, S. 32.

Gourmet-Oase – **Heine** **3**: Karl-Heine-Str. 20, S. 28.

Echte Gondeln – **Da Vito** **4**: s. S. 211.

Griechisch gut – **Thiseas** **5**: Nonnenstr. 13, Tel. 0341 477 15 70, www.thiseas.de, LVB 14 Nonnenstraße oder 1, 2 Holbeinstraße, tgl. 11–15, 17.30–24 Uhr, Mitte Mai bis Mitte Sept. Sa, So 11–24 Uhr. Sehr gute griechische Küche und zuvorkommender Service. Die Wände sind mit griechischen Szenen geschmückt, besonders schön ist es aber auf dem Schiff im Wasser. Begrüßungsouzo inklusive.

Gediegen – **Plagwitzer Ratskeller** **6**: Weißenfelser Str. 10, Tel. 0341 48 75 80, www.hotel-ratskeller-leipzig.de, LVB 3 Felsenkeller oder Elsterpassage, tgl. 17–22 Uhr, Hauptgerichte 6–10 €, S. 213.

Historisch – **Sonnen-Hof** **7**: Weißenfelser Str. 15, S. 30.

Schwebend – **Restaurant Stelzenhaus** **8**: Weißenfelser Str. 65/Eingang Industriestr., S. 214.

Jugendstilig – **Café Nora Roman** **9**: Karl-Heine-Str. 50, Tel. 0341 484 62 16, LVB 3, 14 Felsenkeller, So–Fr 10–1, Sa 14–1 Uhr, Hauptgerichte um 7 €. S. 218.

wie zu Zeiten Dr. Ferdinand Goetzes« zu Speisen nach alten deutschen Rezepturen in die rustikale Schankstube und den idyllischen Biergarten neben dem Goetz-Museum.

Einkaufen

Künstlerbedarf und Kunsthandwerk: Am besten schlendert man durch die Karl-Heine-Straße mit ihren Galerien, durch die Tapetenfabrik. Auf dem Gelände der Spinnerei z. B. gibt es neben Boesner, dem größten Geschäft für Künstlerbedarf der Stadt (www.boes ner.com), auch Ateliers für Schmuck, Keramik, Mode und Fahrräder.

Ein Abenteuer winkt – **Christine Lachée 1**: Könneritzstraße 92, Tel. 0175 246 24 38, www.christinelachee.de, LVB 1, 2 und 60 Rödelstraße, Mo, Di 17–19, Mi–Fr 11–19 Uhr und nach Vereinbarung. Ein funkelnagelneues Angebot, das alle 4 Monate durch komplette Neugestaltung zusätzlich aufgefrischt wird: Hier werden Geschenke und Accessoires in ganzheitlich kreativ gestalteter Atmosphäre präsentiert. Da heißt es Aussteigen aus dem tristen Trott und Einlassen auf das Wunderlandabenteuer.

Aktiv & Kreativ

Boot fahren & Beachvolleyball – **Bootshaus Klingerweg 1**: Klingerweg 2, Tel. 0341 480 65 45, www.kanu-leip zig.de, LVB 1, 2 Klingerweg, April–Okt. tgl. 10–20 Uhr. Hier gibt's Boote, Motorboottouren, Beachvolleyball- und Grillplätze. S. 208

Schwarze Kunst – **Werkstätten für Druckkunst 6**: Nonnenstr. 38, Tel. 0341 23 16 20, www.druckkunst-museum.de, LVB 14 Nonnenstraße oder 1, 2 Holbeinstraße, Mo–Fr 10–17, ▷ S. 231

Chinesisch – **Peking-Haus 10**: Karl-Heine-Str. 52, Tel. 0341 480 32 18, LVB 3, 14 Felsenkeller, tgl. 11.30–15 und 17.30–23.30 Uhr, Hauptgerichte bis 15 €. Das mit chinabunten Kunststoffteilen geschmückte Restaurant ist so beliebt, dass man einen Tisch reservieren sollte.

Künstlercafé – **Versorgungsanstalt 11**: Spinnereistr. 7, S. 224.

Frisch, fromm, fröhlich, frei – **Restaurant im Goetz-Haus 12**: Lützner Str. 11, Tel. 0341 940 16 66, www.goetz-haus. de, LVB 7, 8, 3, 15 Lindenauer Markt oder 3 Felsenkeller, Mo–Fr 15–24, Sa 11–24, So 10–15 Uhr (April–Okt. bis 18 Uhr), Menü 20–34 €, Hauptgerichte 9–23 €. Lockt mit dem Angebot »Essen

Auf Entdeckungstour

Heines Gleisnetz in Plagwitz

Durch Plagwitz zieht sich ein außergewöhnliches Wegenetz für Fußgänger und Radfahrer, das – heute begrünt und lauschig – einst für einen ganz anderen Zweck angelegt wurde: Durch die hier verlaufenden Gleise hatten die vielen hier ansässigen Fabriken einen direkten Eisenbahnanschluss.

Start: Ehemaliger Güterbahnhof Plagwitz 19, Tram 14 Plagwitzer Bahnhof

Öffnungszeiten: GaraGe s. S. 48, Stelzenhaus s. S. 214, Vereinshaus des Wasser-Stadt-Leipzig e. V. nur bei Veranstaltungen (www.wasser-stadt-leipzig.de)

228

Ausgangspunkt dieser Tour ist das Gelände des ehemaligen Heineschen Güterbahnhofs, das sich gleich neben dem heute immer noch in Betrieb befindlichen Plagwitzer Bahnhof befindet. Ein Blick auf dieses weitflächige Areal genügt, um zu ermessen, welche wirtschaftliche Bedeutung dieser Umschlagpunkt einst hatte. Von hier aus folgt man den Gleisen in Richtung Gießerstraße. Man spürt schon nach wenigen Schritten die Ruhe dieses autofreien Wegenetzes. Man kann sich als Fußgänger oder Radfahrer ganz frei und ruhig bewegen, ohne auf den Verkehr achten zu müssen oder durch Lärm und Abgase gestört zu sein.

Dorf mit Weltanschluss via Bahn

Wir verdanken diese Wege einer genialen Idee Karl Heines: Er wollte die Erschließung von Plagwitz nicht nur auf herkömmliche Weise, also durch das Anlegen von Straßen umsetzen, sondern ließ neben dem Kanal auch ein flächendeckendes Gleisnetz bauen und sorgte als Stadtverordneter persönlich dafür, dass Plagwitz 1873 einen eigenen Bahnhof an der Strecke zwischen Leipzig und Zeitz bekam. Zur gleichen Zeit ließ er in direkter Nachbarschaft zu diesem Haltepunkt den ersten reinen Industriebahnhof Europas anlegen und durch Gleise mit beinahe jedem Grundstück in Plagwitz und in Teilen Lindenaus und Kleinzschochers verbinden. Die zahlreichen Grundstücke, die nun nicht nur durch Straßen, sondern auch durch Eisenbahngleise erschlossen wurden, waren vor allem für Industrielle und Gewerbetreibende sehr attraktiv.

Genial für die Industrialisierung

Alte Karten belegen, wie systematisch die Gleise angelegt wurden. Meist verliefen die Schienenstränge parallel zu den Straßen ziemlich genau in der Mitte zwischen zweien von ihnen. Die Fabriken wurden direkt bis an die Gleise gebaut und ihre rückwärtigen Fassaden mit Laderampen in Höhe der Güterwaggons versehen. Das kann man gut sehen, wenn man dem Schienenstrang an der ersten Gabelung nach rechts folgt und die Gießerstraße überquerend bis hinter die Konsum Zentrale weitergeht. Danach geht man entweder wieder zurück bis zur Gießerstraße und auf dieser Richtung Karl-Heine-Straße bis zum nächsten ›Gleis‹, wo man sich wieder nach rechts wendet und in den **Stadtteilpark** `12` hineinspaziert.

Über diese Rampen konnten die Waren und Produkte jederzeit direkt aus der Fertigung ohne jeden Zwischenschritt auf die Schiene gebracht werden. Teilweise führten die Schienen sogar direkt bis in die Produktionshallen hinein. So zum Beispiel auch bei der Firma von Rudolph Sack, die nach recht bescheidenen Anfängen – 1864 in angemieteten Räumen und mit nur vier Angestellten – innerhalb von wenigen Jahrzehnten ein wahres Imperium zur Produktion von landwirtschaftlichen Maschinen und Geräten mit etwa 2000 Beschäftigten in Plagwitz aufgebaut hatte. Die Gießerstraße ist nach den früher hier ansässigen Sack'schen Gießereien benannt, und wer sich vom Stadtteilpark aus zur Karl-Heine-Straße begibt, der kann in der **GaraGe** `14` noch viel mehr über das Firmenimperium der Sacks und über Plagwitz erfahren.

Verladestationen

Es gab aber auch Firmen, die keinen eigenen Gleisanschluss hatten – entweder, weil ihre Fabriken ungünstig, sprich nicht am Netz lagen, oder aber, weil ihr Unternehmen noch zu klein war und ganz ohne eigenes Grundstück auskommen musste. Für diese Betriebe ließ Karl Heine an neuralgischen Punkten öffentliche Verladestationen errichten, von denen aus die Fracht verschickt werden konnte. Wer von der GaraGe aus wieder zum Stadtteilpark zurückgeht, der kann dort nicht nur das **Restaurant Stelzenhaus** **8** finden und einkehren, sondern hat auch einen tollen Blick auf die Ende der 1920er-Jahre von Fritz Höger errichtete **Konsum Zentrale** **13** und eben auch eine solche von Heine eingerichtete Verladestation, in der heute der Verein Wasserstadt Leipzig ansässig ist.

Vom Schienenstrang zum Fußgängerparadies

Nach Wende und Wiedervereinigung hatte es Plagwitz besonders schwer. Die Industrie, die es geprägt und genährt hatte, fiel nun weg, und so musste nach neuen Leitbildern gesucht werden. Von ca. 18 000 Beschäftigten

in der Produktion im Jahr 1989 waren drei Jahre später nur noch 1500 übrig. Die leerstehenden Fabriken verfielen zusehends, und auch die Gleise hatten keine Aufgabe mehr und wucherten schnell zu. Die Stadt nahm die Herausforderung an: Nachdem die Gleise weitestgehend aus dem Besitz der Bahn in den ihren übergegangen waren, entwickelte sich die Idee eines straßenunabhängigen Wegenetzes durch das Quartier für Fußgänger und Radfahrer mit parkähnlicher Gestaltung. Die Gleistrassen wurden zu Wegen und die Verladestationen zu kleinen Parks.

Vom Stadtteilpark aus kann man über den schmalen **Karl-Heine-Bogen** **11** den Kanal queren und danach rechts herum dem ehemaligen Gleisweg bis in die Nonnenstraße zu den beeindruckenden früheren **Buntgarnwerken** **7** mit Restaurants, Post, Schulamt etc. folgen. Von hier aus ist es nicht mehr weit bis zur **Könneritzbrücke** **4** und der **Villa Karl Heines** **3**.

Industriearchitektur der Neuen Sachlichkeit – die Konsum Zentrale aus den 1920ern

So 11–17 Uhr, Eintritt: 4/1,50 €. Alle ausgestellten Maschinen sind voll funktionsfähig und können bei einem der angebotenen Druckereikurse in Betrieb gesetzt werden, s. S. 212.

Tanzen – **Tanzschule Jörgens 2**: Nonnenstr. 13, Tel. 0341 241 10 75, www.ts-joergens.de, LVB 14 Nonnenstraße oder 1, 2 Holbeinstraße, So–Fr 17–21, Bürozeiten tgl. 14–21 Uhr. An den zusätzlich zum Kursprogramm stattfindenden Tanzabenden herrscht gute Laune.

Ohne Auto – **Rad- und Wanderweg am Kanal 3**: Der Weg beginnt hinter den Buntgarnwerken in der Nonnenstr. 42–44 und führt bis zum Leipziger Hafen. Ohne Mief, Lärm und Stress lässt sich so (fast) der ganze Stadtteil zu Fuß oder per Rad erkunden.

Technikgeschichte zum Mitmachen – **GaraGe 14**: s. S. 48. Technologiezentrum für Jugendliche mit chemieorientierten Kursangeboten in den beiden hauseigenen Labors. Mit einer Mitmach-Musterwerkstatt inklusive Mechaniker von Porsche sowie dem Technik- und Industriemuseum bietet die GaraGe Interessantes für fast jeden Geschmack. S. 217.

Zum Westbesuch und anderntags – **Delikatessenhaus 4**: Karl-Heine-Str. 59, Tel. 0341 923 21 77, www.delikatessenhaus.com, LVB 3, 14 Felsenkeller, Di–Do 14–17, Sa 15–18 Uhr und nach Vereinbarung. Das Angebot des Delikatessenhaus e. V. beschränkt sich nicht nur auf die Präsentation junger Kunst, sondern versucht gezielt, über Künstlergespräche, Workshops für Kinder und Jugendliche sowie über die Sommerakademie den Umgang mit Kunst zu fördern. S. 219

Kulturfabrik – **Tapetenwerk 18 ▶ 50**: s. S. 221. In der Produzentengalerie von Hoch + Partner (www.hoch-und-partner.com) finden Sa 10–16 Uhr offene Holzschnittkurse (45 € für Material und Mittagsimbiss) statt.

Lokomotivisch – **Museumsfeldbahn Leipzig-Lindenau e.V. 5**: s. S. 220. Hier kann man an Veranstaltungstagen mit historischen Feldbahnen mitfahren und an besonderen Terminen (zu erfahren über die Website) sich auch zum Ehrenlokführer (45 € für Theorie und Praxis, Mittagsimbiss, Probefahrt und Diplom) ausbilden lassen.

Abends & Nachts

Absolut off – **Westwerk 1**: Karl-Heine-Str. 85–93, Tel. 0341 926 17 00, www.westwerk-leipzig.de, LVB 3, 14 Felsenkeller. Veranstaltungen, Konzerte, Kursangebote, Events etc.

Flimmerkiste – **Cineding 2**: Karl-Heine-Str. 83, Tel. 0341 477 31 48, www.cineding-leipzig.de, LVB 3, 14 Felsenkeller. Gutes Programmkino. Programm am aktuellsten in Netz und Tagespresse.

NBL Soziokultur – **Noch besser leben 3**: Merseburger Str. 25, Tel. 0341 975 73 30, www.nochbesserleben.com, LVB 3, 14 Felsenkeller. Das NBL bietet neben Theater, Livekonzerten und Lesungen auch Skatturnier, Kabarett und jeden Sonntagabend gemeinsames Tatort-Gucken für junges bis mittelaltes Publikum.

Spannende Off-Kultur – **Schaubühne Lindenfels 4**: Karl-Heine-Str. 50, Tel. 0341 484 62-0, www.schaubuehne.com, LVB 3, 14 Felsenkeller. Ob Tanzperformance, Theaterprojekte oder Autorenkino mit Live-Auftritt von Regisseur und/oder Schauspielern – die Angebote der Schaubühne sind bunt gemischt. Veranstaltungen und Termine über die Website, aktuelle Presse oder Telefon. S. 217.

Operettenhaft – **Musikalische Komödie (MuKo) 5**: Haus Dreilinden in Lindenau, S. 42.

OFF-Theater – **LOFFT und Theater der Jungen Welt 6**: S. 42

Gohlis, Rosental und Waldstraßenviertel

Highlight!

Gohliser Schlösschen: Ein reicher Leipziger Kaufmann hat dieses wirklich zauberhafte Rokoko-Ensemble Mitte des 18. Jh. errichten lassen. Hier waren bereits illustre Besucher wie der Student Goethe oder der Kegelbruder Schiller zu Gast. **4** S. 241

Auf Entdeckungstour

Augusts vereitelte Schlosspläne: Der berühmteste Kurfürst der sächsischen Geschichte, August der Starke, wollte sich aus Liebe zur Stadt Leipzig ein Lustschloss im Rosental errichten lassen. Die Leipziger waren aber alles andere als begeistert. S. 244

Kultur & Sehenswertes

Michaeliskirche: Eine der beeindruckenden Jugendstilkirchen der Stadt ist die 1905 geweihte St. Michaelis. Sie gehört zum historischen Bau-Ensemble am Nordplatz, das geschlossen unter Denkmalschutz gestellt ist. **3** S. 240

Schillerhaus: Hier oder in Dresden? Wo hat Friedrich Schiller denn nun die berühmten Zeilen seiner »Ode an die Freude« verfasst? Und wie viele Bauernhäuser standen einst entlang der Gasse im Dorf Gohlis? **7** S. 243

Aktiv & Kreativ

Rosental: Joggen, Rad fahren oder spazieren – das Rosental als historischer Stadtgarten ist eines der beliebtesten Naherholungsgebiete der Leipziger. **8** S. 247

Genießen & Atmosphäre

Gosenschenke »Ohne Bedenken«: Eigentümer und Wirt in diesem Traditionslokal mit Biergarten ist Dr. Hennebach: ein echtes Leipziger Original, wie sein Lokal. **2** S. 247, 251

La Mirabelle: Französische Küche ist nicht häufig in Leipzig, doch hier hat man die Möglichkeit, die eine oder andere Spezialität aus Frankreich zu genießen. **3** S. 251

Drogerie: Der Gastraum ist klein und die Küche erlesen. Gleich zwei Gründe, um entweder früh genug vor Ort zu sein oder rechtzeitig einen Tisch zu reservieren. **4** S. 251

Abends & Nachts

Das feine Waldstraßenviertel legt keinen allzu großen Wert auf abendliche Zerstreuung – zumal die nahe gelegene Innenstadt und das noch nähere Schauspielviertel mit Unterhaltung locken.

Wem zu wohl ist, der geht nach Gohlis

Früher sagte man es genau umgekehrt: »Wem nicht wohl ist, der geh' nach Gohlis!« Der wohlmeinende Hinweis galt all jenen, die in der stickigen Enge der Stadt – die sich ja damals noch auf das innerstädtische Zentrum innerhalb des Rings beschränkte – ihre Gesundheit aufs Spiel setzten oder aber schon verloren hatten. Er stammt nachweislich von keinem Geringeren als dem jungen Goethe, der als 17-jähriger Student der Juristerei von Frankfurt nach Leipzig geschickt worden war. Er wollte mit dieser Formulierung in einem Brief die seinerzeit viel gerühmten positiven gesundheitlichen Aspekte der frischen Landluft an den Pleißeauen bei Gohlis illustrieren.

Nach Gohlis bedeutete damals noch: hinaus aufs Land, an die frische Luft, ins gesunde Leben und weg von Gedränge, Lichtlosigkeit und schlechter Luft der dicht bebauten und bewohnten Stadt. Gohlis, das war ein kleines Gassendorf mit etwa 30 Bauernhäusern und Gehöften, die wie auf zwei Perlenschnüren aufgereiht rechts und links der Dorfstraße und um den Dorfanger lagen. Ein Dorf, das sich bei den vornehmen Leipzigern vor allem im 18. und auch noch im frühen 19. Jh. allergrößter Beliebtheit als Sommerfrische erfreute.

Fast jede Bauernfamilie stellte in den Sommermonaten mindestens ein Zimmer für Gäste zur Verfügung und verdiente sich auf diese Art manchen Groschen dazu. Die Räume waren zumeist spartanischsten Zuschnitts, und auch die Ausstattung ging über diesen Standard selten hinaus – nichtsdestoweniger oder vielleicht auch gerade deshalb war und blieb Gohlis unangefochtenes Hauptausflugsziel der Leipziger im Sommer. Man kam zu Fuß, zu Pferd, mit der Kutsche über das Pfaffendorf, in der Gondel oder einem Stechkahn auf der Parthe heraus, um sich für einige Stunden, Tage, Wochen zu vergnügen und zu erholen. Die Nähe zur Stadt und das vollkommene ländliche Idyll sorgten gleichermaßen für einen regen Zulauf vor allem in den schöneren Jahreszeiten.

Im 19. Jh. veränderte sich die Stadt Leipzig durch die Industrialisierung in unglaublich schnell. Fabriken schossen wie Pilze aus dem Boden, und die Bevölkerung wuchs quasi über Nacht um ein Vielfaches. Gohlis blieb von dieser Entwicklung nicht unberührt. Auch hier wurden Fabriken und Arbeiterwohnungen gebaut, wobei der südliche Teil von Gohlis dank strenger Reglementierun-

Schon früh ein Ausflugsziel – Gohlis

gen weitgehend davon verschont blieb. Hier entstanden vornehme Villen, und der Spruch, den der junge Goethe einst in einem Brief aus Leipzig schrieb, wurde nun umgekehrt gebraucht, um auszudrücken, dass nur, wer es sich leisten konnte, auch hier in Gohlis baute.

Vom Zoo zum Gohliser Schlösschen

Zoologischer Garten ▮

Pfaffendorferstr. 29, Tel. 0341 593 35 00, www.zoo-leipzig.de, Nov.–März 9–17, April, Okt. 9–18, Mai–Sept. 9–19 Uhr
Eine der Besonderheiten des Leipziger Zoos ist seine Lage direkt im Zentrum der Stadt. Bereits im Juni 1878 eröffnete Ernst Pinkert an der Stelle seines seit 1873 betriebenen Gasthauses

»Zum Pfaffendorfer Hof« den Leipziger Zoo als Privatunternehmen. Starker Unternehmergeist, ständige Erweiterungen an Fläche und Tierbestand sowie gute Haltungs- und Zuchtergebnisse sicherten das Überleben dieses privaten Zoos.

Schon 20 Jahre später wurde der Zoo in eine Aktiengesellschaft umgewandelt und 1920 von der Stadt übernommen. Da gab es schon das alte und das neue Raubtierhaus, das Aquarium und das Terrarium, das Affenhaus und das Haupt- und Verwaltungsgebäude (die spätere Kongresshalle). In städtischer Regie wurden in den folgenden Jahren das Elefantenhaus, die Flugkäfige und die Bärenburg in der typischen Klinkerbauweise der 1920er-Jahre errichtet.

Mit der Wende änderte sich auch im Zoo so einiges. Seit 2000 ist der Zoo eine GmbH, und die artgerechte

235

Gohlis, Rosental und Waldstraßenviertel

Sehenswert

1 Zoologischer Garten
2 Nordplatz
3 Michaeliskirche
4 Gohliser Schlösschen
5 Villa Ida und Mediencampus
6 Schokoladenfabrik Felsche
7 Schillerhaus
8 Rosental
9 St. Trinitatis
10 Ariowitsch-Haus
11 Deutsche Zentralbücherei für Blinde
12 Naturkundemuseum

Essen & Trinken

1 Café und Restaurant im Gohliser Schlösschen
2 Gosenschenke »Ohne Bedenken«

3 La Mirabelle
4 Drogerie
5 Mückenschlösschen
6 Steakhouse Piccolo
7 Tortuga

Einkaufen

1 La Chocolaterie

Aktiv & Kreativ

1 Aussichtsturm
2 Rosentalwiese
3 Spielplatz im Rosental

Abends & Nachts

1 Gohliser Wirtschaft
2 Frosch-Café & Theater

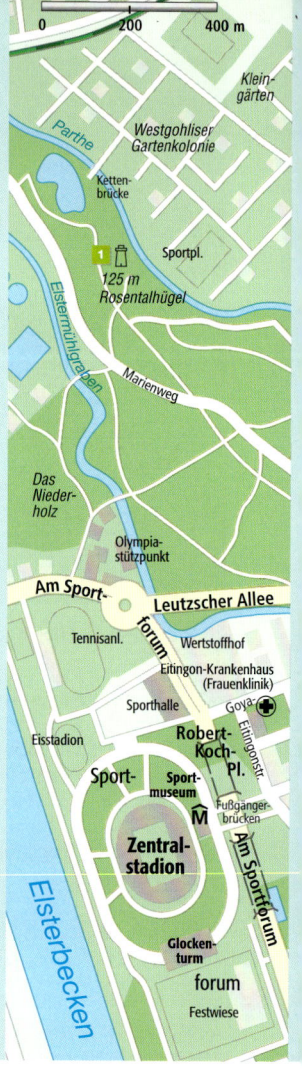

Tierhaltung entspricht in vielen Gehegen und Bereichen höchsten Ansprüchen – in der »Makasi Simba«-Löwenanlage, in der Tigertaiga, im Elefantentempel »Ganesha Mandir« ebenso wie im »Pongoland«, der größten Menschenaffenanlage der Welt. Diese wird zusammen mit dem Max-Planck-Institut für Evolutionäre Anthropologie (S. 156) betrieben und genutzt. Das neuste Highlight ist die Tropenhalle Gondwanaland, die seit Juli 2011 auch Heimat des schielenden Oppossums Heidi ist.

Aber nicht nur die Tierwelt lässt sich im Zoo hautnah bestaunen, viele Spielplätze und Kinderbereiche laden zum Entdecken und Verweilen ein, viele Spezialangebote für Groß und Klein entführen auf ›Extratouren‹, und im wunderschönen Jugendstilambiente der Hacienda Las Casas, in der Safari-Atmosphäre der Kiwara Lodge (s. S. 238) oder zwischen den bunten Marktständen des Marché im Gründergarten ist für das leibliche Wohl gesorgt.

Gegenüber vom Hauptportal des Zoos erinnert ein unauffälliger, etwa

**Jenseits von Afrika –
Kiwara Lodge**

Wer ein Faible für Afrika und seine
Natur hat, der ist hier goldrichtig!
Inmitten der einzigartigen Kiwara-
Savanne im **Leipziger Zoo** 1 (s. S.
235), in der sich Zebras, Strauße,
Antilopen und Giraffen tummeln,
die bis nah an die überdachte Terrasse der Lodge herankommen
können, sitzt der Gast der Kiwara
Lodge in einem gemütlichen, afrikanisch gestalteten Restaurant und
kann bei landestypischen Speisen
und Getränken die ›afrikanische‹
Weite des angrenzenden Rosentals
genießen.

hüfthoher Quader aus schwarzem Marmor an eines der düstersten Kapitel der Stadtgeschichte. An dieser Stelle waren im November 1938 eine große Zahl jüdischer Mitbürger in das ausgemauerte Flussbett der Parthe getrieben worden. Sie mussten tagelang hier ausharren, bis man sie dem Flusslauf folgend nach Osten zum Güterbahnhof trieb und von dort aus in die Konzentrationslager deportierte. Der Gedenkstein zeigt in leichtem Relief einen Davidstern und trägt seitlich die Inschrift: »Kain, wo ist Dein Bruder?«

Nordplatz 2

Der Nordplatz steht als geschlossenes und fast vollständig erhaltenes architektonisches Historismus- und Jugendstil-Ensemble unter Denkmalschutz. Er bildet den nördlichen Abschluss der Nord-Süd-Hauptachse des Leipziger Stadtzentrums und die Grenze zum angrenzenden Stadtteil Gohlis.

Der Platz selbst ist durch eine parkartige Grünanlage gestaltet, in deren südwestlichem Abschnitt sich Nummer 37 der 44 von Theodor Apel errichteten Apelsteine der Stadt befindet. Diese kleinen Denkmäler erinnern als Marksteine an die Stationen und Positionen bedeutender Verbände oder Militärs während der Völkerschlacht. Dominiert wird der Platz hauptsächlich durch zwei Gebäude: nämlich dem heutigen Leibniz-Gymnasium im Osten und die Michaeliskirche im Norden.

Michaeliskirche 3

Nur zu den Gottesdiensten und Veranstaltungen geöffnet

Die Kirche wird im Volksmund auch gern und einfach als ›Nordkirche‹ bezeichnet, was aber vornehmlich nicht so sehr der Tatsache geschuldet ist, dass sie sich eben am Nordende des Nordplatzes befindet, sondern vielmehr darauf verweist, dass die Kirche

in Nord-Süd-Richtung gebaut wurde, wodurch der Chorraum, der für gewöhnlich nach Osten weist, hier genordet wurde und die Haupteingangsfront mit dem 70 m hohen Turm, welche sonst nach Westen ausgerichtet ist, bei ihr im Süden liegt.

Die 1904 geweihte Michaeliskirche stellt eine interessante Verbindung von spätem Historismus mit Elementen des Jugendstils dar. Die Architekten Alfred Rust und Heinrich Müller gestalteten sie überreich durch bauplastische Elemente aus. Bis auf die Fenster im Kirchenschiff ist das Bauwerk vollständig erhalten und im Laufe des letzten Jahrhunderts nur sehr behutsam verändert

Prachtvolles Rokoko – das Gohliser Schlösschen

worden. Besonders eindrucksvoll ist der im Jugendstil gestaltete Innenraum mit der Sauerorgel, deren Gehäuse einem Rosenstock nachempfunden wurde, speziell bei einem der zahlreichen Konzerte, die hier stattfinden.

Auf dem Weg zum Gohliser Schlösschen kann man an der Rückseite des Zoos dem geschwungenen Lauf des Kickerlingsberg folgen oder aber ein wenig die umliegenden Straßen erkunden. So befindet sich etwa in der Lumumbastraße 4 in einem Nachkriegsbau der Jahre 1949–52 das Herder-Institut der Universität Leipzig und im ehemaligen Wohnhaus des Leipziger Künstlers Werner Tübke (1924–

2004) in der Springerstraße 5 dient dessen wunderschöne Jugendstilvilla als Sitz der Galerie Schwind und der Sammlung Fritz P. Mayer (Di–Fr 10–18, Sa 10–14 Uhr) sowie der Tübke-Stiftung (Sa 10–14 Uhr).

Gohliser Schlösschen ! 4
Menckestr. 23, www.gohliser-schloss.de
Am Übergang vom Kickerlingsberg in den Poetenweg steht man an der rückwärtigen Front des Gohliser Schlösschens nebst kleinem Barockgarten. 1756 ließ sich der erfolgreiche Leipziger Kaufmann Johann Caspar Richter an der Wiese bei den Gohliser Flussauen

auf dem Grundstück eines früheren Ge-
höfts ein Rokoko-Schloss bauen, das –
mit einem Barockgarten, Orangerien,
einem Glockenturm und einer eigenen
Kegelbahn versehen – keinen Wunsch
offen ließ. Seine Witwe Rosine Richter
heiratete den Universitätsprofessor Johann Gottlob Böhme, der ein Freund
der Familie Goethe aus Frankfurt war.

So kam es, dass der junge Johann
Wolfgang kurz nach seinem Eintreffen
in Leipzig, wo er fleißig die Juristerei
studieren sollte, bei den Böhmes seine
Aufwartung machte und von der Dame
des Hauses standesgemäß sowohl in die
Sitten, Moden und Gebräuche der
Stadt als auch in deren feinere Gesellschaft eingeführt wurde. Eine Wohltat,
die er ihr hoch anrechnete und reich
dankte. Einige Jahre später war Schiller,
der nur wenige Häuser entfernt auf
Empfehlung seines Verlegers Göschen
nach Gohlis gekommen war, hier im
Haus zum Kegeln eingeladen.

Als neuer Besitzer veranlasste Böhme
die Vollendung des Innenausbaus, unter anderem auch die Ausmalung des
Festsaals mit dem »Lebensweg der Psyche« an der Decke durch Adam Friedrich Oeser, den ersten Direktor der 1764
gegründeten Leipziger »Zeichen-, Ma-
lerei- und Architekturakademie«. Über
die Jahrzehnte wechselten die Besitzer,
die sich stets um die Instandsetzung des
Schlösschens kümmerten, beispielsweise logierte hier ab 1950 das Bach-Archiv. Derzeit wird es vom Freundeskreis
»Gohliser Schlösschen« e. V. betrieben.
Bis heute zählen die Architektur, Innen-
ausmalung und die umschließenden
Orangerieflügel des Gohliser Schlösschens zu den Höhepunkten sächsischer
Rokoko-Baukunst.

Seit der erneuten Vollsanierung des
Schlösschens und dessen Wiedereröffnung im Jahr 1998 bieten die Räume
einen anspruchsvollen Rahmen für verschiedenste festliche Anlässe wie

Hochzeiten, Kammerkonzerte, Lesungen sowie Theater- und Ballettinsze-
nierungen.

Ein Besuch im Gohliser Schlösschen
lässt sich mit einem Besuch im **Arka-
dencafé** im östlichen Seitenarm der
Orangerie oder im noblen **Restaurant**
1 im Steinsaal verbinden. Ob zum ex-
klusiven Mittagessen, zu nachmittägli-
chem Kaffee und Kuchen oder zum
abendlichen Dinner – für jeden Geschmack, Anlass und Geldbeutel ist
hier etwas dabei.

Der alte Ortskern von Gohlis

Villa Ida und Mediencampus **5**

*Menckestr. 27, www.mediencampus-
villa-ida.de*
Seit Mitte der 1990er-Jahre beherbergt
das Gebäude der 1883 für den Buch-
druckereibesitzer Otto Fischer gebaute
malerische Villa die Medienstiftung
der Sparkasse Leipzig. Die von einem
Garten umgebene Villa wurde 1996
mit dem Hieronymus-Lotter-Preis für
ihre denkmalgerechte Sanierung ausgezeichnet.

Nur durch den Garten getrennt, hat
die Stiftung auf dem weitläufigen Gelände zum Poetenweg hin das moderne Gebäude des Mediencampus als
Kongress- und Tagungszentrum sowie
als Seminargebäude errichten lassen.
Zusammen mit der historischen Villa,
die Elemente der italienischen Renaissance adaptiert, bildet er ein interessantes Ensemble, das Altes mit Neuem
verbindet. Der Gebäudekomplex des
Mediencampus besteht vornehmlich
aus drei Elementen: dem Konferenz-
und Seminargebäude, dem Apart-
menthaus mit Restaurant und einem
Glasfoyer für Empfänge. Sie umgeben
einen Innenhof, der sich lediglich zur

Villa Ida hin öffnet und den Gästen Raum für Erholung bietet.

Schokoladenfabrik Felsche 6

Im Jahr 1872 errichtete der Konditor Adolph Schütte-Felsche, der das seinerzeit schon berühmte Café Felsche am Augustusplatz betrieb, in der hinteren Menckestraße seine »Fabrik für Kakao- und Schokoladenherstellung«. Der große Erfolg seiner Produktion führte zu einer ständigen Erweiterung der Gohliser Schokoladenfabrik.

Die in Leipzig außergewöhnliche verputzte Fassade des Industriebaus wie auch deren übrige Gestaltung und Farbgebung nehmen Bezug auf den in nächster Nähe befindlichen Rokoko-Bau des Gohliser Schlösschens. Die Fabrik als Schloss der neuen Herren war ein beliebtes Motiv der damaligen Industriearchitektur.

Die beiden Weltkriege stellten große Herausforderungen für das Unternehmen dar. Konnte sich die Firma nach dem Ersten Weltkrieg recht schnell und umfassend wieder erholen, so bedeutete der Zweite Weltkrieg das Ende des Imperiums Felsche. Das Café in der Innenstadt war der schweren Bombennacht im Dezember 1943 vollständig zum Opfer gefallen, und die Fabrik wurde nach dem Krieg in ›Volkseigentum‹ überführt. Die Süßwarenherstellung lief nach 1945 noch einige Jahrzehnte an gleicher Stelle in Gohlis unter verschiedenen neuen Namen im volkseigenen Betrieb weiter, woran heute noch der Schriftzug »VEB Goldeck« an einer Giebelfront des Ensembles erinnert.

Heute ist die ehemalige Schokoladenfabrik eine eindrucksvolle Wohnanlage, bei der Rücksicht auf die alten Strukturen genommen wurde. Ein wunderbar grüner Innenhof, viele Balkone und die großen Fenster sowie die traumhafte Umgebung machen aus diesen Wohnungen mit Loftcharakter etwas wirklich Besonderes.

Schillerhaus 7

Menckestr. 42, April–Okt. Di–So 10–18, Nov.–März Mi–So 10–16 Uhr

Auch Friedrich Schiller (1759–1805) ist Gast in Gohlis gewesen. Nachdem er im April 1785 – auf Einladung Christian Gottfried Körners und des Verlegers Georg Joachim Göschen – in Leipzig eingetroffen war und zunächst mehrere Wochen im »Kleinen Joachimstal« in der belebten Hainstraße in der Stadt logiert hatte, zog es ihn hinaus in die ruhige Sommerfrische aufs Land, wo er sich mehr Ruhe für seine Arbeit erhoffte. Und tatsächlich verbrachte Schiller die Monate in Gohlis mit viel Arbeit am Tage sowie viel Geselligkeit und geistigem Austausch mit seiner Anhängerschaft am Abend.

Vieles über diesen Aufenthalt wissen wir aus den zahlreichen Briefen Schillers und seines Leipziger Freundeskreises. Eine etwas volkstümlichere Geschichte wurde jedoch erst durch eine Bürgerbefragung des Schillervereins im Sommer 1841 ans Licht gebracht. Diese Befragung führte man durch, um das Haus, in dem Schiller 1785 gewohnt hatte, zweifelsfrei zu ermitteln, damit hier eine Gedenktafel angebracht werden konnte. Der damals 71-jährige Johann Christoph Schneider berichtete dabei Folgendes: »Er wohnte damals in dem meinem Vater gehörigen Gut … Schiller stand damals sehr frühzeitig auf, schon um 3 oder 4 Uhr, und pflegte dann ins Freie zu gehen. Dabei musste ich ihm mit der Wasserflasche und dem Glase folgen … Bei diesen frühen Spaziergängen war Schiller leicht angezogen, mit dem Schlafrock bekleidet, mit unbedecktem Halse …« Diese gleichermaßen detaillierte wie beinahe groteske Geschichte wirkte auf den ▷ S. 247

Auf Entdeckungstour

Augusts vereitelte Schlosspläne

Zu Beginn des 18. Jh. trug sich August der Starke mit dem Wunsch, im Rosental ein Lustschloss für seine Leipziger Aufenthalte zu bauen. Doch mit einiger List verhinderten die Leipziger das Projekt, entstanden sind die große Wiese und 13 Alleen.

Für wen: Kurfürstbegeisterte und Frischluftfans

Zeit: etwa 1 Std.

Start: Die große **Rosentalwiese** [2] erreicht man leicht zu Fuß von der Innenstadt aus, Tram 3, 4, 7, 8, 15 Leibnizstraße. Der Standort des Lustschlosses war etwa dort geplant, wo sich die Reste des früheren Blindenparks auf der Wiese bei den großen Bäumen befinden.

Wer vom Zöllnerweg aus auf die Rosentalwiese schaut, ist zunächst überwältigt vom Gefühl der Weite, das sich angesichts einer solch großen Wiese mitten in der Stadt einstellt. Egal welchen Weg man einschlägt, nach einigen hundert Metern gelangt man zu der Gruppe großer, altehrwürdiger Bäume, die die gefühlte Mitte der Wiese markieren. Wenn man von hier aus seinen Blick rundherum schweifen lässt, fällt auf, dass sich in den Wald am Rand Schneisen ziehen, die nicht natürlichen Ursprungs sind. Hier sollte einmal ein großartiges Schloss entstehen.

Zu Beginn des 18. Jh. plante Friedrich August I. der Starke (1670–1733), im Leipziger Rosental ein kurfürstliches Schloss errichten zu lassen – auf Kosten der Stadt! Das offizielle Logis in der Pleißenburg hatte ihm noch nie besonders zugesagt und die stattdessen gewählte Unterkunft im sogenannten Königshaus am Markt beim Kaufmann Apel war ihm auf die Dauer wohl weder intim noch herrschaftlich genug.

Pläne für ein ›kleines‹ Lustschloss

Der Entwurf des Architekten Johann Christoph von Naumann zeigt ein elfachsiges, mehrgeschossiges Palais, dem ein großer Barockgarten vorgelagert werden sollte. Von diesem Zentrum aus sollten strahlenförmig Alleen den Wald erschließen und gleichzeitig als Prospekt zu gut sichtbaren Punkten der Umgebung wie beispielsweise Gebäudetürmen dienen. Ende November 1707 begann man mit dem Abholzen für den zentralen Teil des Schlossgartens und dem Schlagen der dreizehn Alleen. Davon sind heute noch acht erhalten, die unter Denkmalschutz stehen und in regelmäßigen Abständen entholzt werden.

So kann man auch heute noch von der großen Rosentalwiese aus erahnen, wie großartig das Projekt war. Wer bei der eingangs beschriebenen zentralen Baumgruppe steht, mag sich vorstellen, dass einst dichter Auwald bis an die Stadtmauern reichte und wie umfassend Augusts Pläne waren.

Eine der Achsen mündet direkt auf das **Gohliser Schlösschen** 4 , auf das man einen sehr romantischen Ausblick hat. Wer aktiv werden möchte, folgt vom Standort aus dem gehauenen Pfad der Herrenallee aus dem Wald hinaus und dann die Turmgutstraße entlang bis direkt vor bzw. in das Schlösschen mit der dazugehörigen Gastronomie.

Geplatzte Pläne und gebaute Häme

Den Leipzigern, die damals von Augusts Plänen aus vielerlei Gründen überhaupt nicht begeistert waren, gelang es trickreich, den Schlossbau zu verhindern. Der Rat ließ sofort ein Gutachten anfertigen, das dem Landesvater aufs Heftigste davon abriet, hier zu bauen: Der Grund sei sumpfig, die Wiesen häufig überschwemmt, sodass bisweilen das Gebäude wohl nur mit Kähnen zu erreichen wäre. Die zwielichtigen Besucher des Rosentals könnten gar den Kurfürsten und seine Gäste belästigen, sogar Räuberbanden würden ihr Unwesen treiben und könnten in den undurchdringlichen Weiten des Waldes auch nicht dingfest gemacht werden, und vor allem hielte sich »ein häufiges Fliegen- und Mückengeschmeiß dort auf«. Außerdem, so wurde in Anspielung auf Augusts Jagdleidenschaft angeführt, würde die Jagd im Walde total eingehen, wenn sich ständig Leute im Forst aufhielten.

Widerstrebend verzichtete der Kurfürst auf sein Schloss. Lediglich die

Historischer Plan des Rosentals (Stich um 1800)

große Wiese war durch Abholzung des Waldbestands an dieser Stelle entstanden, die dreizehn Achsen waren angelegt worden, und schließlich errichtete man einen hölzernen Aussichtsturm zum Vergnügen des Kurfürsten im Rosental – Wald und Wiesen des Rosentals blieben aber bei der Stadt. Dieser Aussichtsturm – inzwischen durch einen neueren Nachbau aus Stahl ersetzt – lädt auch heute noch die Besucher des Rosentals ein, hinaufzusteigen und von oben eine fabelhafte Aussicht zu genießen.

Das Wichtigste für die Leipziger aber war, dass sie August ohne sein Schloss weiterhin vornehmlich fernab in Dresden wussten. Und man war sich nicht zu fein, einem etwas später errichteten, nahe gelegenen Bau in der Waldstraße den ironischen Namen **Mückenschlösschen** zu geben. Heute kann man hier einkehren und sich mit Speis und Trank stärken.

Berühmte Gäste

Neben dem gemeinen Volk und seiner königlichen Majestät, dem Kurfürsten von Sachsen und König von Polen, August dem Starken, hat es hier im Laufe der Zeit viele berühmte Spaziergänger gegeben. Friedrich Schiller und seine Beziehung zum Rosental sind ja bereits im Zusammenhang mit dem nahe gelegenen **Schillerhaus** 7 beleuchtet worden (s. S. 243). Darüber hinaus waren aber andere Dichter und Denker wie etwa Johann Gottfried Seume (1763–1810), der in Leipzig geborene und aufgewachsene Gottfried Wilhelm Leibniz (1646–1716) und Johann Wolfgang Goethe (1749–1832) zu Gast. Letztgenannter ging hier während seines Studienaufenthalts in Leipzig »auf poetisches Wildpret« aus, wobei jedoch »zur besten Jahreszeit die Mücken keinen zarten Gedanken aufkommen ließen«. Heute merkt man davon zum Glück nichts mehr.

Verein gerade wegen ihrer bizarren Note absolut glaubwürdig und hat in der Folge unzählige Anekdoten vom ›Dichter im Schlafrock‹ inspiriert.

Das Schillerhaus in Gohlis ist heute eine Außenstelle des Stadtgeschichtlichen Museums. Diese von Robert Blum und dem Schillerverein initiierte älteste Literaturgedenkstätte Deutschlands beherbergt neben diversen Devotionalien aus der Schillerzeit auch ein kleines stadtteilhistorisches Museum mit einem Modell des Gassendorfes Gohlis im 19. Jh. vor der Industrialisierung.

Beim Haus selbst handelt es sich um das letzte erhaltene Beispiel der ländlich-bäuerlichen Architektur des frühen 18. Jh. in Leipzig. Der originalgetreu wiederhergestellte Bauerngarten aus derselben Zeit bildet einen wundervollen Rahmen für sommerliche Kulturveranstaltungen im Freien.

Gosenschenke »Ohne Bedenken«

2

Menckestr. 5, S. 251

Bei der ebenfalls in der Menckestraße etwas weiter östlich hinter dem früheren Dorfanger gelegenen Schenke handelt es sich um die 1859 von Cajeri gegründete Gosenschenke »Ohne Bedenken«. Im Jahr 1904/05 wurde der Vorgängerbau durch ein neues, vierstöckiges Mietshaus mit Erker überbaut, wobei die Schenke erhalten blieb und auch heute noch mit der originalen anheimelnden Biedermeier-Ausstattung und dem wunderbar schattigen großen Biergarten vor allem im Sommer viele Besucher anlockt. Hier lassen sich immer noch regionale Spezialitäten in einem traditionellen Ambiente verkosten, und es ist dabei zweitrangig, dass die rustikale Einrichtung Mitte der 1980er-Jahre lediglich alten Fotos ›nachempfunden‹ wurde, ob die Gose von der flämischen

›Geuze‹ oder von dem in Goslar gebrauten ›Goßlarischen Bier‹ abstammt und ob sie nun auf eine 500- oder gar 1000-jährige Geschichte zurückblicken kann. Es macht einfach Spaß, in gemütlichem Umfeld eine ganz eigene Besonderheit der Braukunst, die in etwa mit Berliner Weiße vergleichbar ist, zu verkosten. Obwohl man hierbei stets Vorsicht beziehungsweise maßvolle Zurückhaltung an erster Stelle walten lassen sollte, denn wie der Heimatdichter Edwin Bormann warnend schrieb: »Wennste probst der Gose Saft, wappne Dich mit Heldenkraft! Denn de weeßt nicht, wärd der Magen ›Ja und Amen‹ dazu sagen.«

Wer mehr über das Haus oder das Heimatgetränk der Leipziger erfahren will, ist beim Gosenwirt Hartmut Hennebach an der richtigen Adresse – als echtes Original und überzeugter Gosianer teilt er Wissenshungrigen immer wieder gern seine Kenntnisse zur Geschichte des Hauses und seine Erfahrungen zum Thema Gose mit.

Rosental und Waldstraßenviertel

Rosental **8**

Am nordwestlichen Rand der Innenstadt und in Gohlis geht der Auwald in das Gebiet des Rosentals über, das einen Ausläufer des Waldes in Parkform darstellt. Die Bezeichnung Rosental leitet sich nicht wie anzunehmen von dem Wort Rosen ab, sondern hat einen slawischen Ursprung – nämlich das Wort *rescha,* was so viel wie ›überflutetes Terrain‹ bedeutet. Es handelt sich hier diesem Ursprung entsprechend weniger um die überkultivierte Parkgestaltung in Form eines Rosengartens, sondern um einen relativ natürlich belassenen Stadtgarten, der tatsächlich bis weit ins 19. Jh. hinein zusammen mit dem Auwald mehrmals im Jahr von den periodischen Hochwassern der Flussläufe überschwemmt wurde.

›Der Rosental‹ – wie man bis Ende des 17. Jh. noch sagte – ist wohl maßgeblich am Aufschwung von Gohlis als beliebtem Ausflugsziel der Leipziger im 18. Jh. beteiligt gewesen. Damals war das Rosental noch ein Nutz- und Wirtschaftswald. Allerdings gingen die Leipziger auch ohne planvoll angelegten Weg gern dort spazieren, was sicher mit am mehrfach urkundlich belegten Ausschank von schwarz gebrautem Bier durch den Revierförster lag. Zu Beginn des 18. Jh. trug sich August der Starke mit dem Wunsch, das Rosental in seinen Besitz zu bringen, um dort ein Lustschloss zu bauen (s. Entdeckungstour S. 244).

Auch heute noch ist das Rosental eines der beliebtesten Naherholungsgebiete der Leipziger. Sie kommen her, um zu joggen, Rad zu fahren, Hunde auszuführen, Drachen steigen zu lassen oder einfach, um auf der Wiese zu liegen, zu spielen, sich zu sonnen und zu feiern.

Katholisches Gemeindezentrum St. Trinitatis 9

Emil-Fuchs-Str. 5–7, www.propstei-leipzig.de
Der 1978–81 von einem Architektenkollektiv um Udo Schulz ausgeführte Bau des Gemeindezentrums der Propstei St. Trinitatis mit Kirche, Pfarrhaus, Pfarramt, Gemeindesaal und verschiedenen Kommunikationsbereichen entstand als Ersatz für die im Zweiten Weltkrieg durch Bomben zerstörte Heilige Dreifaltigkeitskirche in der Rudolphstraße am äußeren Martin-Luther-Ring. Diese war von dem bedeutenden deutschen Neogotiker Carl Alexander von Heideloff 1845–47 errichtet worden. Jahrelang hatte es

Diskussionen um einen Kirchenneubau für die heimatlose Gemeinde gegeben, die zwischenzeitlich in der Universitätskirche am Augustusplatz und später in der Lutherkirche in der Schreberstraße untergekommen war.

Erst in den 1970er-Jahren zeichnete sich ein Ende dieser Debatte ab, als die Kirchengemeinde Verhandlungen mit dem Außenhandelsministerium wegen des Baus der Propsteikirche auf Devisenbasis geführt hatte und der Rat der Stadt Leipzig auf Weisung der DDR-Regierung einen Bauplatz anbieten musste. Das zugewiesene Grundstück am Rande des Rosentals war leider alles andere als guter Baugrund: zu sumpfig und unbeständig, zu feucht und instabil für einen Kirchenbau. Schon wenige Jahre nach der Fertigstellung des Baus machten sich diese ungünstigen Umstände in Form von Rissen und Problemen mit dem Funda-

Beliebte Sommerfrische – die große Wiese im Rosental

ment bemerkbar, weshalb die Gemeinde einen neuerlichen Neubau in der Nähe des ursprünglichen Standorts gegenüber vom Neuen Rathaus am Martin-Luther-Ring umsetzt (S. 166).

Zentrum Jüdischer Kultur im Ariowitsch-Haus 10

Hinrichsenstraße 14, www.ariowitsch haus.de
Das Waldstraßenviertel ist heute als Wohnquartier bei den Leipzigern mindestens ebenso beliebt wie der südliche Teil von Gohlis, denn die eleganten Gründerzeithäuser und Jugendstilvillen wurden nach der Wiedervereinigung fast ausnahmslos aufwendig renoviert.

Bis 1933 lebte hier etwa ein Drittel der rund 13 000 Leipziger Juden (s. S. 81). Das Haus in der Hinrichsenstraße 14 beherbergte damals ein jüdisches Altenheim – die Ariowitsch-Stiftung –,

das von dem russischen Einwanderer und Pelzhändler Julius Ariowitsch finanziert worden war. Auch der Straßenname verweist auf einen jüdischen Bürger der Stadt – den Verleger und Stifter Dr. Heinrich Hinrichsen.

1939 machten die Nazis das Gebäude zu einem sogenannten ›Judenhaus‹, in dem jüdischen Einwohnern Wohnraum zugewiesen wurde, allerdings in so großer Zahl, dass ein normales Wohnen nicht mehr möglich war. 1942, nach der letzten Deportationswelle, bezog die Gestapo selbst das Gebäude und richtete sich hier bis zum Kriegsende ein. Zu DDR-Zeiten war das Haus für viele Jahre ein allgemeines Altenheim. Nach 1990 nutzte es die jüdische Gemeinde Leipzig wieder selbst, doch ab 1996 stand das Haus im Werkbund-Stil mit seinen wuchtigen Erkern und der goldenen Inschrift »Ariowitsch-Stiftung« über dem Eingang leer.

Mein Tipp

Zuckerbäcker-Workshop

Wer dem Lauf der Waldstraße bis fast zu ihrem ›Ursprung‹, dem Waldplatz folgt, kommt zu einem der süßesten Geheimtipps der Stadt. Die von den beiden französischen Inhaberinnen Isabelle Léonard und Alexandra Picouays selbst betriebene Chocolaterie offeriert nicht nur feine Leckereien aus der hauseigenen Produktion, bei der man auch zuschauen kann, man kann auch bei einem der angeboten Workshops selbst zum kreativen Zuckerbäcker werden.

La Chocolaterie 1: Waldstraße 12, 0341 561 12 68, www.la-chocolaterie. de, Di–Sa 12–18 Uhr.

Im Mai 2009 konnte der Umbau zu einem ›Zentrum jüdischer Kultur‹ mit Finanzmitteln des Landes abgeschlossen werden, seither finden Ausstellungen zu Themen wie Holocaust und Rechtsradikalismus statt. Zugleich dient es der wieder über 1200 Menschen umfassenden jüdischen Gemeinde von Leipzig als Begegnungszentrum.

Deutsche Zentralbücherei für Blinde (DZB) 11

Gustav-Adolf-Str. 7, www.dzb.de, Mo–Do 9–12 und 13–15.30, Fr 9–12 und 13–14 Uhr

Am Weg zurück zur Innenstadt liegt die Deutsche Zentralbücherei für Blinde. 1954 ist sie als älteste deutsche Blindenbibliothek (gegründet 1894) in dieses Gebäude der ehemaligen Höheren Israelitischen Schule in der Gustaf-Adolf-Straße eingezogen, und mit ihren fast 64 000 Medieneinheiten wird sie heute in direkter und in Fernausleihe von knapp 9000 blinden und sehbehinderten Personen genutzt.

Naturkundemuseum Leipzig 12

s. S. 49

Das Naturkundemuseum zog 1923 – dank öffentlicher Fördermittel – aus seiner vormaligen elfjährigen Heimstatt im Gebäude der Gewerbeausstellung am Tröndlinring (Gebäude nicht erhalten) in seinen bis heute beibehaltenen Sitz im Gebäude am Goerdelerring, das 1837–39 als zweite Leipziger Bürgerschule erbaut worden war. Bei dem Bau handelt es sich um einen einfachen Putzbau mit sehr zurückhaltender Fassadengliederung, der wie kaum ein zweiter in Leipzig die schlichten Intentionen der Biedermeierzeit in der Sprache des Biedermeier zum Ausdruck bringt. 1930 ging das Museum in städtischen Besitz über.

Die beiden riesigen, vor dem Haupteingang aufgestellten verkieselten Baumstubben stammen aus der Braunkohleförderung im nahe gelegenen Tagebau Espenhain. Sie sind etwa 35 Mio. Jahre alt. Die ständige Sammlung wie auch die Sonderschauen sind besonders kinderfreundlich und auch behindertengerecht aufbereitet. Die Dauerausstellung präsentiert geologische, botanische, zoologische und archäologische Sammlungen mit Tausenden Exponaten, deren Schwerpunkt auf Nordwestsachsen liegt, was die heimatkundliche Bedeutung des Hauses unterstreicht.

Essen & Trinken

Barock – **Café und Restaurant im Gohliser Schlösschen 1**: Menckestr. 23, Tel. 0341 562 97 68, www.gohliserschloss.de, LVB 4 Menckestraße, tgl. 12–14, 18–24 Uhr, Hauptgerichte um

19 €. Am Wochenende Bedienung in Pluderhosen im barocken Keller. S. 241

Gosiana! – **Gosenschenke »Ohne Bedenken«** 2 : Menckestr. 5/Poetenweg 6, Tel. 0341 566 23 60, www.gosen schenke.de, LVB 12 Fritz-Seger-Straße, Mo–Fr 17–1, Sa 12–1, So 12–24 Uhr, Biergarten April–Sept. 12–24 Uhr, Hauptgerichte um 11 €. S. 247.

À la française – **La Mirabelle** 3 : Gohliser Str. 11, Tel. 0341 590 29 81, LVB 12 Nordplatz, Mo–Fr 11.30–15, 17.30–24, Sa, So 17.30–24 Uhr, um 12 €. Neben gutbürgerlichem deutschen Tisch schwerpunktmäßig feine französische Küche in unaufgeregtem Ambiente.

Klein und fein! – **Drogerie** 4 : Schillerweg 36, Tel. 0341 590 63 09, www.dro gerie-leipzig.de, LVB 4 Menckestraße, tgl. 18–2 Uhr. Wer den Rundgang durch Gohlis im gemütlichen Ambiente bei einem guten Wein und leichter italienischer Kost beenden möchte, sollte rechtzeitig vorbestellen: Viel Platz gibt es nicht. Hauptgerichte ab 11 €.

Am Fluss – **Mückenschlösschen** 5 : Waldstr. 86, S. 28.

Schön Fleischig – **Steakhouse Piccolo** 6 : Gustav-Adolf-Str. 15, Tel. 0341 980 01 96, www.steakhouse-piccolo-leipz ig.de, LVB 3, 4, 7, 8, 15 Leibnizstraße, Mo–Fr 12–15, 17–24, Sa, So 12–24 Uhr, Hauptgerichte um 12 €. Solides Argentinien-Fleisch in einem hellen, zum Wintergarten geöffneten Raum, im Sommer Garten und Barbecue.

Fischige Hausmannskost – **Tortuga** 7 : Naundörfchen 2, Tel. 0341 212 20 58, LVB 3, 4, 7, 8, 15 Leibnizstraße, Hauptgerichte bis 10 €. Leckere Fischgerichte in luftigem Seemannsambiente.

Aktiv & Kreativ

Kindgerecht – **Zoologischer Garten** 1 : Pfaffendorfer Str. 29, Tel. 0341 59 33 385, www.zoo-leipzig.de, LVB 12 Zoo, Nov.–März 9–17, April, Okt. 9–18, Mai–Sept. 9–19 Uhr, Eintritt 13–17 € bzw. 9–10 €. Spielplätze und spezielle Erlebnispfade für Kinder. Hier haben alle Spaß!

Überblick – **Aussichtsturm** 1 : Westlich der Waldstraße im Rosental. Genau zwischen den Haltestellen Am Mückenschlösschen und Stallbaumstraße lockt der 125 m hohe, sehr wackelige Aussichtsturm zum Aufstieg.

Grün – **Rosentalwiese** 2 : Auf dieser ausgedehnten Rasenfläche kann gespielt, geruht, gefeiert werden.

Zum Spielen – **Spielplatz im Rosental** 3 : Am Zöllnerweg kann auf dem ältesten Spielplatz der Stadt getobt, gebuddelt und geklettert werden. Ein Denkmal erinnert an die Publizistin und Frauenrechtlerin Luise Otto-Peters.

Abends & Nachts

Sinnenfreude – **Konzerte in der Michaeliskirche** 3 : Nordplatz, www.mi chaelis-friedens.de. Die Konzerte im Jugendstilinnenraum der Kirche sind ein wahrhaft doppelter Genuss. Veranstaltungsinformationen über die Printmedien (z. B. Kreuzer, Tagespresse).

Urig kulturig – **Gohliser Wirtschaft** 1 : Gohliser Str. 20, Tel. 0341 564 40 33, www.gohliser.de, LVB 12 Friedrich-Seeger-Straße. Kabarett, Kleinkunst oder Konzert können dank der urigen Stimmung und des guten Service ein Erlebnis sein.

Barock – **Kunst & Kultur im Gohliser Schlösschen** 4 : www.gohliser-schloss. de, s. S. 241. Vor allem das Sommertheater im Schlosshof macht großen Spaß, aber auch Lesungen und Konzerte im wunderbaren Rokokosaal haben ihr eigenes Flair. Daneben gibt im Sommer die Serenaden im Park.

Quietschbunte Kleinkunst – **Frosch-Café und Theater** 2 : Thomasiusstr. 2, S. 42.

Der Auwald

Auf Entdeckungstour

Im ›Dschungel‹ des südlichen Auwaldes: In den Auen von Pleiße und Weißer Elster, die früher regelmäßig mehrmals im Jahr überflutet wurden, entwickelte sich die einzigartige Biosphäre des Leipziger Auwaldes. S. 264

Kultur & Sehenswertes

Stadion und Sportstätten: Das Leipziger Sportforum mit Stadion, Festwiese und Arena umgeben noch zahlreiche weitere Sportstätten. **5**, **6** S. 259

Taborkirche: Der Anfang des 20. Jh. errichtete Kirchenbau beeindruckt durch Glasfenster und Ausstattungsgegenstände aus den 1920er- und 1930er-Jahren. **11** S. 268

Aktiv & Kreativ

Auwaldstation: Hier werden die Flora und Fauna des Auwalds durch Ausstellungen und Exkursionsangebote erklärt und Kurse in traditionellem Handwerk angeboten. **3** S. 258

Genießen & Atmosphäre

Don Giovanni: Direkt neben dem Hauptportal der Taborkirche liegt der Eingang zu einer zauberhaften italienischen Enklave. **4** S. 268

Forsthaus Raschwitz: Sowohl im Jugendstilgebäude als auch im Biergarten herrscht locker-fröhliche Stimmung. **6** S. 268

Abends & Nachts

Leipziger Kleinmesse: Amüsanter Bummel über'n Rummel. **8** S. 262

Haus Auensee: Hier kann es bei Indie, Pop und Heavy Metal ab und an recht laut und ausgelassen werden. **1** S. 259, 271

Die grüne Lunge der Stadt

Der Leipziger Auwald gehört zu den größten erhaltenen Auwaldbeständen in Mitteleuropa. Auch wenn er sich im Laufe der Jahrhunderte von einer Weichholzaue (Erle und Linde) in eine Hartholzaue (Eiche, Esche und Ahorn) verwandelt hat, haben sich große Teile einen ausgesprochen ursprünglichen Charakter bewahrt. Durch die Stadterweiterungen am Ende des 19. Jh. liegt das Leipziger Auwaldgebiet inzwischen sogar mitten in der Stadt. Freilich haben die damaligen Flussbegradigungen, Hochwasserschutzmaßnahmen und Grünanlagengestaltungen auch dazu geführt, dass ein Teil der über Jahrhunderte gewachsenen typischen Auenlandschaft sich veränderte und inzwischen ›zivilisierter‹ daherkommt. Allerdings gibt es gerade seit den letzten zehn Jahren Bestrebungen, durch kontrollierte Flutungen bestimmter Teilabschnitte des südlichen und nördlichen Waldes und die Wiederherstellung des Gesamtgewässerverbunds in Leipzig alte, natürliche Strukturen wieder zu beleben und den typischen Charakter der Aue zu betonen.

Mit seiner Ausbildung und Lage ist der Leipziger Auwald eine absolute Rarität in Europa. Er erstreckt sich auf einer Gesamtlänge von über 30 km auf städtischem Gebiet und weist eine Breite auf, die zwischen einigen hundert Metern und 5 km schwankt. Die Gesamtfläche des Landschaftsschutzgebietes Leipziger Auwald umfasst 5900 ha. Etwa ein Sechstel davon sind zusätzlich ausgewiesene Naturschutzgebiete. Durch die ebenfalls vornehmlich in den vergangenen zehn Jahren erfolgte Aufforstung konnten nicht nur der Waldbestand und sein typischer Charakter stabilisiert werden, sondern es entstanden zum Beispiel mit dem Arboretum in Lößnig-Dölitz oder dem Tertiärwald nördlich des Cospudener Sees auch »Informationswälder«, anhand derer nicht nur Schulklassen erfahren können, wie Wald zu anderen Zeiten oder an anderen Orten gegliedert war bzw. ist.

Gerade die natürlich gewachsene Vielfalt der Leipziger Auenlandschaften mit Hartholzauen, Feuchtwiesen, Röhrichtbeständen und Magerrasen ist bis heute der Lebensraum einer artenreichen Fauna. Eine wichtige Voraussetzung für den Erhalt der tierischen Artenvielfalt im Biotop Auwald sind Schutz und Hege des Artenreichtums der Pflanzenwelt. Außerdem muss die zu DDR-Zeiten – für den reibungslosen

Infobox

Reisekarte: ▶ B 3–H 12, Karte 2 G/H 12–15

Ausgangspunkt

Schloss Lützschena. Es empfiehlt sich, die Tour per Fahrrad zu unternehmen oder einzelne Stationen herauszupicken und sich jeweils vor Ort zu Fuß aufzumachen. Natürlich kann man auch einzelne Stationen mit dem Auto anfahren und dann die jeweiligen Punkte zu Fuß erkunden.
Die **Fahrradmitnahme** in den Öffentlichen Verkehrsmitteln der LVB ist zwischen 9 und 15 Uhr je nach Platzangebot gestattet. Es muss allerdings ein Zusatzfahrschein gelöst werden.

Diana-Tempel im Park von Schloss Lützschena

Abbau der Braunkohle im Süden der Stadt – initiierte künstliche Absenkung des Grundwasserspiegels zur Sicherung der mikroklimatischen Ansprüche hygrophiler Arten in Flora und Fauna wieder rückgängig gemacht werden.

Es gibt sogar Arten, die nur (noch) hier vorkommen, wie die weltweit einmalige Bastardbildung des Leipziger Windröschens (Anemone lipsiensis) oder die vom Aussterben bedrohte Rotbauchunke, einige gibt es in ungewöhnlich reichem Bestand, etwa den Märzenbecher, der im nämlichen Monat ganze Blütenfelder auf dem feuchten Boden des Waldes bildet.

Seit etwa 20 Jahren läuft ein ganz besonderes Projekt, bei dem die Universität Leipzig und das Helmholtz-Zentrum für Umweltforschung zusammen die Tier- und Pflanzenwelt der Baumkronen des nördlichen Auwaldes im Naturschutzgebiet Burgaue erforschen. Seit 2001 wird dafür ein etwa 40 m hoher, auf Schienen etwa 120 m weit beweglicher Kran eingesetzt.

Die nördlichen Auen

Schloss Lützschena [1]
Lützschena, Schlossweg 9, www. schloss-luetzschena.de
Das Lützschenaer Schloss bietet heute einen gänzlich anderen Anblick als zu Zeiten seiner ersten Erwähnung 1278. Damals wurde hier lediglich ein Rittergut beurkundet. Weitreichende Folgen für das Gut hatte aber vor allem der am 22. Januar 1822 erfolgte Erwerb des Gutes durch Maximilian Speck von Sternburg bei einer Versteigerung. Zu diesem Zeitpunkt war Maximilian Speck von Sternburg bereits

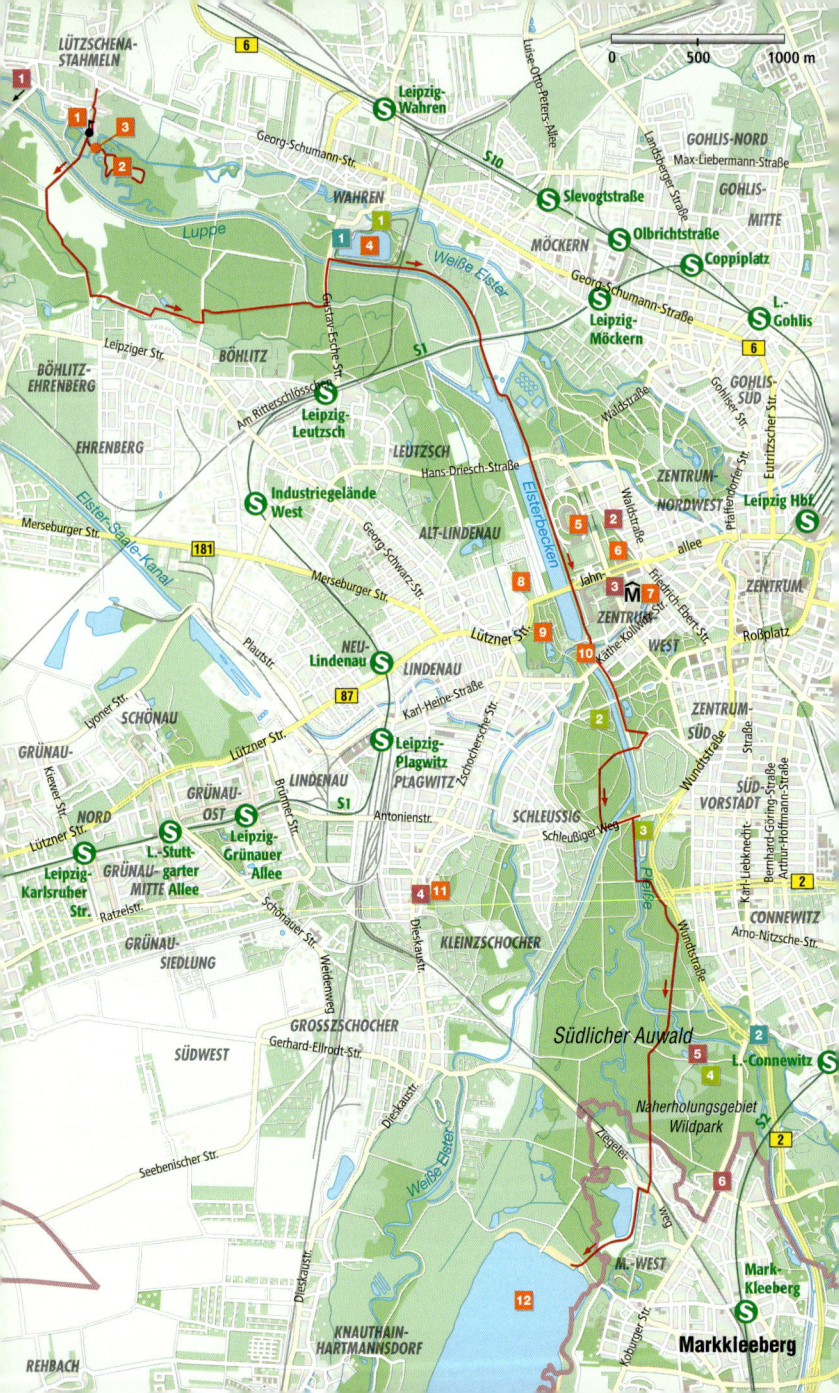

Der Auwald

Sehenswert

1 Schloss Lützschena
2 Schlosspark Lützschena
3 Auwaldstation
4 Auensee
5 Red Bull Arena
6 Arena Leipzig
7 Deutsches Kleingärtner- museum
8 Leipziger Kleinmesse
9 Palmengarten
10 Palmengartenwehr
11 Taborkirche
12 Cospudener See

Essen & Trinken

1 Domholzschänke
2 El Matador
3 Schreber's
4 Don Giovanni
5 Wildparkgaststätte
6 Forsthaus Raschwitz

Aktiv & Kreativ

1 Parkeisenbahn am Auensee
2 Minigolf-Anlage
3 Botanischer Lehrgarten
4 Wildpark

Abends & Nachts

1 Haus Auensee
2 Conne Island

ein international geachteter Unternehmer.

Ihm gelang es, das Rittergut zu einem landwirtschaftlichen Vorzeigebetrieb aufzubauen, indem er vor allem im Bereich der Schafzucht wertvolle Zuchttiere aus dem Ausland beschaffte und die Stallfütterung einführte. Durch diese Reformen und auch durch die Züchtung eines eigenen Rinderstamms aus dem Kanton Bern erzielte er bis dato nicht erreichte Ergebnisse in der Viehwirtschaft. So wurde er zum gefragten Fachmann und gern gesehenen Gast an verschiedenen europäischen Höfen. Für die Weitergabe seines Wissens erhielt er 1825 vom russischen Zaren Alexander I. den Titel eines Ritters von Speck und 1829 vom bayrischen König Ludwig I. den eines Freiherrn von Sternburg.

Maximilian begründete durch Ankäufe auf seinen zahlreichen Reisen über den Kontinent eine bedeutende Gemäldesammlung, die er in seinem Schloss für Besucher öffnete. Die Sammlung ist heute noch vollständig erhalten und stellt als Dauerleihgabe der Maximilian Speck von Sternburg Stiftung einen wesentlichen Bestand im Museum der bildenden Künste in Leipzig (S. 129) dar.

1864 ließ sein Sohn Alexander das alte Schloss abtragen und durch einen Neubau im Stil der englischen Neugotik ersetzen. Nach dem Zweiten Weltkrieg wurde das Schloss enteignet, und für viele Jahre zog eine landwirtschaftliche Fachschule mit eigenem Internat ein. Ein viertes Geschoss wurde aufgesetzt, wodurch die Zinnen verschwanden und so ein schmuckloses Flachdach den Abschluss bildete. Später stand das Schloss leer und verfiel zusehends. 2002 kauften private Investoren aus der weiteren Verwandtschaft der früheren Besitzer das Schloss vom Freistaat Sachsen und retteten es vor dem Verfall. Heute finden hier Kunstausstellungen, Konzerte und Vorträge statt, und einige der repräsentativen Räume können für festliche Anlässe gemietet werden.

Schlosspark Lützschena 2

Schon 1685 wird ein Lustgarten auf dem Rittergut Lützschena erwähnt. Maximilian Speck von Sternburg ließ den Schlosspark im 19. Jh. als englischen Landschaftspark neu konzipieren. So bilden der Park mit seiner verschlungen angelegten Wegführung und die ihn umgebende Landschaft mit dem dominierenden Element Was-

257

Der Auwald

Auf der Leipziger Kleinmesse

ser eine stimmige und feinsinnige Einheit. Trotz erheblicher Zerstörungen gelang es inzwischen, den Park in weiten Teilen wiederherzustellen, auch wenn heute immer noch wichtige Elemente fehlen. Dies war nur durch den Rückkauf der zerteilten Grundstücke durch Wolf-Dietrich Speck von Sternburg aus verschiedenen Händen und das ehrenamtliche Engagement zahlreicher Helfer und Sponsoren möglich. So kann man hier heute wieder ganz im Flair des frühen 19. Jh. lustwandeln, sich nach jeder Biegung von neuen Ausblicken faszinieren lassen und bei gestalterischen Höhepunkten des Parks, wie etwa der Weißen Brücke als Markierung seines Eingangs, dem Dianatempel, dem Entenhaus auf dem Schwanenteich oder der gotischen Familiengruft der Sternburgs, angenehm bewegt etwas länger verweilen.

Auwaldstation 3

Schlossweg 11, www.fas-luetzschena. de.vu, LVB 11 Lützschena, werktags 8.30–15.30 Uhr oder nach Anmeldung unter Tel. 0341 462 18 95

Das kleine Wirtschaftsgebäude auf dem Weg vom Schloss zum Schlosspark Lützschena wurde zuletzt als Stellmacherei genutzt. In den Jahren 1997/98 renovierte die Gemeinde Lützschena das Anwesen. Es entstand die Auwaldstation als Anlaufpunkt für alle am Auwald interessierten Besucher sowie regionale Naturschutzverbände. Sie soll den Gästen die Artenvielfalt, die Eigenart und berückende Schönheit des außergewöhnlichen Biosystems der Auenlandschaft nahebringen. Es werden geführte Wanderungen, spezielle Vorträge und thematische Exkursionen sowie eine Vielzahl von unterschiedlichsten Kursen und Projekten für Kindergärten, Hortgruppen und Schulklassen, aber auch für interessierte private Gruppen und Vereine angeboten. Im Haus selbst findet der interessierte Besucher Ausstellungen, Publikationen und Informationen zu Themen des Natur- und Umweltschutzes.

Auensee 4

Der ca. 12 ha große Auensee entstand, indem die Kiesgrube, in der zu Beginn des 20. Jh. Kies für die Errichtung des Leipziger Hauptbahnhofs abgebaut wurde, rasch volllief. Die Leipziger waren darob nicht traurig, und schon in den 1920er-Jahren war hier ein beliebtes und ansehnliches Naherholungsziel mit mannigfaltigen Freizeit- und Unterhaltungsangeboten entstanden. Das damals als »Lunapark« bezeichnete Ensemble umfasste Restaurants, Freisitzterrassen, Parkanlagen und einen Bootsverleih.

In den 1980er-Jahren erfolgte dann der Umbau von **Haus Auensee** 1, das vormals das Hauptrestaurant des Luna-Parks gewesen war und als einziger Bau ›überlebt‹ hatte. Der große Veranstaltungsraum wird auch heute noch für Rock- und Pop-Konzerte sowie für andere große Veranstaltungen genutzt. Auch die um den See herum entstandenen Anlagen der **Parkeisenbahn am Auensee** 1, des Bootsverleihs und des Campingplatzes werden nach wie vor gern und ausgiebig in Anspruch genommen. Das Baden ist jedoch wegen der Wasserqualität im See bis heute leider nicht erlaubt.

Sportforum

Red Bull Arena 5

Am Sportforum 1, www.sportforum-leipzig.com, LVB 3, 7, 8, 15 Waldplatz, Führungen April–Sept. Mi–Sa 14 Uhr oder auf Anfrage für min-

destens 10 Personen unter Tel. 0341 23 41 117

Zweifelsohne ist Leipzig auch heute noch eine Stadt mit einem überdurchschnittlich reichen sportlichen Leben. Dazu tragen neben den vielen hier ausgetragenen nationalen und internationalen Wettkämpfen und Großveranstaltungen natürlich renommierte Institutionen wie die sportwissenschaftliche Fakultät der Universität Leipzig, das über die Jahrzehnte hoch entwickelte Sportgymnasium und natürlich auch die zahlreichen Vereine des Breiten- und Individualsports bei. Die Wurzeln für diese ›Sportlichkeit‹ liegen in einer außergewöhnlich reichen Sportgeschichte (S. 99).

Leipzig hatte sich für Olympia 2012 beworben, woraus dann leider nichts wurde, und Leipzig wollte bei der Fußball-WM 2006 dabei sein, was dank des modernisierenden Umbaus des Zentralstadions zu einem großen Erfolg wurde. Die feierliche Grundsteinlegung für den Umbau des 1994 geschlossenen »Stadions der 100 000«, das hier 1954–56 mit tatsächlich 100 000 Sitzplätzen gebaut worden war, erfolgte anlässlich des 100-jährigen Jubiläums des DFB im Jahr 2000. Zur Einweihung vier Jahre später spielte die deutsche Nationalelf gegen die Mannschaft von Kamerun. Das heutige Stadion wurde wie eine etwas kleinere Schüssel in die große des alten Stadions hineingebaut. Es ist ein modernsten Standards genügendes reines Fußballstadion mit 45 000 überdachten Sitzplätzen, das vorwiegend für Großveranstaltungen z. B. der Musikbranche genutzt wird, da der Leipziger Fußball nur ein Unterliga-Dasein führt.

Arena Leipzig 6

Am Sportforum 1, Tel. 0341 234 10, www.sportforum-leipzig.com, LVB 3, 7, 8, 15 Waldplatz

Das schönste Gartenlokal der Stadt

Nur etwa 1 km von der Innenstadt entfernt wird man im **Gartenlokal Schreber's** 3 (s. S. 271) spontan in Urlaubslaune versetzt. Dazu trägt natürlich die echte Biergartenstimmung gehörig bei, aber auch das ganze Ambiente der Kleingartenidylle mit dem türmchenbewehrten Fachwerkgebäude. Ein riesiger Kinderspielplatz teils mit historischem Spielgerät sorgt für entspannte Eltern, die Speisekarte bietet neben Steaks von Grill und verschiedenen Biersorten die berühmte kalte Gurkensuppe – für mich ein leichter Genuss an heißen Tagen.

Der Auwald

Als Teil des Sportforums bildet die Arena Leipzig neben dem Zentralstadion einen der Höhepunkte dieser großflächig angelegten, historisch gewachsenen Sportmeile innerhalb der Stadt, die sich von der Hans-Driesch-Straße und der Straße Am Sportforum im Norden bis zur Mainzer Straße und der Straße Am Elsterwehr im Süden erstreckt und verschiedenste Sportstätten umfasst. Die Arena Leipzig konnte 2002, gerade noch rechtzeitig für das damalige Turnfest, eröffnet werden. Sie ist eine der modernsten Multifunktionshallen Deutschlands und bedient mit ihren drei Hallen die unterschiedlichsten Bedürfnisse der Veranstalter. Einschließlich der Stehplätze hat die Haupthalle eine Kapazität von maximal 12 000 Zuschauern. Bei Wettkämpfen stehen mehr als 7000 Sitzplätze in tribünenartiger Anordnung zur Verfügung. Es gibt ein Bistro und mehrere Imbisseinrichtungen für das leibliche Wohl sowie Stellflächen für 440 PKW, zehn Busparkplätze und 100 Fahrradstellplätze. Alle Hallen verfügen über behindertengerechte Zugänge.

Deutsches Kleingärtnermuseum 7
s. S. 48

Es ist zwar nicht wahr, dass der Orthopäde Daniel Gottlob Moritz Schreber die Kleingartenbewegung in Deutschland oder auch nur diesen nach ihm benannten Schrebergartenverein in Leipzig gegründet hat. Wahr ist allerdings, dass sein Freund Ernst Innocenz Hausschild hier 1864 einen Erziehungsverein gründete, der sich nach Schreber benannte und sich wie dieser erklärtermaßen für eine Erziehung von Kindern zu Gesundheit durch Naturverbundenheit einsetzte. Die Kinder sollten hier an der frischen Luft durch sportliches Spielen und gesunde Ernährung (Kinderbeete) aktiv etwas für ihr körperliches Wohlergehen tun können.

Das im 1896 errichteten Vereinshaus untergebrachte einzigartige Deutsche Kleingärtnermuseum erinnert an die sozialpädagogischen Anfänge, stellt die verschiedenen Kleingartenursprünge und -strömungen vor und durch die Verbindung mit dem im selben Haus untergebrachten Restaurant und Biergarten **Schreber's** 3 wird auch heute noch der kommunikativgesellige Ansatz aktiv gepflegt. So lassen sich der Hunger nach Bildung und der nach physischer Nahrung auf das Angenehmste verbinden.

Clara-Zetkin-Park

Der Clara-Zetkin-Park setzt sich im Wesentlichen aus vier früher voneinander unabhängigen Parks zusammen, die von der Stadtverwaltung in den 1950er-Jahren unter dem sozialismuskompatiblen Namen der großen Sozialistin und Frauenrechtlerin zusammengefasst wurden: der Johannapark (S. 167) direkt an der Leipziger Innenstadt, der nördlich der gleichnamigen Pferderennbahn gelegene Volksgarten Scheibenholz, der Albertpark (S. 169) gleich im nördlichen Anschluss und der nordwestlich davon gelegene Palmengarten.

Leipziger Kleinmesse 8
Cottaweg 5, Veranstaltungstermine auf www.leipziger-kleinmesse.net

Drei Mal im Jahr bekommt ein ansonsten meist verwaistes Areal am Cottaweg westlich des Elsterflutbetts und nördlich des Palmengartens Besuch von jeder Menge Schaustellern und Fahrgeräten. Die Tradition der Leipziger Kleinmesse, wie man diesen Rummel in der Messestadt nennt, liegt schon viele Jahrzehnte zurück. Lässt man das ›fahrende Volk‹ von Gauklern, Seiltänzern, Bärenführern und anderen, die es in Leipzig ebenso lange gibt wie Märkte und Messen, außer Acht und nimmt nur das ungefähre Areal, an dem die eigenen Vergnügungsmessen im Frühjahr und Herbst stattfanden, so ist 1907 das Geburtsjahr der Leipziger Kleinmesse als einer feststehenden und eigenständigen Institution in der Stadtgeschichte.

Schon immer waren traditionelle Messen gleichzeitig Orte des Vergnügens und der Zerstreuung. Im 19. Jh. bekamen die Schausteller einen eigenen Platz im innerstädtischen Bereich zugewiesen, der zuletzt auf dem heutigen Wilhelm-Leuschner-Platz lag. Im April 1907 fand dann die erste völlig eigenständige Kleinmesse auf dem Gelände der heutigen Festwiese statt und 1936 kam es dann zum endgültigen Umzug auf den heute immer noch genutzten Platz gegenüber vom Palmengarten. Die Kleinmesse findet auch heute immer noch traditionsgemäß im Frühjahr (um Ostern) und im Herbst (August/September) statt. Seit 1992 ist eine dritte, wenn auch etwas kleinere Messe als Winterkleinmesse im November hinzugekommen. Mit Karussells, Schießbuden und Autoscooter, mit Losverkäufern, Achterbahn und immer neuen Aufregungen lockt die Messe zahlreiche Leipziger und Gäste an. Besonders beliebt sind die Familientage am Mittwoch, an denen der ganze Spaß billiger ist, und die Samstagabende, an denen beeindruckende Feuerwerke stattfinden.

Palmengarten 9

Eine der größten Freizeitattraktionen für die Leipziger des späten 19. und frühen 20. Jh. war der 1893 geschaffene Palmengarten mit riesigen Gewächshäusern, weitläufigen Parkanlagen mit Gondelteichen, Pavillons, Was-

serspielen und anderen Zerstreuungen sowie einem großzügig angelegten verglasten Gesellschaftshaus. Es gab verschiedene gastronomische Anbieter, mehrmals in der Woche spielten Musiker zum Tanz auf, und andere unterhaltsame Vorstellungen lockten Tausende Besucher im Jahr vor die Tore der Stadt. In einem Anzeigentext von damals liest sich das folgendermaßen: »Ausgedehnte Ziergarten- und Parkanlagen – sehenswertes Palmenhaus – Gesellschaftshaus mit prächtigen Festsälen – große Gartenhalle mit 2000 Sitzplätzen – Gastwirtschaft ersten Ranges mit Café und eigener Konditorei – Konzerte erster einheimischer und fremder Kapellen – an Sonn- und Feiertagen 13–15 Uhr Tafelmusik – Straßenbahnverbindungen in alle Richtungen – Eingänge an ▷ S. 266

Mein Tipp

Mehr als nur ein Scherbenhaufen

Der »Monte Scherbellino«, wie die Leipziger den Fockeberg, eine künstliche Erhebung aus Hausmüll im südlichen Auwald, liebevoll nennen, ist einer der schönsten ›natürlichen‹ Aussichtspunkte der Stadt. Von hier hat man einen fantastischen Blick auf die Seen im Süden, die Türme der Taborkirche im Westen, das Völkerschlachtdenkmal im Osten und das Stadtzentrum im Norden.

Einmal im Jahr, meist im Juni, wird hier in verschiedenen Kategorien um den »Prix de Tacot« gekämpft. Ein buntes Völkchen reist an, um beim Seifenkistenrennen zuzusehen und bei der halsbrecherischen Abfahrt in beinahe fliegenden Kisten gesehen zu werden.

Auf Entdeckungstour

Im ›Dschungel‹ des südlichen Auwaldes

Man steigt aus dem Wagen und steht plötzlich im Wald. Die Illusion der reinsten Natur ist absolut perfekt, obwohl man natürlich weiß, dass man sich mitten in der Großstadt befindet. Nach ein paar Schritten nur wähnt man sich fast im Urwald.

Für wen: Passionierte Spaziergänger, Naturfreunde und Hundebesitzer

Zeit: etwa 1–2 Std.

Start: Mit dem Pkw parkt man am Waldrand am Westende der Richard-Lehmann-Straße, Bus 60 Rennbahn.

Auf den ersten Blick ist alles ganz normal. Ein Wald ist eben ein Wald. Und doch wird bald klar, dass es sich hier um einen besonders feuchten und besonders dickichtreichen Wald mit einer außergewöhnlich starken Bodenvegetation handelt – einen Auwald. Der Leipziger Auwald besteht als Ganzes mosaikartig aus einer Vielfalt verschiedener Einzelstrukturen. Saftige Wiesen, dichte Wälder und sumpfige Auen, bewegte Flussläufe und stehende Altwasserarme machen ihn zu einem außergewöhnlichen Biotop.

Ein Urwald mitten in der Stadt

Wer mit dem Bus kommt, steigt am Schleußiger Weg aus und wendet sich nach Überquerung der Straße, nach dem **Botanischen Lehrgarten** 3 und der Brücke nach links und folgt dem blauen Wegweiser »Arthur-Hoffmann-Straße, 1,0 km«. Auf einem Damm geht es zwischen der Pleiße und dem sich hinter einigen Kleingärten erhebenden **Fockeberg** auf der einen und dem Auwald auf der anderen Seite bis zu einem kleinen Teilungswehr. Es trennt einen Teil der Pleiße ab und führt ihn im Bogen – teilweise unterirdisch – bis zur Innenstadt. Etwa auf gleicher Höhe führt rechter Hand ein Damm direkt in den Wald hinein. Er schützt den nördlichen Abschnitt zu bestimmten Zeiten vor Hochwasser.

Wer mit dem Auto gekommen ist und am Ende der Richard-Lehmann-Straße geparkt hat, der folgt dem Wegweiser »Schleußiger Weg, 1,0 km« durch den Wald bis hinter den Probsteisteig.

An der Brücke ›Probsteisteig‹ treffen beide Strecken (Auto- und Busfahrer) nun aufeinander, und es geht weiter den gelben Schildern in Richtung ›Linie‹ nach. Bevor man zum schnurgerade verlaufenden Weg der Linie selbst

kommt, folgt man jedoch den Wegweisern nach links in Richtung **Weiße Brücke** (1,2 km), **Wildpark** 4 (1,5 km) und **Forsthaus Raschwitz** 6 (3,5 km). Sowohl im Wildpark als auch im Forsthaus gibt es die Möglichkeit einzukehren und danach den Rückweg wahlweise entweder wieder zu Fuß oder aber mit öffentlichen Verkehrsmitteln (LVB 9 Wildpark bzw. Forsthaus Raschwitz) anzutreten.

Wasser als Lebenselixier

Die natürlichen, saisonal bedingten Überflutungen des Auwaldes, die zu einem Auwald als solchem gehören, sind durch die Flussbegradigungen und die bereits Mitte des 19. Jh. erfolgten Maßnahmen zum Hochwasserschutz der Stadt weitestgehend verschwunden. Seit einigen Jahren ist man jedoch dazu übergegangen, das Terrain des Auwalds vor allem in den Waldbereichen ein- bis zweimal im Jahr künstlich zu fluten und sogar Teile des Waldes für die Passage zu sperren. So kann man entlang des Weges im südlichen Auwald besonders im Frühjahr immer wieder Bereiche erleben, die großflächig unter Wasser stehen, was wiederum die besondere Flora und Fauna des Auwalds befördert.

Eigene Flora und Fauna

Vom Aussterben bedrohte Tier- und Pflanzenarten, die es nur (noch) an diesem Standort gibt, wie etwa Rotbauchunke, Kammmolch, Rotmilan, Eisvogel und verschiedene Spechtarten, lassen sich mit einigem Glück vor allem an den Wasserläufen beobachten. Im Bereich der Pflanzen beeindruckt der Wald vor allem, wenn sich im Frühjahr ein farbenprächtiger Teppich aus früh blühender Bodenflora mit Märzenbecher, Bärlauch und Aronstab ausbreitet.

der Plagwitzer und Frankfurter Straße.« Bei diesem breit gefächerten Angebot konnte auf die Dauer niemand widerstehen …

Die wunderbaren Anlagen des Palmengartens fielen in den späten 30er-Jahren leider zum größten Teil der nationalsozialistischen Aufräumwut zum Opfer. Auf Veranlassung von Adolf Hitler wurde das Gesellschaftshaus nebst allen Gewächshäusern beseitigt, denn an dieser Stelle sollte auf Wunsch des Führers eine gigantische Gutenberg-Gedächtnishalle in der »deutschen Buchstadt« entstehen. Doch aus diesem Projekt wurde dann aufgrund des Zweitens Weltkriegs und der damit einhergehenden ›anderen Sorgen‹ nichts mehr. Nach dem Krieg wurden die Parkanlagen wiedererrichtet und so gut es ging instand gehalten. Den Charme der früheren Anlagen hat man allerdings nie mehr erreicht.

Palmengartenwehr 10
Das Palmengartenwehr wurde ebenso wie das Elsterflutbecken davor und das Elsterflutbett dahinter zum Hochwasserschutz in Leipzig errichtet. Von 1913 bis 1917 wurde es als kombiniertes Walzen- und Schützenwehr nach Plänen und unter der Leitung von Georg Wünschmann erbaut.

Albertpark
s. S. 169

Durch den südlichen Auwald

Auf Höhe der Pferderennbahn beginnt auch in etwa das Gebiet des Südlichen Auwalds. Es wird durchzogen von Pleiße und Weißer Elster, die hier auch am Leipziger Eck neben der Pferderennbahn zusammenfließen. Zu ihm

zählen das **Küchenholz**, das **Connewitzer Holz**, die **Nonne**, die **Lauer** und der **Zschochersche Winkel**. Auch die beiden ausgewiesenen Naturschutzgebiete **Elster-Pleiße-Auwald** und **Lauer Lehmlachen** gehören zum Südlichen Auwald. Im Gegensatz zum nördlichen Abschnitt wird er nicht mehr durch Weichholzbaumbestand vorwiegend mit Weiden, Linden, Pappeln und Erlen dominiert, sondern wartet mit einem abwechslungsreichen Hartholzbewuchs aus Eiche, Esche und Ahorn auf. Besonders schön ist die Zeit der

Idylle im Auwald

Märzenbecherblüte und wenn kurz darauf im Jahreslauf der Bärlauch seine Knospen öffnet, dann atmet die Stadt vor allem in der Nähe des Waldes und am Abend seinen schweren Knoblauchduft.

Der Floßgraben, der in früheren Zeiten dem Anflößen des Nutzholzes für Leipzig diente, soll saniert werden, um die Leipziger Fließgewässer mit den großen Seen im Süden der Stadt zu verbinden. Mit seinen Totarmen von Flussläufen, den regulierten periodischen Flutungen und einer sehr behut-

samen Forstwirtschaft präsentiert sich der südliche Abschnitt besonders urwüchsig und auwaldgemäß feucht. Mitunter hat der Auwald in diesem Bereich fast den Charakter eines Urwalds.

Botanischer Lehrgarten 3

Schleußiger Weg 3, www.schulbiolo giezentrum-leipzig.de, Mo–Do Okt.– April 8–16 und Mai–Sept. 8–17, Fr/Sa 8–12 Uhr

Gleich südlich des Schleußiger Wegs wartet der Botanische Lehrgarten auf wissbegierige Besucher. Seit 1991 ge-

Der Auwald

hört dieser seit mehr als 100 Jahren pädagogisch genutzte Garten zum Schulbiologiezentrum Leipzig, einer Vereinigung von bis dahin selbstständigen Einrichtungen der Umweltbildung wie der Botanikschule im Botanischen Garten der Universität Leipzig, der Zooschule im Zoologischen Garten und der Freiluftschule in Stötteritz. Der botanische Lehrgarten bietet Veranstaltungen für Schulklassen im Rahmen des Heimatkundeunterrichts von Klasse 1 bis 4 sowie öffentliche Angebote für Kinder und Familien. Man kann das etwa 2,5 ha große Gelände auch so kostenfrei besuchen und sich an der hier gezähmten und erläuterten Natur erfreuen.

Taborkirche 11

*Windorfer Str. 45a, www.taborkir
che.de*

Ein wenig westlich der Nordsüdroute durch den Auwald liegt die 1904 dem Berg Tabor, dem Ort der Verklärung Christi, geweihte eindrucksvolle neoromanische Kirche der Gemeinde Kleinzschocher. Die Doppelturmfassade des Südportals ist weithin sichtbar, da die beiden Türme je 50 m hoch

Mein Tipp

Nicht nur für Italienfans

Direkt neben dem Hauptportal der Kirche liegt der Eingang zu einer der zauberhaftesten italienischen Enklaven Leipzigs. Besonders mit dem Ambiente seines überdachten Innenhofs lässt das Restaurant Don Giovanni Urlaubsgefühle aufkommen.
Don Giovanni 4 : Schwartzestr. 1–3, www.don-giovanni-leipzig.de, tgl. 11–23 Uhr, Hauptgerichte ab ca. 12 €.

sind und die Taborkirche auf einer leichten Anhöhe steht.

Wildpark 4

*Koburger Str. 12a, www.wildparkver
ein-leipzig.de, tgl. 9–18, Mai–Sept. 9–
20 Uhr*

Auf einem Gelände von 42 ha im Connewitzer Holz gelegen, ist der Wildpark vor allem ein beliebtes Ausflugsziel für Familien. Zum einen sicher wegen seines pädagogischen Anspruchs, denn hier werden vor allem heimische Wildtierarten in möglichst naturnahen Gehegen zur kennenlernenden Beobachtung gehalten – zum anderen aber wohl auch wegen des freien Eintritts und der verschieden gestalteten Spielplatzbereiche, die den Aufenthalt angenehm aufheitern. Neben Muffel-, Reh- und Damwild sind Fischotter, Luchs und Rotfuchs sowie einige Greifvogel- und Eulenarten zu erleben. Ein großes Gehege für Elche, Wisente und Schwarzwild erfreut sich besonderer Beliebtheit. Insgesamt leben hier 250 Tiere aus 36 Arten. Für das leibliche Wohl sorgt neben dem Teehaus vor allem die **Wildparkgaststätte** 5 am Hakenteich.

Forsthaus Raschwitz 6

*Koburger Str. 33, www.forsthaus-
raschwitz.de, Mo–Sa 11.30–23.30, So
10–22 Uhr (im Winter So bis 17 Uhr)*

Das an einer belebten Ausfallstraße Leipzigs gelegene Forsthaus Raschwitz erfreut sich seit seiner Wiedereröffnung 1997 großer Beliebtheit bei allen Altersstufen. Bereits Ende des 19. Jh. war das im Jahr 1898 durch den damaligen Gastwirt Röderich Gempe an der sogenannten Gautzscher Spitze errichtete prachtvolle historistische Gebäude im Stil eines rustikalen Forsthauses ein beliebtes Ausflugsziel der Leipziger sowohl am Tage als auch bei Nacht. Vor allem der Freisitz ist im

Sommer ein beliebter Halte- und Einkehrpunkt für Radler auf dem Weg zur frisch entstandenen Seenplatte im Süden der Stadt.

Leipziger Neuseenland

Über den Equipagenweg gelangt man entweder vorbei am Wolfssee – auch ›Waldbad Lauer‹ genannt – oder durch den Kees'schen Park zum Nordufer des **Cospudener Sees** **12** – man sagt gern einfach ›Cossi‹. Als Bestandteil der EXPO 2000 wurde hier unter dem Motto Renaturierung nicht nur ein alter Tagebau an der Stelle des vormaligen Ortes Cospuden geflutet und begrünt, zeitgleich wurde eine ausgeklügelte Infrastruktur geschaffen, die den See sowohl für den Naturschutz als auch für das Naherholungsbedürfnis der Leipziger optimal ausstattete. So finden sich vor allem im Norden und Westen des Sees Biotop- und Naturschutzzonen wie beispielsweise die Lauerschen Lehmlachen oder das Sikahirsch- und Bisongehege.

Es gibt hier auch pädagogische Angebote wie den **Tertiärwald** mit Pflanzengesellschaften aus der Entstehungszeit der Braunkohle an der zum See hinführenden ›Erlebnisachse‹ sowie die Ausstellung im Eingangsgebäude am nördlichen Parkplatz zu Bergbaugeschichte und Landschaftswandel im Leipziger Südraum.

Das Ostufer des ›Cossi‹ ist der Unterhaltung und dem Sport vorbehalten. So finden sich hier am südlichen Zipfel für das leibliche Wohlergehen eine Saunalandschaft mit Zugang zum See, eine Konditorei, ein Restaurant und ein Imbiss. Für die sportliche Ertüchtigung stehen eine Tauchschule, eine Marina, ein Surf- und Kite-Surf-Club sowie ein Neun-Loch-Golfplatz zur Verfügung. Ein vollständig asphaltierter, etwa 12 km langer Rundweg um den See wird nicht nur von Radfah-

Mein Tipp

Absolut Indie

Das Conne Island ist ein selbst verwaltetes Jugend-Kulturzentrum in Leipzig-Connewitz mit einer interessanten Geschichte. In den späten 1980er-Jahren fanden hier – im damals noch ›Eiskeller‹ genannten Gebäude – regelmäßig Veranstaltungen vor allem der musikalischen Untergrundszene statt. Heute ist das Conne Island nicht nur ein Veranstaltungsort für heftige und laute Musik, sondern hier wird auch ein Café betrieben. Das Freigelände wird für Basketball, Fußball, Tischtennis, Volleyball u. Ä. genutzt. Außerdem gibt es hier den größten Outdoor-Skatepark in Ostdeutschland sowie zwei zusätzliche Ramps im Indoor-Bereich. **Conne Island** **2**: Koburger Str. 3, Tel. 0341 301 30 38, www.conne-island.de, LVB 9 Koburger Brücke, Di–Sa 16–3, So 14–3 Uhr.

rern, sondern vor allem von Skatern intensiv genutzt.

Essen & Trinken

Waldimbiss – **Domholzschänke** **1**: Schkeuditz, Domholz 1, Tel. 034205 410 61, www.domholzschaenke.de, Di–Fr ab 11, Sa, So ab 10 Uhr. Neben dem Forsthaus Raschwitz gilt die Domholzschänke als *die* (Fahrrad-)Ausflugsgaststätte der Stadt. Man kann zwischen spartanischem Imbiss und deftiger Wildküche wählen. Gerichte entsprechend ab 3 € (Bockwurst und Brötchen) und 10–15 € (Hirschbraten etc.).

Spanisch – **El Matador** 2 : Friedrich-Ebert-Str. 108, Tel. 0341 980 08 76, Mo–Sa 17.30–24 Uhr, Hauptgerichte ab 9 €. Spanisch-mexikanische Grundnahrung: Tapas, Paella, spanische Weine. Nicht ganz authentisches Stierkampfambiente.

Entspannt – **Schreber's** 3 : Aachener Str. 7, Tel. 0341 961 13 24, www.schrebers.com, LVB 3, 7, 8, 15 Waldplatz, Mo–Fr ab 15, Sa, So ab 11, Okt.–April Mi–Sa ab 17, So ab 11 Uhr, Hauptgerichte um 10 €. Bei Sonne stilecht im Kleingartenambiente, bei rauem Wetter in der urigen Gaststube des Fachwerkhaus. Sehr entspannte Atmosphäre und rustikal deftige Küche.

Wie in Bella Italia – **Don Giovanni** 4 : Schwartzestr. 1–3, S. 268.

Urlaubsstimmung – **Wildparkgaststätte** 5 : Markkleeberg, Koburger Str. 12, Tel. 0341 391 33 34, www.wildparkgaststaette.de, LVB 9 Wildpark, Di–Fr 12–20, Sa 11–22, So 11–20 Uhr, Hauptgerichte 8–18 €. Wer – auch ohne Bären im Wildpark – Bärenhunger hat, kehrt hier ein und wird gutbürgerlich mit leckeren Wildspezialitäten bewirtet.

Fröhlich – **Forsthaus Raschwitz** 6 : Markkleeberg, Koburger Str. 33, Tel. 0341 358 84 15, www.forsthaus-raschwitz.de, LVB 9 Forsthaus Raschwitz, Mo–Sa 11–23.30, So 10–22 (Sommer) und 10–17 Uhr (Winter). Hauptgerichte 9-14 €. Gutbürgerliche Küche inklusive Sauerbraten und Rinderroulade, aber auch Duett von Edelfischen und Pangasiusröllchen. S. 268

Aktiv & Kreativ

Den Auwald kennenlernen – **Auwaldstation** 3 : s. S. 258. Hier wird der Auwald mit seiner ganz spezifischen Flora

Abendstimmung am Cospudener See

und Fauna anschaulich durch Ausstellungen und Exkursionsangebote erklärt. Es wird aber auch traditionelles Handwerk vorgeführt und in Kursen vermittelt.

Um den See herum – **Parkeisenbahn am Auensee** 1 : Gustav-Esche-Str. 8, Tel. 0341 461 11 51, www.parkeisenbahn-auensee-leipzig.de, LVB 10, 11 Wahren, April–Okt. Mo–Sa 14–18, So 10–13, 14–18 Uhr, in den sächsischen Ferien Sonderfahrzeiten. Dank Liebhabereinsatz des Vereins Parkeisenbahn Auensee e. V. ist dieses Freizeitvergnügen am Auensee heute immer noch für Groß und Klein nutzbar. S. 259

Klein einlochen – **Minigolf-Anlage** 2 : An der Anton-Bruckner-Allee 1, Karfreitag–Ende Oktober Mo–Fr 14–20, Sa 13–20, So 10–20 Uhr (während der Schulferien in Sachsen Mo–Sa bereits ab 11 Uhr). Vor allem mit Kindern macht ein Besuch in dieser noch überschaubaren und nach Schwierigkeitsgraden gestaffelten Anlage jede Menge Spaß.

Gezähmte Flora – **Botanischer Lehrgarten** 3 : s. S. 267.

Gebändigte Fauna – **Wildpark** 4 : Koburger Str. 12a, www.wildparkverein-leipzig.de, LVB 9 Wildpark, tgl. 9–18, Mai–Sept. 9–20 Uhr. Hier kann man auf einem großen Areal vorwiegend heimische Tierarten wie Wildschwein, Muffel, Fischotter in ihrem natürlichen Umfeld beobachten. S. 268

Abends & Nachts

Laut – **Haus Auensee** 1 : Gustav-Esche-Str. 4, Tel. 0341 48 40 00, www.haus-auensee-leipzig.de, LVB 10, 11 Wahren, 80 Auensee. Geöffnet nur zu Veranstaltungen. Veranstaltungshinweise über die Website bzw. aktuelle Printmedien. S. 259

Ungezähmt – **Conne Island** 2 : s. S. 41.

Ausflüge in die Umgebung

Highlight!

Altenburg mit Skat- und Lindenau-Museum: Altenburg ist die Hauptstadt des Skatspiels. Hier findet sich nicht nur ein Skatbrunnen, auf dem sich die vier Buben tummeln, sondern auch *das* Skat-Museum Deutschlands. Darüber hinaus lockt die thüringische Kreisstadt mit der größten Sammlung italienischer Tafelmalerei nördlich der Alpen und einem wunderbar intakten historischen Stadtkern. S. 279

Kultur & Sehenswertes

Burg Düben: Das Museum informiert mit einer ständigen Ausstellung über die nordsächsische Landschaft, die Entstehung und Entwicklung der Dübener Heide und den Waldreichtum der Heide. S. 281

Marktplatz Grimma: Im Jahr 2002 war die Stadt in aller Munde – allerdings nicht wegen ihrer zu Renaissancezeiten entstandenen Schönheit, sondern wegen deren Zerstörung durch das ›Jahrhunderthochwasser‹ der Mulde. Ein Ausflug hierher zeigt das Neuerstrahlen nach der Katastrophe. S. 283

Aktiv & Kreativ

Rundwanderweg Halde Trages: Eine Wanderung über die alte Halde erschließt die spezielle Flora der Renaturierung. S. 275

Genießen & Atmosphäre

Landschaftspark Machern: Wer keine Zeit hat, bis in den von Fürst Pückler angelegten Muskauer Park oder ins Wörlitzer Gartenreich zu fahren, der bekommt hier einen kleinen, aber sehr feinen Vorgeschmack. S. 283

Restaurant zur Schiffsmühle: Etwas außerhalb von Grimma genießt man in einer historischen Mühle sächsische Gastlichkeit. S. 283

Braunkohle, Seen und historische Städtchen

Als Zentrum Westsachsens liegt Leipzig inmitten einer reizvollen Kulturlandschaft. In ein bis zwei Stunden sind im Westen Weimar, Erfurt, Naumburg, Halle und Weißenfels zu erreichen, im Osten Meißen, Dresden, die Sächsische Schweiz und die Lausitz. Die hier genannten Ziele suchen die Leipziger gerne selbst auf, wenn sie ein paar Stunden Zeit haben.

Der Südraum

Mit der Entdeckung ihrer industriellen Nutzungsmöglichkeiten wurde die Braunkohle zum Energielieferanten und Landschaftsumgestalter Nummer eins im Süden von Leipzig. In den gut 100 Jahren Braunkohleförderung verschwanden mehr als 70 Dörfer unter den Baggerschaufeln, 24 000 Menschen wurden umgesiedelt, 3,3 Mrd. t

Kohle gefördert und 10 Mrd. m^3 Abraum bewegt. Zweimal in der deutschen Geschichte litten Menschen und Land massiv unter der Energiegewinnung: zuerst in der auf Autarkie bedachten Kriegswirtschaft der NS-Zeit, als die Braunkohle vor allem für die Herstellung von Kraftstoff benötigt wurde, und dann zu Zeiten der DDR, als Braunkohle einer der wenigen heimischen Energieträger war. Allein in 1989 fielen im Bezirk Leipzig 225 309 t Staub, 935 903 t Schwefeldioxid und 80 t Schwermetall vom Himmel.

Auch wenn mit der Schließung der großen Braunkohleraffinerien in Böhlen und Espenhain die Luftverseuchung stark abgenommen hat, wird die Region noch lange mit den Folgen des Braunkohleabbaus zu tun haben. Inzwischen hat die Umgestaltung des ›Südraums Leipzig‹ begonnen. Nach und nach werden die bis zu 60 m tiefen Tagebaurestlöcher geflutet – ein von Menschen geschaffenes Seengebiet (www.leipzigseen.de) mit vielfältigen Freizeitangeboten entsteht.

Die **Straße der Braunkohle** (www.braunkohlenstrasse.de) verbindet als touristische und lokalhistorische Attraktion den Südraum mit den Tagebaulandschaften nordwestlich und nördlich von Leipzig. Das Paradebeispiel ist der Cospudener See (S. 269).

Markkleeberger und Störmthaler See

Vom Aussichtspunkt hinter dem Ort **Störmthal** (▶ Karte 5, E/F 4) übersieht man Tagebaugeschichte. Im Vordergrund läuft der zukünftige **Störmthaler See** voll. Nördlich kann man den **Markkleeberger See** schon vollgelau-

Leipzigs Riviera – der Markkleeberger See

fen glitzern sehen; dort gibt es ein Naturschutzgebiet, einen Strand mit Pro-
menade sowie eine Wildwasseranlage
für Kanuten (www.kanupark-mark
kleeberg.com). Weiter im Süden, hinter den Schloten von Espenhain, erhebt sich die Abraumkippe von 1937.

Nur der Boden, der entfernt werden
muss, um an das erste Flöz zu kommen,
wird zur Kippe aufgeschichtet. Der Abraum, der später entsteht, wird über
Förderbrücken und Absetzer nur noch
in das durch den vorausgegangenen
Abbau entstandene Loch verlegt. So
sind die im Restloch zu sehenden rip-
penartigen Schutthalden entstanden.

Im Westen erhebt sich als 75 m hoher
Damm die Trasse der Autobahn A 38,
die Leipzig südlich umgeht.

Dörfer im Süden Leipzigs

Dreiskau-Muckern und Mölbis sind ge-
rettete Orte. In **Dreiskau-Muckern** (▶
Karte 5 E 5) bewohnten 1993 nur noch
30 Menschen ihre bereits enteigneten
Häuser, als neue Abraumpläne den Abriss des Dorfes überflüssig machten.
Weiter südlich war **Mölbis** im Schatten
der 230 m hohen **Halde Trages** einst
der schmutzigste Ort der DDR. Ein
etwa zwei bis drei Stunden in Anspruch nehmender Rundwanderweg

erschließt die vor über 60 Jahren aus Aufschlussmassen entstandene Halde von Mölbis aus. Informationstafeln vermitteln Wissenswertes zu Flora, Fauna und Geschichte.

Heute verwandeln sich all diese verlorenen Orte in Ausgangspunkte für Bade- und Wanderfreuden. Das **Werk Espenhain** allein stieß 7 % aller Schwefeldioxidemissionen der DDR aus. Die an der B 2/95 gelegenen Werksanlagen wurden teils abgerissen, teils als denkmalgeschützte Industriebauten neuen Nutzungen zugeführt. Campus Espenhain will die ökologische und chemotechnische angewandte Forschung der Region bündeln.

Wer etwas Zeit mitbringt, sollte von den Orten Trages oder Mölbis aus zu Fuß auf die **Hochhalde Trages** steigen: In dem geschützten Gebiet haben sich seltene Pflanzen angesiedelt, ein beschilderter Rundweg führt zu Industriedenkmälern und fantastischen Blicken über den Südraum.

Heuersdorf ▶ Karte 5, südlich E 5
Die letzte Siedlung, die in Westsachsen der Braunkohle geopfert wurde, war Heuersdorf. Trotz millionenschwerer Entschädigungs- und Umsiedlungsangebote weigerten sich die Bewohner lange, das über 700 Jahre alte schmucke Straßendorf zu verlassen. Doch dem konzentrierten juristischen, ökonomischen und gesellschaftlichen Druck von Landesregierung, Regionalplanung und Energiewirtschaft sind inzwischen (seit Sommer 2009) alle der 1990 noch 347 Bewohner gewichen. Im Jahr 2007 war bereits die kulturhistorisch bedeutende Emmauskirche spektakulär nach Borna versetzt worden.

Wer den Ort, eine Insel altbäuerlicher Wohlhabenheit im umliegenden Meer der Vernichtung, besuchte, begann zu zweifeln, ob die Zerstörung

dieses Kleinods notwendig sein sollte. Widerstand macht auch touristisch unbeliebt: Heuersdorf gehörte nicht zur ›Straße der Braunkohle‹.

Heuersdorf lag auf einem Flöz mit besonders hochwertiger Kohle. Auf ihren Abbau ist das neue Kraftwerk Lippendorf festgelegt, wenn es ökonomisch und ökologisch optimale Ergebnisse einfahren will. Das seinerzeit modernste, größte und effizienteste Braunkohlekraftwerk der Welt (rund 2,5 Mrd. € Investitionssumme) wird sich nach den Aussagen des Betreibers VEAG nur dann rentieren, wenn es gelingt, die erzeugten 2 x 930 Megawatt Strom kontinuierlich bis zum Jahr 2040 zu produzieren und nach Sachsen, Süddeutschland und anderswohin zu verkaufen. Der Kraftwerksneubau führt zu der paradoxen Situation, dass Tagebaue mit minderwertiger Kohle stillgelegt und der Landschaft neue Wunden zugefügt werden. Unter den 175 m hohen Kühltürmen kann man sich im Besucherzentrum von den technischen und ökologischen Qualitäten des Kraftwerks überzeugen.

Vom **Aussichtspunkt Zwenkau** an der B 186 blickt man über die sich langsam füllenden Restlöcher auf das Gebiet, in dem einst die Völkerschlacht tobte und demnächst der Freizeitspaß regieren wird.

Belantis ▶ Karte 5, D 4
Zur Weißen Mark 1, 04249 Leipzig, Tel. 01378 40 30 30, www.belantis.de, Ostern–Okt. tgl. 10–18 Uhr, Achtung, an einigen Tagen bleibt der Park aufgrund von Sonderveranstaltungen für die Öffentlichkeit geschl. Bitte unbedingt vorab im Web oder per Telefon informieren! Kinder bis 1 m Körpergröße haben freien Ein-

Umzug der Kirche von Heuersdorf

Nervenkitzel mit Aussicht im Fun-Park Belantis

tritt, bis 1,45 m 23,90 €, über 1,45 m 25,90 € (im Vorverkauf ca. 2 € pro Karte günstiger)

Nördlich des Tagebaulochs Zwenkau liegt Belantis, der Vergnügungspark Leipzigs. Zu Fuß, mit Booten und in der Achterbahn Huracan (mit u. a. 32 Meter ›freiem Fall‹) kann die ganze Familie in wenigen Stunden neben dem Schloss Belantis das Tal der Pharaonen, die Insel der Ritter, die Prärie der Indianer, die Küste der Entdecker, das Land der Grafen und den Strand der Götter bereisen. All diese Namen stehen für einzelne Bereiche in diesem Tummelplatz, die mit vielfältigen Angeboten zum Buddeln, Spielen, Fahren und Einkehren einladen.

So kann man im Tal der Pharaonen an einer ›Fluch der Pharaonen‹ ge-nannten Bootsfahrt durch eine Pyramide teilnehmen, die sich unversehens in ein Wildwasserabenteuer verwandelt. Es gibt hier die Möglichkeit, mit kleinen Rennwagen auf einen ›Wüstenritt‹ zu gehen – für Kinder gibt es dieses Vergnügen unter dem Titel ›Wüstenrallye‹. Ein Sandspielplatz und ein Kinderbagger laden besonders die kleineren Besucher ein. Die ›Foto Morgana‹ entpuppt sich als Foto- und Souvenirgeschäft, und die ›Snackoase‹ sorgt für das leibliche Wohl.

Kulkwitzer See ▶ Karte 5, C 4

Auch der **Kulkwitzer See** ist ein einstiges Tagebaurestloch, das jedoch bereits 1963 in ein Badeparadies mit Restaurant in einem ›trockengelegten‹ früheren Ausflugsschiff und einem direkt am Wasser gelegenen Camping-platz verwandelt worden ist. Besonders beliebt ist der Kulkwitzer See bei den Tauchern der Region, denen er aufgrund seiner Flora und Fauna als eines der schönsten Tauchgewässer in Mitteldeutschland gilt. Allerdings ist der Einstieg nur an zwei Stellen nach Anmeldung erlaubt. Am einfachsten wendet man sich an die Tauchbasis vor Ort (Tauchbasis Delphin, Tel. 0341 480 38 26, www.tauchsport-leipzig.de, Sa, So, Fei 10–18 Uhr).

Altenburg!und Kohrener Land

▶ Karte 4, B 4

Altenburg befindet sich etwa 47 km südlich von Leipzig. Mit dem Auto sollten Sie eine knappe Stunde Fahrtzeit einplanen: Sie folgen zunächst der B 2 bis Zwenkau, dann der B 95 bis Borna und dann der B 93 bis Altenburg. Mit der Bahn ab Hauptbahnhof benötigen Sie zwischen 40 (Regionalexpress) und 52 (Regionalbahn) Minuten.

Als Hauptstadt des Skatspiels ist **Altenburg** weltbekannt. Die Ex-Residenzstadt eines 1603–1919 mehr oder minder selbstständigen Sächsisch-Altenburger Duodez-Herzogtums gilt als der Ort, an dem eine Gruppe spielsüchtiger Bürger – unter ihnen der Verleger Friedrich Arnold Brockhaus – zu Beginn des 19. Jh. aus Elementen des erzgebirgischen Schafskopf, des süddeutschen Solo und des spanischen Hombre die Regeln des Skatspiels zusammentüftelte.

Mit diesem Pfund wuchert Altenburg allerorten: Im Bahnhof grüßt ›Grün Wenzel‹ den Reisenden, am Brühl raufen sich vier Wenzel (Buben) am Skatbrunnen, und die örtlichen

Gastronomiebetriebe bieten ›Skatgerichte der Saison‹ an.

Schloss- und Spielkartenmuseum Altenburg

Schloss 2–4, Tel. 03447 51 27 12, Internet über die Altenburgseite www. altenburg.eu (unter Tourismus), Di–So 9.30–17 Uhr, Eintritt 3,50/2,50 €

In der Burg hat das Schloss- und Spielkartenmuseum Altenburg einen Flügel belegt. Das Museum gibt Einblick in eine Welt der Zerstreuung, die den Fernseher als Gemeinschaftsstifter noch nicht kannte. Als im 14. Jh. wohl aus Persien erstmals Spielkarten nach Italien kamen, witterte die Kirche gleich einen Anschlag auf ihr Bilder- und Gesellgkeitsmonopol: Die Geschichte der Verbreitung des Kartenspiels ist die seiner Verbote. Für die Abende am Kamin benutzte man handgemalte Karten aus Leder und Pergament, auf denen jede Figur ein Familienporträt war, andere zeigten Lehrstücke über Festungsbau oder Pflanzenkunde. Auch Liebesszenen und Schlägereien waren abgebildet – davon ist aus Jugendschutzgründen wenig zu sehen. Eine Urkunde dokumentiert den Weltrekord des Altenburger Muskelmanns Schindler, der 1934 100 Skatkarten auf einmal zerriss.

Rund 800 Jahre deutsche Burgtradition sind auf dem weiträumigen Gelände versammelt: von der ›Flasche‹, einem Turm aus dem 11. Jh., als Altenburg auch als Kaiserpfalz diente, bis zum Ritter- und Germanen-Kitsch des beginnenden 20. Jh., der als Deckengemälde den ›Kirchensaal‹ schmückt, durch den man bei einer Schlossführung auch in die schöne gotisch-barocke Kirche aus dem 15. Jh. gelangt.

Dem ›Prinzenraub‹ ist ein eigenes Gemach gewidmet. 1455 erkletterte Raubritter Kunz von Kauffungen die Altenburg und kidnappte die sächsischen Erbprinzen Albrecht und Ernst. Doch das durch Glockenläuten mobilisierte Volk jagte die Verbrecher erbarmungslos. Entnervt gaben die Entführer die Prinzen zurück und wurden gehenkt. Sachsen, das damals noch große Teile Thüringens (und Altenburg) umfasste, wurde 1485 in ein ernestinisches und ein albertinisches Gebiet geteilt, als die Prinzen sich nicht über das Erbrecht einig wurden. Die Strickleiter, die Hemden der Prinzen, ein Gemälde des Raubs – alles ist noch da.

Lindenau-Museum Altenburg

Gabelentzstr. 5, Tel. 03447 895 53, www.lindenau-museum.de, Di–Fr 12–18, Sa, So und Fei 10–18 Uhr, Eintritt 4/2 €

Vom Burgberg steigt man durch den Schlosspark hinab zum Lindenau-Museum. Internationalen Ruf hat das sehr schön gelegene Museum dank seiner erstklassigen Sammlung italienischer Tafelmalerei aus dem 13.–16. Jh., die der Stifter Bernhard von Lindenau zusammengetragen hat. Dem Geist der Goethezeit entsprechend – Lindenau lebte 1779–1854 – sammelte er auch Gipsabgüsse antiker Plastiken. Beachtlich ist die Sammlung mit Malerei des 20. Jh., darunter Arbeiten des ortsstämmigen Gerhard Altenbourg sowie der Expressionisten Conrad Felixmüller und Walter Jacob.

In einem zweistündigen Rundgang kann man sich weitere Schönheiten der Stadt erwandern: die Roten Spit-

Altstadt und Ringelnatz-Brunnen in Wurzen

zen, die Backsteintürme des von Friedrich I. Barbarossa 1172 gegründeten Augustiner-Stifts (sie seinem Bart ähneln sollen), das Renaissance-Rathaus und das wunderbare Ensemble des Marktes mit zahlreichen Einkehrmöglichkeiten wie zum Beispiel im Traditionslokal **Ratskeller** (s. u.).

Kohrener Land
Reizvoll zwischen Hügeln und Schroffen aus Porphyr liegt das Kohrener Land. **Gnandstein** ist eine Burg wie aus dem Bilderbuch, der romanische Rittersaal bleib erhalten. **Kohren-Sahlis** ist Ausgangspunkt für Wanderungen in einer romantischen Gegend und als Töpferstadt bekannt, daran erinnert der Töpferbrunnen auf dem Markt.

Essen & Trinken

Traditionslokal – **Ratskeller:** Altenburg, Markt 1, Tel. 03447 31 12 26, www.ratskeller-altenburg.de, Mo–Sa ab 10, So ab 11 Uhr, Hauptgerichte ab 8 €. Unter schönen, original erhaltenen Renaissancegewölben speist man gute Thüringer Küche.

Wurzen ▶ Karte 4, C 2

30 Min., S-Bahn
Noch heute betört Wurzen durch die mittelalterlichen Straßen rund um die beiden Hauptkirchen. Der gotische Dom St. Marien beeindruckt durch seine schlichte, klare Gestalt und die ganz merkwürdig dazu passende spätexpressionistische Ausgestaltung durch den Dresdner Bildhauer Georg Wrba aus den 1930ern. Im Nordturm wurden unter dem Putz spätgotische Secco-Malereien entdeckt, die der engagierte Pfarrer gerne seinen Besuchern zeigt.

Ganz unpolizeilich war das dichterische Wirken des in Wurzen geborenen Joachim Ringelnatz (1883–1934). Im **Kulturgeschichtlichen Museum** (Domgasse 2, www.ringelnatz-verein.de) gibt eine Ausstellung Auskunft über das Wirken des satirischen Melancholikers, Kabarettisten und Malers.

Bad Düben ▶ Karte 4, B 1

30 Min. Fahrt, DB über Eilenburg
Nordwestlich von Leipzig liegt Bad Düben, Ausgangspunkt für Ausflüge in die Dübener Heide. Im Garten von **Burg Düben** mit dem **Landschaftsmuseum der Dübener Heide** (www.museumburgdueben.de, Di–Do 9.30–16, Fr 9.30–12, Sa 13–17, So 10–17 Uhr,

Die Mulde bei Grimma

Nov.–Febr. nur bis 16 Uhr), steht die letzte funktionstüchtige Schiffsmühle, die bis Anfang der 1950er-Jahre auf der vorbeiströmenden Mulde in Betrieb war. In der Burg fand 1533 der Prozess gegen den Pferdehändler Hans Kohlhase statt, dessen Fall die Vorlage für Heinrich von Kleists Novelle ›Michael Kohlhaas‹ lieferte. Im Museum erhält man Einblick in die Handwerks- und Landbautraditionen der Heidebewohner.

Übernachten & Essen

Gutbürgerlich – **Burgschänke und Herberge »Goldener Löwe«:** Burg Düben, Leipziger Str. 5, Tel. 034243 28 60, www.burgschaenke-goldenerloewe.de, Hauptgerichte zwischen 10 und 23 €. Nur wenige Schritte von der Burg entfernt lädt das gülden leuchtende Hauszeichen des Löwen zur Einkehr. Es gibt deftige einheimische Küche und saubere einfache Zimmer.

Machern ▶ Karte 4, B 2

Der **Landschaftspark** in Machern, lange Zeit ein Geheimtipp, gehört in die erste Riege der sächsischen Gartenanlagen. Beeinflusst von Reisen nach England und durch das Vorbild des Wörlitzer Gartenreichs, ließ Karl Heinrich August von Lindenau, letzter Abkömmling einer alten Adelsfamilie, 1792 den Park von dem bekannten Architekten Ephraim Wolfgang Glasewald entwerfen. Romantische Mittelalterverehrung und Freimaurerei bestimmten das Arrangement und die Auswahl der Bauwerke (z. B. eine Pyramide!). Die Ritterburg auf einer Anhöhe ist eine künstliche Ruine, deren unterirdischer Geheimzugang wohl nach dem Freimaurermotto »Aus dem Dunkel zum Licht« für Initiationsriten diente.

Schloss Machern (www.schlossmachern.de) aus dem 16. Jh. wurde mehrfach umgebaut und brannte 1981 teilweise ab. Ende der 1980er-Jahre wurden Park und Schloss restauriert.

Grimma ▶ Karte 4, C 3

Wie Bad Düben und Wurzen verdankt Grimma seine Gründung vor 800 Jahren der Lage an einer Furt der Mulde, die hier breit und behäbig ein Steilufer ausgewaschen und im Hochwassersommer 2002 die kleine Stadt kurzzeitig zum bekanntesten Flutopfer in Deutschland gemacht hat. Doch ist die Katastrophe überwunden und die historische Altstadt erstrahlt wie neu.

In der Innenseite des vom Fluss geschaffenen Bogens liegt die Kreisstadt mit einem schönen alten Markt und der **Fürstenschule Augustinum.** Diese war nach Meißen und Schulpforta die dritte Fürstenschule, die der sächsische

Kurfürst Moritz 1550 gegründet hatte, um sich auch aus nichtadligen Kreisen einen gebildeten Beamtennachwuchs heranzuziehen. Wie ein Schloss liegt ihr 1892 im Neorenaissance-Stil gestalteter Neubau am Wasser.

Das **Renaissance-Rathaus** am Markt mit einem schön gestuften, viergeschossigen Giebel erinnert in seiner Gestalt an die mittelalterlichen Lagerhäuser der alten Salz- und Tuchhandelsstadt. Im **Seume-Haus** neben dem Rathaus befand sich die Druckerei des Verlegers Georg Joachim Göschen, die jetzt vom Fremdenverkehrsamt und einer Galerie genutzt wird. Sein Korrektor Johann Gottfried Seume konnte die gut 30 km nach Leipzig an einem Abend zurücklegen, wenn ihm Lust auf die Großstadt kam.

Das **Göschenhaus** im Ortsteil Hohnstädt (Schillerstr. 25, www.goeschenhaus.de, Di, Do, Sa, So 10–17 Uhr) vermittelt einen Eindruck jener bürgerlichen Gartengeselligkeit, in der sich Friedrich Schiller und Theodor Körner wohl fühlten.

Weitere Sehenswürdigkeiten Grimmas sind die rekonstruierte **Muldenbrücke** mit einem herrlich bunten, barocken Widmungsstein, die romanischgotische **Frauenkirche** und etwas außerhalb die **Schiffsmühle** und **Denkmalschmiede** im Ortsteil Höfgen.

Essen & Trinken

Traditionslokal – **Zur Schiffsmühle:** Grimma-Höfgen, Zur Schiffsmühle 2, Tel. 03437 760 20, www.schiffsmuehle.de, Hauptgerichte 6–13 €. Die Schiffsmühle liegt etwas außerhalb des Ortes, so kann man den Besuch mit einem etwa halbstündigen Spaziergang verbinden. Idyllischer geht es kaum; in gastfreundlichem Ambiente gibt's sächsische Küche.

Register

academixer 121
Achilleon Leipzig 156
Agnon, Schmul 79
Ägyptisches Museum der
  Universität Leipzig 48,
  118
Albertpark 169
Alte Börse 123
Alte Messe 156
Alte Nikolaischule 112
Alte Waage 129
Altenbourg, Gerhard 280
Altenburg 279
– Lindenau-Museum 280
– Schloss- und Spielkarten-
  museum 279
Alter Johannisfriedhof 151
Altes Rathaus 125
Antikenmuseum der
  Universität Leipzig 48,
  112
Antiquitäten 34
Apel, Theodor 240
Apothekergarten 154
Architektur 73
Arena Leipzig 259
Ariowitsch-Haus 249
Ariowitsch, Julius 250
Ärzte 52
Asisi, Yadegar 162
Auensee 259
Auerbachs Keller 122
August-Bebel-Straße 189
Augustusplatz 117
Automatikmuseum 48
Auwald 67, 254, 264
Auwaldstation 258

Bach-Archiv 136
Bach-Museum im Bach-
  Archiv 48, 137
Bach, Johann Sebastian 61,
  83, 88, 113, 136, 150
Bad Düben 281
Baden 46
Bahn 20
Ballett 42
Bars 38
Barthels Hof 131
Bauwens-Haus 137
Bayerischer Bahnhof 180
Beachvolleyball 227
Bebel, August 62

Beckmann, Max 129
Behinderte 53
Behzadi, Anuschah 111
Belantis 276
Bestelmeyer, German 118
Biller, Georg Christoph 90
Bio City Leipzig 156
Biskupek, Matthias 92
Bloch, Ernst 118
Blum, Robert 62, 247
BMW 86
Böhme, Johann Gottlob
  242
Böhnke, Gunter 92, 141
Boot fahren 208, 227
Bootshaus Klingerweg 207
Bormann, Edwin 247
Botanischer Garten der Uni-
  versität Leipzig 153
Botanischer Lehrgarten 267
Botschaften 52
Böttger, Johann Friedrich
  133
Brettschneider, Andreas
  122
Brockhaus, Friedrich Arnold
  279
Buchgewerbehaus 153
Buchmesse 88
Bundesverwaltungsgericht
  179
Buntgarnwerke 212
Buren, Daniel 72
Burg, Josef 79
Busse 20

Camping 25
Centraltheater 42
Chailly, Riccardo 89
Cinémathèque 43
City-Hochhaus 119
Clara-Wieck-Schule 152
Clara-Zetkin-Park 169, 262
Conne Island 41, **269**
Connewitzer Kreuz 197,
  198
Cospudener See 269
Czechowski, Heinz 83

Da Capo Oldtimermuseum
  48, **217**
Dauthe, Johann Carl Friedrich 112, 121

Davout, Louis-Nicolas,
  Maréchal de France 61
De Chirico, Giorgio 127
Deutsche Nationalbiblio-
  thek 155
Deutsche Zentralbücherei
  für Blinde (DZB) 250
Deutsches Buch- und
  Schriftmuseum 48, **156**
Deutsches Kleingärtnermu-
  seum 48, 260, **262**
Deutsches Literaturinstitut
  Leipzig 174
Dimitroff, Georgi 63
Diplomatische Vertretungen
  52
Diskotheken 39
Dreiskau-Muckern 275
Duft- und Tastgarten 154
Dussmann-Haus 110
Dybwad, Peter 179

Egeraat, Erick van 120
Endler, Adolf 83
Enk, Dietrich 151
Espenhain 275

Felixmüller, Conrad 280
Feste, Festkalender 44
Feuerriegel, Kurt 280
Fischer, Otto 242
Flughafen 20
Fockeberg 263
Förg, Günther 72
Forsthaus Raschwitz 268
Forum 1813 50, **157**
Fregehaus 129
Friedenspark 152, 153
Friedrich II. der Sanftmü-
  tige, Kurfürst von Sach-
  sen 71
Fröhlich, Paul 64
Frosch-Theater 42
Fundbüros 52
Fußball 46

Galerie am Sachsenplatz 50
Galerie der HGB 50
Galerie für Zeitgenössische
  Kunst Leipzig 48, **170**
Galerie Leipziger Hof 50
Galerie Schwind Leipzig 50
Galerien 218

GaraGe 48, 217, 229, 231
Gastronomie 27
Gay 40
Geisteswissenschaftliches
    Zentrum an der Universi-
    tät Leipzig 179
Gellert, Christian Fürchte-
    gott 122
Georg der Bärtige, Herzog
    von Sachsen 60
Geschichte 60
Geutebrück, Albert 196
Gewandhaus 42, 94, **118**
Glasewald, Ephraim Wolf-
    gang 283
Glier, Martin 138
Glöckler, Gabriele 156
Gnandstein 280
Goerdeler, Carl Friedrich
    63, 138
Goerdeler-Denkmal 138
Goethe, Johann Wolfgang
    113, 122, 242, 246
Goethedenkmal 122
Goetz, Ferdinand 94
Gohlis 234
Gohliser Schlösschen 241
Goldschmidt, Henriette 146
Golf 46
Göschen, Georg Joachim
    243, 283
Gottesdienste 52
Gottsched, Johann Chris-
    toph 61
Gottschedstraße 141
Götze, Moritz 116
Grafischer Hof 50
Grassi, Franz Dominic 147
Grassimuseum 48, 147
Graul, Richard 147
Griesel, Bruno 116
Grimma 283
Gropius, Martin 179
Großes Joachimstal 130
Grützke, Johannes 116
Gustav Adolf, König v.
    Schweden 60

Hadid, Zaha 86
Handicapped 53
Hansa-Haus 116
Haslinger, Josel 83
Hauptbahnhof 21, **106**

Hauptpost, ehemalige 118
Haus der Demokratie 198
Haus des Buches 153
Hausschild, Ernst Innocenz
    262
Heideloff, Carl Alexander
    von 248
Heilandskirche 213
Heine, Karl Erdmann 204,
    206, 209, 211, 213, 229
Heinrich von Morungen 60
Heisig, Bernhard 171
Hennebach, Hartmut 247
Henriette-Goldschmidt-
    Schule 146
Heuersdorf 276
Hinke, Peter 114
Hinrichsen, Heinrich 146,
    250
Historischer Straßenbahn-
    hof Leipzig-Möckern 49
Hochschule für Grafik und
    Buchkunst 171
Hochschule für Musik und
    Theater 175
Hochschule für Technik,
    Wirtschaft und Kultur
    (HTWK) 196
Hoffmann, Ludwig 179
Holzer, Jenny 138
Honecker, Erich 78
Hostels 25
Hotels 22

Information 14
Internetadressen 14, 22, 69
Internetzugang 53

Jacob, Walter 280
Jägerhof 130
Jahn, Friedrich Ludwig 94
Jastram, Jo 119
Joggen 46
Johannapark 167
Johannisplatz 147
Jugendherbergen 25
Jung, Burkhard 59

Kabaretts 91
Kaffeemuseum 135
Kamera- und Fotomuseum
    48
Karl-Heine-Bogen 216

Karl-Heine-Denkmal 205
Karl-Heine-Kanal 213
Karl-Heine-Villa 211
Karl-Liebknecht-Straße 186
Kästner, Erich 91
Katharinenstraße 129
Katz, Bernhard 79
Kinder 170, 235, 251
Kino 43
Kirsch, Sarah und Rainer
    83, 84
Kisch, Egon Erwin 118
Kleist, Heinrich von 282
Klima 16
Klinger, Max **126**, 129
Klingerhain 207
Kneipen 26
Kohlrabizirkus 193
Kohren-Sahlis 280
Kohrener Land 280
Könneritzbrücke 210, 211
Konsum Zentrale 216
Konwitschny, Franz 89
Körner, Christian Gottfried
    243
Körner, Theodor 166
Kössner, Theodor 122
Krämer, Carl 156
Krause-Zwieback, Wolfgang
    85
Kretschmanns Hof 130
Krochhochhaus 118
Krumbiegel, Sebastian 90
Krystallpalast 42
Kühne, Max Hans 106
Kulka, Peter 120, 170
Kulkwitzer See 278
Kulturzentrum naTo 41,
    192
Kunert, Günter 84
Kunstgalerien 219
Kunsthalle der Sparkasse
    Leipzig 49, **167**
Kurztrips 18
Kustodie der Universität
    Leipzig 49
Kutschreise 20

Ladegast, Friedrich 113
Lange, Bernd-Lutz 80, **92**,
    141
Lehmann-Grube, Hinrich 65
Lehmann, Götz 192

Leibniz, Gottfried Wilhelm 112, 246
Leihfahrräder 21
Leipzig Card 19
Leipziger Baumwollspinnerei 50, 220
Leipziger Funzel 111
Leipziger Kleinmesse 262
Leipziger Schule 176
Leipziger Seenplatte 68
Lenné, Peter Joseph 167
Léonard, Isabelle 147
Lessing, Gotthold Ephraim 106
LeWitt, Sol 72
Licht, Hugo 137, 179
Liebfrauenkirche 217
Liebknecht, Karl 191
Liebknecht, Wilhelm 62
Lindenau 220
Lindenau, Karl Heinrich August von 283
Literatur 14, 89
Loest, Erich 83, 84
LOFFT 42
Lossow, William 106
Lotter, Hieronymus 125, 135
Lubbe, Marinus van der 180
Luther, Martin 58, 60
Lützschena 255

Machern 283
Mädler-Passage 121
Mädler, Anton 122
Mahler, Gustav 79
Markkleeberger See 274
Marktplatz 124
Masur, Kurt 78, 87, 119
Mattheuer, Wolfgang 124, 129, 171
Max-Planck-Institut für Evolutionäre Anthropologie 156
Maximilian I., Kaiser 58, 60, 71
Mayer, Hans 118
media city leipzig 193
Mediencampus 242
Mehring, Franz 91
Mende, Marianne Pauline 119

Mendebrunnen 118
Mendelssohn-Bartholdy, Felix 88, 119, 136, 145
Mendelssohn-Haus 42, 145
Messe 70
Mey & Edlich 211
Michaeliskirche 240
Minigolf-Anlage 271
Mitteldeutscher Rundfunk 193
Mitwohnzentralen 25
Mölbis 275
Moritzbastei 121
Müller, Heinrich 240
Museen 48
Museum ›Zum Arabischen Coffe Baum‹ 49, 132
Museum der bildenden Künste 49, 126, **129**
Museum für Angewandte Kunst 147
Museum für Musikinstrumente 150
Museum für Völkerkunde 149
Museum in der Runden Ecke 49, 131
Museumsfeldbahn 220, 231
Musikalische Komödie 42

Nachtbusse 39
Napoléon Bonaparte 61
Napoleonstein 157
Naschmarkt 122
naTo siehe Kulturzentrum
Natonek, Wolfgang 64
Naturkundemuseum 49, 250
Naumann, Johann Cristoph von 245
Nebel, Curt 152
Neues Gewandhaus 119
Neues Rathaus 137
Neumann, Gert 83
Neumann, Vaclav 89
Neuseenland 18, 69, 269
Nikisch, Arthur 89
Nikolaikirche 42, 112
Nikolaistraße 107
Nordplatz 240
Notruf 53
Nürnberger Straße 146

Obst, Hermann 149
Oeser, Adam Friedrich 113, 122, 171, 242
Öffnungszeiten 53
Oper 42
Opernhaus 118
Oscar-Brandstetter-Haus 152
Otto der Reiche, Markgraf 58, 60, 71

Palmengarten 263
Palmengartenwehr 266
Panometer 162
Parkbühne 170
Parkeisenbahn am Auensee 271
Passage Kinos 43, 131
Petersbogen 137
Peterskirche 180
Pfeiffe, Felix 113
Pferderennbahn im Scheibenholz 170
Picouays, Alexandra 147
Pinkert, Ernst 235
Plagwitz 228
Pokrowski, Wladimir Alexandrowitsch 155
Polizei 53
Porsche 86
Post 53
Prager Frühling 43
Prinzen 90
Pusch, Oskar 156

Radfahren 46, 213
Rauch, Neo 176, 205, 223
Rauchen 53
Reclam-Carrée 152
Reclam, Philipp Anton 152
Red Bull Arena 259
Reichsgerichtsmuseum 180
Reimann, Hans 67, 91, 93, 114
Restaurants 28
Richter, Johann Caspar 241
Ringelnatz, Joachim 91, 281
Ritter, Hubert 193
Romanushaus 129
Rosental 247
Rosentalwiese 244
Rossbach, Arwed 174

Roßberg, Kurt 64
Russische Gedächtniskirche St. Alexej 155
Rust, Alfred 240

Sächsisches Apothekenmuseum 49, 137
Scharenberg, Otto 161
Schaubühne Lindenfels 217, 231
Schiller, Friedrich 242, 243, 246
Schillerhaus 243
Schloss Lützschena 255
Schmieden, Heino 179
Schneider, Johann Christoph 243
Schneider, Jürgen 131
Schokoladenfabrik Felsche 243
Schreber, Daniel Gottlob Moritz 262
Schulmuseum Leipzig 49
Schulz, Udo 248
Schumann-Haus 152
Schumann, Clara 88
Schumann, Georg 63
Schumann, Robert 152
Schütte-Felsche, Adolph 243
Schwimmen 46
Seckt, Willibald 196
Seemann-Karree 153
Seffner, Carl 122, 136, 206
Segeln 47
Selters Haus 110
Seume, Johann Gottfried 112, 246, 283
Seyfferth, Wilhelm Theodor 167
Sikora, Bernd 166
Skala 43
Skulpturenpark 166
Sowjetischer Pavillon 156
Speck von Sternburg, Maximilian 255, 257
Speck's Hof 116
Spezialitäten 26
Spielplatz an der Pferderennbahn 170
Spielplatz im Rosental 251
Spinnerei 222
Sport 46, 99

Sportmuseum Leipzig 49
St. Trinitatis 248
Stadtgeschichtliches Museum Leipzig 49, 125
Städtisches Kaufhaus 121
Stadtrundfahrten 19
Stadtteilpark 216, 229
Steibs Hof 110
Steinhagen, Birgit 140
Stelzenhaus 214
Störmthaler See 274
Straße der Braunkohle 274
Straßenbahnen 20
Strohsackpassage 111
Stromer, Heinrich (Auerbach) 122
Südfriedhof 160
Surfen 47

Taborkirche 268
Tapetenwerk 50, 221, 231
Tauchen 47
Taxi 21
Theater der Jungen Welt 42
Thietmar von Merseburg 60, 70
Thomanerchor 95, 96, 136
Thomasius, Christian 112
Thomaskirche 42, 135
Torhaus Dölitz 50
Tourismusämter 14
Trages 275
Treichel, Hans Ulrich 83
Tübke-Stiftung 50
Tübke, Werner 171, 241
Tucholsky, Kurt 91

Übernachten 22
Ulbricht, Walter 64
Universität 120
Universitätsbibliothek Albertina 174

Veranstaltungen 17
Verkehrsverbund 21
Villa Ida 242
Voigt, Lene 91, 92, 93, 97, 98, 114
Völkerschlacht 74
Völkerschlachtdenkmal 50, 157
Volkshaus 191

Wachenschwanz, Clemens Peter 85
Wagner, Richard 88, 112
Waldstraßenviertel 249
Weinert, Erich 91
Wellness 47
Werk II 42, 197
Werkstatt-Museum für Druckkunst 49, 212
Werner, Georg 131
Wetter 16
Weule, Karl 149
Wieck, Clara 152
Wildpark 268
Wildwasserpark Markkleeberg 69, 100, 275
Wirtschaft 86
Wolfssee 269
Wrba, Georg 281
Wünschmann, Georg 266
Wurzen 281

Yang, Jun 171

Zeh, Juli 83
Zeigner, Erich 64
Zeitgeschichtliches Forum Leipzig 50, 124
Zeitungen 54
Zentrum für Zeitgenössische Fotografie (ZZF) 221
Zentrum Jüdischer Kultur im Ariowitsch-Haus 249
Zeppelinhaus 111
Zimmermann, Peter 78
Zoologischer Garten 235
Zwenkau 276

Titelbild: Kuppel des Bundesverwaltungsgerichts und das Neue Rathaus
Umschlagklappe vorn: Kammermusik vorm Bachdenkmal an der Thomaskirche

Hinweis: Autoren und Verlag haben alle Informationen mit größtmöglicher Sorgfalt geprüft. Gleichwohl sind Fehler nicht vollständig auszuschließen. Alle Angaben erfolgen ohne Gewähr. Bitte schreiben Sie uns! Über Ihre Rückmeldung zum Buch und über Verbesserungsvorschläge freuen sich Autoren und Verlag: **DuMont Reiseverlag,** Postfach 3151, 73751 Ostfildern, info@dumontreise.de, www.dumontreise.de

2., aktualisierte Auflage 2012
© DuMont Reiseverlag, Ostfildern
Alle Rechte vorbehalten
Redaktion/Lektorat: Hans E. Latzke, Katharina John
Grafisches Konzept: Groschwitz/Blachnierek, Hamburg
Printed in Hungary